"1+X"汽车专业领域职业技能等级证书课证融通

U0501512

汽车发动机电控系统诊断与修复

主　编　周李洪　胡元波
副主编　吴正乾　李丽云　王平花

高等教育出版社·北京

内容简介

　　本书是省级精品在线开放课程的配套教材，以全国职业院校技能大赛高职组竞赛平台中的大众车型为载体，以汽车运用与维修"1+X"证书制度对应的职业技能等级标准中动力与驱动系统性能检测培训项目为内容框架，课证融通，着力培养学生的综合职业能力。

　　本书主要内容包括绪论和发动机电控系统认知、检修进气系统故障、检修点火系统故障、检修燃油系统故障、检修排放控制系统故障五个模块，从实际工作情境入手，详细阐述汽油发动机电控系统常见故障及其产生原因、故障诊断与检修方法及安全操作要点，图文并茂，且配有相应规范操作流程视频，可通过扫描书中二维码进行学习。本书提供了丰富的教学、学习资源，包括电子教案、电子课件、微课视频等，可通过智慧职教平台（www.icve.com.cn）上的"汽车发动机电控系统诊断与修复"在线课程进行学习，详见"智慧职教服务指南"。

　　本书可作为汽车检测与维修技术、汽车制造与实验技术等相关专业的教材，也可作为汽车行业相关从业人员岗位培训、职业院校学生参加"1+X"证书考核鉴定和汽车相关专业技术人员的培训教材。授课教师如需要本书的教学课件、电子教案等资源或有其他需求，可发送邮件至邮箱 gzjx@ pub. hep. cn 联系索取。

图书在版编目（C I P）数据

　　汽车发动机电控系统诊断与修复／周李洪，胡元波主编. -- 北京：高等教育出版社，2021.9
　　ISBN 978-7-04-054791-7

　　Ⅰ.①汽…　Ⅱ.①周…　②胡…　Ⅲ.①汽车-发动机-电子系统-控制系统-故障诊断-高等职业教育-教材②汽车-发动机-电子系统-控制系统-车辆修理-高等职业教育-教材　Ⅳ.①U472.43

　　中国版本图书馆 CIP 数据核字(2020)第 145354 号

| 策划编辑 | 姚　远 | 责任编辑 | 姚　远 | 张值胜 | 封面设计 | 姜　磊 | 版式设计 | 杨　树 |
| 插图绘制 | 邓　超 | 责任校对 | 胡美萍 | | 责任印制 | 刘思涵 | | |

出版发行	高等教育出版社		网　　址	http://www.hep.edu.cn
社　　址	北京市西城区德外大街 4 号			http://www.hep.com.cn
邮政编码	100120		网上订购	http://www.hepmall.com.cn
印　　刷	廊坊市文峰档案印务有限公司			http://www.hepmall.com
开　　本	787mm×1092mm　1/16			http://www.hepmall.cn
印　　张	15			
字　　数	300 千字		版　　次	2021 年 9 月第 1 版
购书热线	010-58581118		印　　次	2021 年 9 月第 1 次印刷
咨询电话	400-810-0598		定　　价	39.80 元

本书如有缺页、倒页、脱页等质量问题，请到所购图书销售部门联系调换
版权所有　侵权必究
物 料 号　54791-00

"智慧职教"是由高等教育出版社建设和运营的职业教育数字教学资源共建共享平台和在线课程教学服务平台，包括职业教育数字化学习中心平台（www.icve.com.cn）、职教云平台（zjy2.icve.com.cn）和云课堂智慧职教 App。用户在以下任一平台注册账号，均可登录并使用各个平台。

● **职业教育数字化学习中心平台（www.icve.com.cn）：为学习者提供本教材配套课程及资源的浏览服务。**

登录中心平台，在首页搜索框中搜索"汽车发动机电控系统诊断与修复"，找到对应作者主持的课程，加入课程参加学习，即可浏览课程资源。

● **职教云（zjy2.icve.com.cn）：帮助任课教师对本教材配套课程进行引用、修改，再发布为个性化课程（SPOC）。**

1. 登录职教云，在首页单击"申请教材配套课程服务"按钮，在弹出的申请页面填写相关真实信息，申请开通教材配套课程的调用权限。

2. 开通权限后，单击"新增课程"按钮，根据提示设置要构建的个性化课程的基本信息。

3. 进入个性化课程编辑页面，在"课程设计"中"导入"教材配套课程，并根据教学需要进行修改，再发布为个性化课程。

● **云课堂智慧职教 App：帮助任课教师和学生基于新构建的个性化课程开展线上线下混合式、智能化教与学。**

1. 在安卓或苹果应用市场，搜索"云课堂智慧职教"App，下载安装。

2. 登录 App，任课教师指导学生加入个性化课程，并利用 App 提供的各类功能，开展课前、课中、课后的教学互动，构建智慧课堂。

"智慧职教"使用帮助及常见问题解答请访问 help.icve.com.cn。

配套资源索引

　　为了贯彻《国家职业教育改革实施方案》文件精神，以服务为宗旨，以就业为导向，推进教育教学改革，加大"1+X"证书制度试点工作和教育信息化推广力度，编者结合高职高专汽车运用技术专业群的教学实际编写了本书。

　　本书按技能型、应用型人才的培养模式进行设计构思，在编写过程中强调符合制造类专业教育教学改革的要求，注重职业教育的特点，体现职业教育的特色；教材内容融入了"1+X"汽车运用与维修职业技能等级标准，并以国内的大众车型为载体，按照"能力本位、任务驱动"教改思路，针对汽车后市场维修企业生产实际，对教学内容进行整合，注重培养学生良好的故障诊断思路与方法，遵循维修作业标准，提升学生维修生产经验、安全环保意识及动手能力。在教学模式上，将纸质教材与移动智能终端有机结合，突破教与学的时空限制，激发学生兴趣，实现教学资源信息化、教学终端移动化、教学过程数据化，最终实现"互联网+教育"的深度融合。

　　本书由5个教学模块共19个教学任务组成，每个教学任务按照"任务描述—任务解析—任务目标—知识准备—任务实施—任务回顾—练习与思考"七个环节编写。

　　本书特点是：

　　1. 配套证书制度改革。以"1+X"证书制度汽车运用与维修职业技能等级标准中动力与驱动系统性能检测培训项目为教学模块内容框架，模块化教学，确保了课证融通，达到了三个对接的目的，着力培养学生分析问题和解决问题的能力。

　　2. 立足技能竞赛平台。以高职院校全国职业技能大赛竞赛平台中的迈腾B8车型典型故障为教材编写的内容载体，删减了陈旧过时的教学内容，增加了大量的新技术、新结构和新工艺，体现了"职业性"和"先进性"并举的高职教育特色。

　　3. 体现智慧教学特色。构建贴近工作实践的学习情境，各任务均可通过扫描二维码的方式获取实操教学视频，穿插重要提示、课堂讨论、知识链接等栏目，体例活泼，趣味性强，颠覆了传统课堂讲授模式，提高学生学习兴趣及学习效率。

　　建议教学方法为：搭建信息化教学平台，构建网络学习资源，实施线上线下结合的教学方式。课前下发学习任务，学生自主学习，课中学生进行小组技术讨论，制定故障维修方案，教师小组点评，解决共性问题，并依托实训设备，完成相关实训；课后学生在平台提交操作工单，完成课后理论测评。

本书由周李洪、胡元波任主编，全书由周李洪进行框架设计并统稿。具体编写分工为：模块一由湖南机电职业技术学院吴正乾编写，模块二由湖南机电职业技术学院李丽云编写，模块三由湖南机电职业技术学院周李洪编写，模块四由湖南机电职业技术学院王平花编写，模块五由湖南机电职业技术学院胡元波编写。

在本书在编写的过程中，参阅了大量的书籍和资料，在此对原作者一并表示感谢！

由于编者水平有限，书中难免有疏漏或不妥之处，敬请广大师生和读者批评指正。

编　者

2021 年 2 月

目录

绪　论

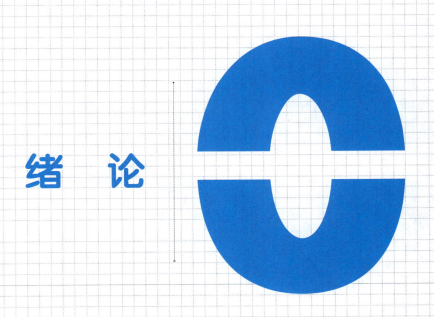

一、汽车运用与维修职业技能等级证书体系介绍

汽车运用与维修职业技能等级证书分为基础能力项目模块证书和专项能力项目模块证书。基础能力项目模块证书包含 5 个模块：1-1、1-2、1-3、1-4、1-5，每个模块分初级、中级、高级，其中模块 1-4、模块 1-5 无初级，见表 0-1；专项能力项目模块证书包含 6 个模块：1-6、1-7、1-8、1-9、1-10、1-11，每个模块分初级、中级、高级，其中模块 1-6 无初级，见表 0-2。初级证书考核检查保养能力，中级证书考核检测维修能力，高级证书考核诊断分析能力。

表 0-1　汽车运用与维修职业技能等级证书基础能力项目模块

	汽车运用与维修职业技能等级证书	等级
1-1	1-1. 汽车动力与驱动系统综合分析技术	高级
	1-2. 汽车动力与驱动系统综合分析技术	中级
	1-3. 汽车动力与驱动系统综合分析技术	初级
1-2	2-1. 汽车转向悬架与制动安全系统技术	高级
	2-2. 汽车转向悬架与制动安全系统技术	中级
	2-3. 汽车转向悬架与制动安全系统技术	初级
1-3	3-1. 汽车电子电气与空调舒适系统技术	高级
	3-2. 汽车电子电气与空调舒适系统技术	中级
	3-3. 汽车电子电气与空调舒适系统技术	初级
1-4	4-1. 汽车全车网关控制与娱乐系统技术	高级
	4-2. 汽车全车网关控制与娱乐系统技术	中级
1-5	5-1. 汽车 I/M 检测与排放控制治理技术	高级
	5-2. 汽车 I/M 检测与排放控制治理技术	中级
合计		13

表 0-2　汽车运用与维修职业技能等级证书专项能力项目模块

	汽车运用与维修职业技能等级证书	等级
1-6	6-1. 汽车维修企业运营与项目管理技术	高级
	6-2. 汽车维修企业运营与项目管理技术	中级
1-7	7-1. 汽车营销评估与金融保险服务技术	高级
	7-2. 汽车营销评估与金融保险服务技术	中级
	7-3. 汽车营销评估与金融保险服务技术	初级
1-8	8-1. 汽车美容装饰与加装改装服务技术	高级
	8-2. 汽车美容装饰与加装改装服务技术	中级
	8-3. 汽车美容装饰与加装改装服务技术	初级
1-9	9-1. 汽车车身漆面养护与涂装喷漆技术	高级
	9-2. 汽车车身漆面养护与涂装喷漆技术	中级
	9-3. 汽车车身漆面养护与涂装喷漆技术	初级
1-10	10-1. 汽车车身钣金修护与车架调校技术	高级
	10-2. 汽车车身钣金修护与车架调校技术	中级
	10-3. 汽车车身钣金修护与车架调校技术	初级
1-11	11-1. 摩托车检查保养检测维修诊断技术	高级
	11-2. 摩托车检查保养检测维修诊断技术	中级
	11-3. 摩托车检查保养检测维修诊断技术	初级
合计		17

二、专业课程体系与职业技能等级证书体系融通

以高职汽车检测与维修技术专业为例，介绍专业课程体系与职业技能等级证

书体系的融通，如图 0-1 所示。专业核心课程与模块 1-1、1-2、1-3 中级融通，其中，"汽车发动机机械系统检修""汽车传动系统检修"和"汽车发动机电控系统检修"课程与模块 1-1 中级证书融通；"汽车底盘检修"课程与模块 1-2 中级证书融通；"汽车电器与电子系统检修""汽车空调与舒适系统检修"课程与模块 1-3 中级证书融通。其他专业课程与证书的融通作为学生拓展或社会学员的培训。

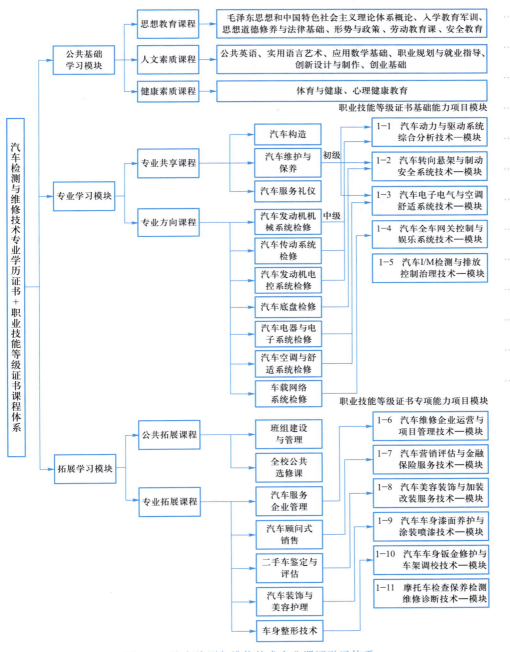

图 0-1 汽车检测与维修技术专业课证融通体系

三、课程教材与职业技能等级标准融通

　　《汽车发动机电控系统诊断与修复》教材与1-1汽车动力与驱动系统综合分析技术中级职业技能等级标准融通。1-1汽车动力与驱动系统综合分析技术中级标准技能点、知识点及权重见表0-3,《汽车发动机电控系统诊断与修复》教材内容与1-1汽车动力与驱动系统综合分析技术中级证书强化训练项目的对应关系见表0-4。

表0-3　汽车动力与驱动系统综合分析技术（中级）技能知识权重

汽车动力与驱动系统综合分析技术（中级）-工作任务	技能要求	知识要求	权重
1. 工作安全与作业准备	16	16	8%
2. 动力系统检测与维修	85	85	43%
3. 变速器系统检测与维修	56	56	28%
4. 分动器系统检测与维修	19	19	9%
5. 传动系统检测与维修	15	15	8%
6. 差速器系统检测与维修	7	7	4%
合计	198	198	100%

表0-4　教材内容与证书强化训练项目对应表

汽车动力与驱动系统综合分析技术中级证书强化训练项目				教材对应教学内容		
序号	任务	作业项目	说明	模块	任务内容	
1	任务3：点火进气系统部件检修	1. 曲轴、凸轮轴和爆燃传感器、电磁阀拆装 2. 进气传感器拆装 3. 点火系统部件拆装 4. 电子节气门及进气管拆装	整合融通	模块二　检修进气系统故障	任务一　检修空气流量传感器 任务二　检修进气压力传感器 任务三　检修节气门位置传感器 任务四　检修涡轮增压系统 任务五　检修可变气正时系统	
2	任务16：进气点火控制元件检测	1. 进气系统电子元件电压、电阻、波形检测 2. 点火系统电子元件电压、电阻、波形检测 3. 进气点火系统故障码及数据流读取		模块三　检修点火系统故障	任务一　检修曲轴位置传感器 任务二　检修凸轮轴位置传感器 任务三　检修点火控制电路 任务四　检修爆燃传感器 任务五　检修ECU电源电路	
3	任务4：燃油蒸发系统部件检测	1. 燃油箱、燃油泵、燃油滤芯器、油管拆装 2. 燃油导轨、喷油器、高压油泵拆装 3. 炭罐、电磁阀、管路检查拆装		模块四　检修燃油系统故障	任务一　检修燃油泵控制电路 任务二　检修燃油高压共轨系统 任务三　检修喷油器控制电路 任务四　检修温度传感器	
4	任务17：燃油蒸发控制元件检测	1. 炭罐电磁阀检测 2. 喷油器检测 3. 燃油传感器检测 4. 燃油蒸发系统故障码、数据流检测		模块五　检修排放控制系统故障	任务一　检修燃油蒸发控制系统 任务二　检修氧传感器 任务三　检修TWC与尾气分析	
5	任务18：排放控制系统元件检测	1. 氧传感器检测 2. 排放控制系统故障码及数据流读取 3. 尾气排放检测				

四、教材使用方法与课程教学实施方案

1. 教材使用方法

本教材中的实操视频、拓展视频、课件、课后习题等资源存放在信息化平台上，均可以通过手机 App 进行"教"与"学"，信息化平台能记录、统计"教"与"学"的过程，提升课程教学质量。

2. 课程教学实施方案

1）教学实施

总课时 88 学时，其中理实一体化教学 64 学时（4 学时×16 周），强化训练 24 学时（集中实训周）。除模块一外，剩余四个模块共 17 个任务轮训，每个任务 1 学时，共 17 个学时。轮训完成后开始项目试考核，试考核没有通过的学生利用剩余学时进行补救教学考核，恢复清理设备和场地。

2）学员与师资

（1）分 2 大组，每大组 15 人，每小组 3 人×10 组＝30 人，教师两位，助理教师两位，每小组 1 名组长，共 10 名。组长协助老师指导并为设备工具管理员。

（2）每个项目提供操作示范学习课件、视频，学生按学习课件步骤操作。

（3）教师或助理教师对有问题的设备进行调试。

3）教学场地规划

（1）规划两个实训区域，每个区域包括运行台架等共 5 个工位。

（2）每个工位 1 台计算机，共 10 台计算机。

（3）每个任务的设备和工具至少备用一套，用于强化补救教学考核用。

五、证书考核与试考评样题

1. 证书考核

1）考核形式

（1）实务笔试：依据技能知识教材。

（2）实操考核：依据培训准则项目。

（3）培训任务考核报告：学习过程考核，经培训教师评定为 A+可免该项目实操考核。

2）试题来源

北京中车行高新技术有限公司汽车职业技能培训评价中心题库的试题占 60%，中车行联合校企三方共同编写题库的试题占 40%。

3）实务笔试

实务笔试：考试时长 90min，80 道笔试题目，60 分及格。

（1）［初级］题型有判断题、单选题和多选题三种。

（2）［中级］题型有判断题、单选题、多选题、填空题和简答题五种。

（3）［高级］题型有判断题、单选题、多选题、填空题、简答题和论述题六种。

4）实操考核

实操考核：考试时长 200min，考核 4 个模块，75 分及格。

（1）考场每两个工位 1 名监考老师。

（2）初级、中级、高级分别考核 4 个小模块（依据职业技能等级考核项目）。

（3）每个模块考试时间 50min，依次轮换工位考试。

2．试考评样题

以汽车动力与驱动系统综合分析技术中级证书试考评项目四为例。

汽车动力与驱动系统综合分析技术中级证书试考评项目四（样题）

姓名：		准考证号：		身份证号码	
考试开始时间：		考试结束时间：		总计（分）	

汽车动力与驱动系统综合分析技术考题（中级）

模块：汽车动力与驱动系统综合分析技术（中级）			考核时间：50min		考评员签字：
姓名：		班级：		学号：	
初评：□合格　□不合格		复评：□合格　□不合格		师评：□合格　□不合格	
日期：		日期：		日期：	

考核项目四：动力与驱动系统性能检测【实操考核报告】

一、车辆信息记录

品牌		整车型号		生产日期	
发动机型号		发动机排量		行驶里程	
车辆识别码					

二、检测喷油器的电阻、电压和波形（读取到波形后需考官确认）

检测项目	线圈电阻	电源端子电压	怠速喷射时间	高转速喷射时间
标准值				
测量值				
判断	正常□　异常□	正常□　异常□	正常□　异常□	正常□　异常□

三、检测前氧传感器的电阻、电压和波形（读取到波形后需考官确认）

检测项目	加热器电阻	怠速最低信号电压	怠速最高信号电压	1min 变化次数
标准值				
测量值				
判断	正常□　异常□	正常□　异常□	正常□　异常□	正常□　异常□

四、进气真空度检测

检测项目	怠速时真空度	高转速真空度	急加速真空度
测量值			
判断	正常□　异常□	正常□　异常□	正常□　异常□

五、尾气排放检测

检测项目	CO_2	O_2	NO_x	CO	过量空气系数
怠速					
判断	正常□　异常□	正常□　异常□	正常□　异常□	正常□　异常□	正常□　异常□

汽车动力与驱动系统综合分析技术中级考题——配分评分表

考核项目四：动力与驱动系统性能检测【配分评分表】见附录 A。

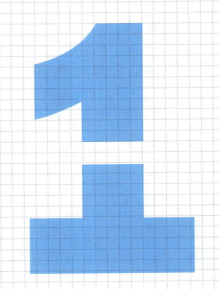

模块一

发动机电控系统认知

本模块教学内容融合了汽车运用与维修职业技能等级标准——汽车动力与驱动系统综合分析技术（初级）内容，主要介绍该工作领域中动力系统检查与保养相关知识和职业技能，还包括车辆信息获取、安全注意事项与作业准备、汽车维修资料使用和诊断工具设备使用等相关知识。

```
                    ┌─ 含系统元器件物理检查              ★车辆信息获取
                    │
                    │  ①认知发动机电控系统
                    │                      发动机电控系统认知  ★安全注意事项与作业准备
教学任务 ─┤
                    │  含车载诊断系统                     ★汽车维修资料使用
                    │
                    └─ ②正确使用智能检测仪              ★诊断工具设备使用
```

>>> 任务一　认知发动机电控系统

任务描述

一辆大众迈腾 B8 轿车，配备 CUGA 发动机。该发动机发生了故障，入厂进行维修，技术经理安排你对发动机电控系统相关部件的外观进行检查，查看是否有明显的物理损坏情况。请找出控制系统的传感器与执行器的位置，并观察其外观是否良好。

任务解析

首先，要学习和了解发动机电控系统的组成、作用及安装位置，并能就车找到各元器件；其次，要能观察和判断电控系统相关部件和线束的物理状况，看是否有损坏等异常现象。

任务目标

1. 能通过与客户交流，查阅相关维修技术资料等方式获取车辆信息。
2. 能阐述发动机控制系统的组成、工作原理，能找出电控系统各元器件的安装位置。
3. 能识别发动机控制系统传感器与执行器等的物理损坏情况。
4. 能根据环保要求，正确处理对环境和人体有害的辅料、废气、废液和已损坏的零部件。

知识准备

1. 电子控制技术对发动机的性能影响

随着电子技术、计算机控制技术、通信技术在汽车上的应用与快速发展，发动机电子控制技术已经发展到集燃油喷射、点火控制、怠速控制、进气控制、增压控制、排放控制、防盗控制、失效保护控制以及诊断、数据通信等多项控制为一体的综合发动机管理系统，无论是动力性、经济性，还是排放性等性能均有大幅度的提升。

发动机电子控制系统由信号输入装置（传感器）、电子控制单元（ECU）和执行机构（如喷油器等）组成，信号输入装置是控制依据，电子控制单元是控制核心，执行机构是控制对象。控制系统还对其控制结果进行了检测，并将检测结果（即反馈信号）输入 ECU，ECU 则根据反馈信号对误差进行修正，实现对功能与性能的最佳控制，如图 1-1 所示。

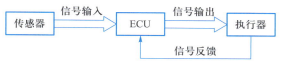

图 1-1   发动机电控系统闭环控制过程

2. 发动机电控系统的分类

1）按进气量的检测方式分类

根据进气量的检测方式不同，可分为直接检测方式和间接检测方式。直接检测方式称为质量—流量（Mass Flow）方式，对应 L 型电控喷射系统如图 1-2 所示；间接检测方式称为速度—密度（Speed Density）方式，对应 D 型电控喷射系统如图 1-3 所示。

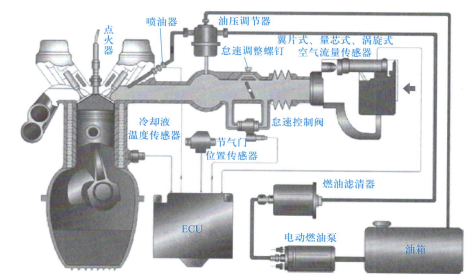

图 1-2   L 型电控喷射系统

课堂讨论

请结合所学知识，讨论一下 L 型电控喷射系统发动机和 D 型电控喷射系统发动机有何区别？谁的控制精度更高？可否通过安装位置确定其类型。

2）按喷油器的部位分类

（1）缸内直喷系统

喷油器将燃油直接喷射到气缸内部，如图 1-4a 所示。缸内直喷系统的优点在于可以更精确地控制喷油量，并配合特殊的进气涡流，使混合气混合更充分，提高燃油利用率。

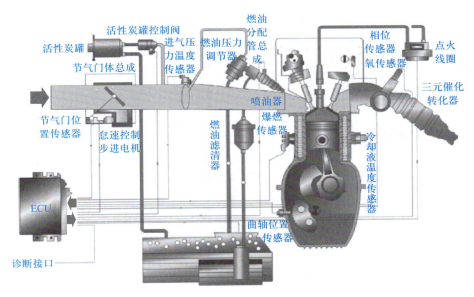

图 1-3　D 型电控喷射系统

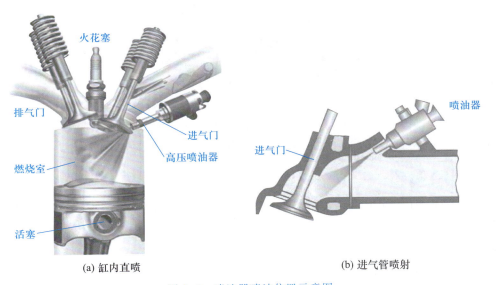

(a) 缸内直喷　　　　　　　　　　(b) 进气管喷射

图 1-4　喷油器喷油位置示意图

（2）进气管喷射系统

喷油器将燃油喷射在进气门附近的进气歧管内，如图 1-4b 所示。与缸内直喷系统相比，喷油器不受燃烧高温、高压的直接影响，且喷油器工作条件大大改善。

3）按进气方式分类

（1）自然吸气式发动机电控系统

自然吸气式发动机利用气缸运行中所产生的负压将外部空气吸入。自然吸气式发动机电控系统结构简单，维护方便，且平顺性、耐久性和稳定性好。

（2）增压式发动机电控系统

增压式发动机将进入气缸的新鲜空气预先进行压缩，然后再以高密度送入气缸，这样可增大发动机的功率和扭矩，提高燃烧效率。图 1-5 所示为废气涡轮增压器，图 1-6 所示为机械增压器。

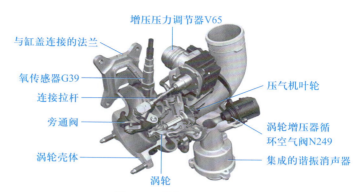

图 1-5　废气涡轮增压器

图 1-6　机械增压器

课堂讨论

目前，市面上的主流发动机有自然吸气式和增压式等类型，进气管喷射系统属于哪一类？很多汽车尾部都有一些特殊标识，如大众 1.4TSI 发动机等，这又属于哪一类发动机？

3. 信号输入装置（传感器）

信号输入装置包括各种传感器和开关，安装在发动机的各个部位，其功用是采集电控系统所需的信息，并将其转换成电信号传送给 ECU，常见的传感器见表 1-1。

表 1-1　常见的传感器

序号	名称	英文缩写	主要功能
1	空气流量传感器	AFS	在 L 型电控喷射系统中，由空气流量传感器测量发动机的进气量，并将信号输入 ECU，作为燃油喷射和点火控制的主控制信号

微课

发动机电控
系统的认知

续表

序号	名称	英文缩写	主要功能
2	进气歧管绝对压力传感器	MAPS	在 D 型电控喷射系统中，由进气歧管绝对压力传感器测量进气歧管内气体的绝对压力，并将该信号输入 ECU，作为燃油喷射和点火控制的主控制信号
3	节气门位置传感器	TPS	检测节气门的开度及开度变化，如全关（怠速）、全开及节气门开闭的速率（单位时间内开闭的角度）信号，此信号输入 ECU，用于燃油喷射控制及其他辅助控制
4	凸轮轴位置传感器	CMPS	给 ECU 提供曲轴转角基准位置信号（G 信号），作为喷油正时控制和点火正时控制的主控制信号
5	曲轴位置传感器	CKPS	用来检测曲轴转角位移，给 ECU 提供发动机转速信号和曲轴转角信号，作为喷油正时控制和点火正时控制的主控制信号
6	进气温度传感器	IATS	给 ECU 提供进气温度信号，作为燃油喷射控制和点火控制的修正信号
7	冷却液温度传感器	ECTS	给 ECU 提供发动机冷却液温度信号，作为燃油喷射控制和点火控制的修正信号。冷却液温度传感器信号也是其他控制系统（如怠速控制和废气再循环控制等）的控制信号
8	车速传感器	VSS	检测汽车的行驶速度，给 ECU 提供车速信号（SPI），用于巡航控制和限速断油控制，也是自动变速器的主控制信号
9	氧传感器	O_2S	检测排气中的氧含量，向 ECU 输送空燃比的反馈信号，进行喷油量的闭环控制
10	爆燃传感器	KS	检测汽油机是否爆燃及爆燃强度，将此信号输入 ECU，作为点火正时控制的修正（反馈）信号
11	起动开关	STA	给 ECU 提供一个起动信号，作为燃油喷射控制和点火控制的修正信号
12	空调开关	A/C	当空调开关打开，向 ECU 输入信号，作为燃油喷射控制和点火控制的修正信号
13	档位开关	P/N	由 P/N 位挂入其他挡位时，挡位开关向 ECU 输入信号，作为燃油喷射控制和点火控制的修正信号。当挂入 P/N 位时，空挡位置开关向 ECU 提供 P/N 位信号，防止发动机误起动
14	制动灯开关	BLS	在制动时，由制动灯开关向 ECU 提供制动信号，作为燃油喷射控制和点火控制的修正信号
15	动力转向开关	EPS	当转向盘由中间位置向左右转动时，动力转向开关向 ECU 输入信号，作为燃油喷射控制相点火控制的修正信号

4. 执行机构（执行器）

执行器是电控系统中的执行机构，其功用是接收 ECU 的指令，完成具体控制动作。常见的执行器见表 1-2。

表 1-2　常见的执行器

序号	名称	缩写	主要功能
1	喷油器	INJ	根据 ECU 的喷油脉冲信号，精确计算燃油喷射量
2	点火器	ICM	根据 ECU 脉冲信号，控制点火
3	怠速控制阀	ISCV	控制发动机怠速转速
4	节气门控制电机	CCSV	根据 ECU 控制节气门开度
5	废气循环阀	EGRV	根据 ECU 控制废气再循环量
6	进气控制阀	IACV	根据 ECU 控制进气系统工作
7	活性炭罐电磁阀	ACCV	回收燃油箱内部的燃油蒸气，以便减少污染
8	电动汽油泵	FP	供给燃油喷射系统规定压力的燃油
9	真空电磁阀	VSV	根据 ECU 控制真空管路通断
10	二次空气喷射电磁阀	SAIV	根据 ECU 脉冲信号控制二次空气喷射量

微课

电控发动机
基本原理

5. 发动机电控系统的主要控制内容

1）电控燃油喷射系统

电控燃油喷射系统主要根据进气量确定基本的喷油量，再根据其他传感器（如冷却液温度传感器、节气门位置传感器等）信号对喷油量进行修正，使发动机在各种运行工况下均能获得最佳浓度的混合气，从而提高发动机的动力性、经济性和降低排放污染。除喷油量控制外，电控燃油喷射系统还包括喷油正时控制、断油控制和燃油泵控制。

2）电控点火系统

电控点火系统的功能是点火提前角控制。该系统根据各相关传感器信号，判断发动机的运行工况和运行条件，选择最理想的点火提前角点燃混合气，从而改善发动机的燃烧过程，以实现提高发动机动力性、经济性和降低排放污染的目的。此外，电控点火系统还具有通电时间控制和爆燃控制功能。

3）怠速控制系统

怠速控制系统是发动机辅助控制系统，其功能是在发动机怠速工况下，根据发动机冷却液温度情况、空调压缩机是否工作、变速器是否挂入挡位等，通过怠速控制装置对发动机进气量进行控制，使发动机随时以最佳怠速转速运转。

发动机电控系统控制过程如图1-7所示。此外，还包括对发动机排放进行控制的系统，如活性炭罐电磁阀控制、氧传感器和空燃比闭环控制；提高发动机充气效率，改善发动机动力性的进气控制系统；汽车自动维持一定车速行驶的巡航控制系统；发出信号，以警告提示，如氧传感器失效等的警告提示系统；对控制系统各部分的工作情况进行监测与报警的自诊断与报警系统等。

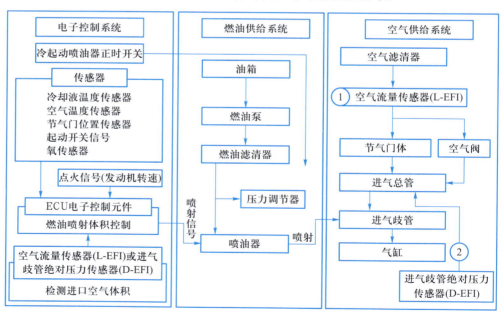

图1-7　发动机电控系统控制过程

知识链接 >>>

目前，博世、电装、德尔福在我国电喷系统市场已经形成比较强的竞争态势。在国际上，德国博世的燃油喷射系统占据全球 80% 左右的市场份额；日本电装的市场占有率为 12%。博世对电喷系统的研发已经有几十年的经验，而且产品经历了很长时间的匹配试验，技术比较成熟、可靠性高。

任务实施

本任务以迈腾 B8 轿车的发动机为例，要求学生就车找出所有的传感器与执行器，并做外观检查，查看其是否有明显的物理损坏情况。任务工作单和评分细则见表 1-3 和表 1-4。

微课

7S 工作

表 1-3　认知发动机电控系统任务工作单

任务一　认知发动机电控系统		小组人员：	
班级：	学号：		指导老师签字：
日期：			
一、作业要求 　1. 能正确查找并认知各部件； 　2. 掌握汽车维修作业安全规程； 　3. 掌握汽车维修工具安全规程； 　4. 掌握车间安全作业流程； 　5. 学会观察分析问题的能力； 　6. 养成良好的 7S 工作习惯			
二、工具、量具准备			
三、辅助材料与耗材			
四、制订检修计划及组员分工			
五、作业内容			
◆ 作业前准备 请参照维修手册，填写物品名称 1. _____ 2. _____ 3. _____ 4. _____ 5. _____ 6. _____ ◆ 登记车型信息 1. 车辆型号：_____，发动机型号：_____ 2. 车辆 VIN 码：_____ 3. 车辆行驶里程：_____ ◆ 在发动机上找到下列元件，并描述安装位置			

续表

元件名称	连接是否可靠	安装位置
空气流量传感器	是□　否□	
曲轴位置传感器	是□　否□	
冷却液温度传感器	是□　否□	
节气门位置传感器	是□　否□	
氧传感器	是□　否□	
喷油器	是□　否□	
点火线圈	是□　否□	
燃油泵	是□　否□	
活性炭罐电磁阀	是□　否□	
凸轮轴位置传感器	是□　否□	
ECM	是□　否□	

◆ 在空白线上填写相应的电控系统元器件的名称

除了以上之外，还有哪些传感器与执行器：

表1-4 认知发动机电控系统评分细则

任务一 认知发动机电控系统			实训日期：			
姓名：		班级：	学号：		指导老师签字：	
自评：□熟练 □不熟练		互评：□熟练 □不熟练	师评：□熟练 □不熟练			
日期：		日期：	日期：			
序号	评分项	得分条件	分值	评分要求	自评	互评	师评
---	---	---	---	---	---	---	---
1	安全/7S/态度	□1. 能进行工位7S操作 □2. 能进行设备和工具安全检查 □3. 能进行车辆安全防护操作 □4. 能进行工具清洁校准存放操作 □5. 能进行三不落地操作	15	未完成1项扣3分，扣分不得超过15分	□熟练 □不熟练	□熟练 □不熟练	□合格 □不合格
2	专业技能能力	□1. 能正确查询车辆基本信息 □2. 能正确查找发动机所有的传感器 □3. 能正确查找发动机所有的执行器 □4. 能正确判断元器件的物理状况	40	酌情扣分，扣分不得超过40分	□熟练 □不熟练	□熟练 □不熟练	□合格 □不合格
3	工具及设备的使用能力	□1. 能正确使用车辆或实训台架 □2. 能正确使用相关工具仪器万用表	20	未完成1项扣5分，扣分不得超过20分	□熟练 □不熟练	□熟练 □不熟练	□合格 □不合格
4	资料、信息查询能力	□1. 能正确使用维修手册查询资料 □2. 能在规定时间内查询所需资料 □3. 能正确记录所需维修信息	10	未完成1项扣5分，扣分不得超过10分	□熟练 □不熟练	□熟练 □不熟练	□合格 □不合格
5	数据判断和分析能力	□1. 能根据规律正确判断器件名称 □2. 能正确判断器件物理状况	10	未完成1项扣5分，扣分不得超过10分	□熟练 □不熟练	□熟练 □不熟练	□合格 □不合格
6	表单填写与报告的撰写能力	□1. 字迹清晰 □2. 语句通顺 □3. 无错别字 □4. 无涂改 □5. 无抄袭	5	未完成1项扣1分，扣分不得超过5分	□熟练 □不熟练	□熟练 □不熟练	□合格 □不合格
总分							

任务回顾

本次任务主要介绍了电控燃油喷射系统的基本组成、类型和控制过程等内容。训练任务可以帮助学生了解车间操作安全事项，找到 VIN 码等车辆基本信息，学会维修资料的基本查阅及常规诊断工具与设备的基本使用，并结合所学知识就车找到电控系统相关部件，熟悉其安装位置及连接情况，总结部件安装规律和做常规的物理检查等。

练习与思考

一、选择题

1. 在发动机电控系统中，向执行器发出控制指令的是（　　）。

A. 信号输入装置   B. ECU

C. 传感器   D. 点火系统

2. 装在排气管上的传感器是（   ）。

A. 冷却液温度传感器   B. 氧传感器

C. 转速传感器   D. 空气流量传感器

3. （   ）属于执行器。

A. 冷却液温度传感器   B. 空调开关

C. 转速传感器   D. 怠速控制阀

4. 发动机的电子控制系统主要由信号输入装置、（   ）和执行机构组成。

A. 传感器   B. ECU

C. 中央处理器   D. 存储器

5. 在发动机电控系统中，（   ）相当于"情报员"。

A. ECU   B. 传感器

C. 执行器   D. 空气滤清器

二、判断题

（   ）1. 进气歧管绝对压力传感器通常安装在节气门体后方的进气管道上。

（   ）2. 氧传感器安装在排气管上，通常情况下三元催化转化器前后各装一个。

（   ）3. 冷却液温度传感器安装在发动机水套上，与冷却液直接接触。

（   ）4. 电子控制系统中的信号输入装置是各种传感器。

（   ）5. 缸内直喷系统是指喷油器将燃油直接喷射至进气总管内。

>>> 任务二   正确使用智能诊断仪

 任务描述

一辆大众迈腾 B8 轿车，配置 CUGA 发动机。该发动机在运行过程中故障警告灯点亮，车主怀疑发动机有故障，于是入厂进行维修。技术经理安排你确认故障信息是什么，是否需要检修，并完成故障相关数据流检查和元件的动作测试工作。

任务解析

要学会使用智能诊断仪，首先要学习车载诊断系统的工作原理和功能，能看懂汽车仪表各指示灯和就车找到诊断接口位置；其次要会使用故障诊断系统进行调取故障码、读取数据流与执行元件测试等操作。

🎯 任务目标

1. 能通过与客户交流、查阅相关维修技术资料等方式获取车辆信息。
2. 能识别故障警告灯，会选用诊断接口，进行智能诊断仪的连接。
3. 能掌握自诊断系统的功能与原理并能推断故障。
4. 能使用故障诊断系统进行调取故障码、读取数据流与波形，并能对每个项目进行分析与理解。

🧠 知识准备

1. 认识随车诊断系统

1）随车诊断系统的功能

随车诊断系统（On Board Diagnostics，OBD）是集成在 ECU 内部的具有诊断功能的系统，该系统重点监测发动机排放故障，保证发动机达到排放法规的要求。其基本功能有：检测发动机电子控制系统的故障或与排放有关的故障，将故障信息以故障码的形式存储在发动机控制模块的存储器（RAM）内；点亮仪表板上的故障指示灯，通知驾驶人及时维修车辆；提供故障码、数据流等诊断信息，以便快速查找故障；当传感器或其电路发生故障时，自动启动失效保护功能。

2）随车诊断系统的基本原理

随车诊断系统对各种传感器进行故障自诊断，其原理如图 1-8 所示。其故障确定方式主要为：若某传感器输入 ECU 的信号超出正常范围，或在一定时间 ECU 收不到该传感器信号，或该传感器输入 ECU 的信号在一定时间内不发生变化，随车诊断系统均判定为故障信号。

若故障信号持续出现超过一定时间或多次出现判定有故障，并将此故障以故障码的形式输入 ECU 的存储器中，这时发动机 ECU 控制故障指示灯发亮，警告驾驶

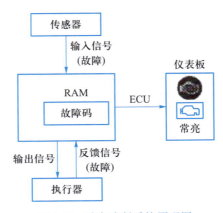

图 1-8　随车诊断系统原理图

人。此外，随车诊断系统还会根据故障性质自动启动失效保护系统或应急备用系统等。

3）发动机故障码的判定方法

（1）值域判定法

当 ECU 接收到输入信号超出规定的数值范围时，就判定该输入信号出现故障，如冷却液温度传感器，信号电压标准值在 0.1 ~ 4.8 V 之间，如果超过此范围

发动机电控单元将判定传感器故障（断路或短路）。

（2）时域判定法

当 ECU 检测到某一输入信号在一定时间内没有发生变化或变化没有达到预先规定的次数时，就判定该输入信号出现故障，如氧传感器的判定方法。

（3）功能判定法

ECU 向执行器发出动作指令后，若传感器输出信号没有按照程序规定的参数变化，就判定执行器或相关电路出现故障，如 EGR 阀位置传感器的判定方法。

（4）逻辑判定法

ECU 对两个相关联的传感器信号进行比较，当发现两个传感器信号之间的逻辑关系违反设定的条件时，OBD-Ⅱ就判定其中一个或两个传感器故障，如加速踏板位置传感器、电子节气门位置传感器等。

2. OBD-Ⅱ故障自诊断系统

OBD 是由美国汽车工程师学会（SAE）提出的，1994 年以后，美国、日本和欧洲的主要汽车制造厂家生产的电控汽车逐步开始采用 OBD-Ⅱ第二代故障自诊断系统。故障自诊断系统由传感器监测电路、执行器监测电路、软件程序、故障诊断通信接口以及故障指示灯电路组成。

1）故障诊断通信接口

OBD-Ⅱ第二代故障自诊断系统的诊断接口采用统一的国际标准，由 16 个端子组成，如图 1-9 所示，并统一安装在仪表板下方。由于诊断接口所有车型都一个标准，这样给调取故障信息提供了极大的方便。OBD-Ⅱ诊断接口端子功用表见表 1-5。

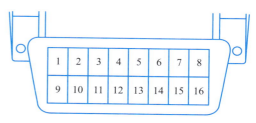

图 1-9 故障诊断通信接口

表 1-5 OBD-Ⅱ诊断接口端子功用表

端子	功用	端子	功用
1	生产厂家自行设定	8	生产厂家自行设定
2	总线正极（BUS+）	9	生产厂家自行设定
3	生产厂家自行设定	10	总线负极（BUS-）
4	底盘搭铁	11～14	生产厂家自行设定
5	信号搭铁	15	L 线
6	生产厂家自行设定	16	蓄电池正极
7	K 线		

2）发动机故障指示灯

发动机工作正常无故障时，接通点火开关至"ON"位置，发动机故障指示灯点亮。发动机起动后转速高于 500r/min 时此灯应熄灭。如果该灯点亮，表明发动机控制系统有故障，需要进行检查与维修。发动机故障指示灯和 EPC 指示灯如图 1-10 所示。

图 1-10 发动机故障指示灯和 EPC 指示灯

3）故障码的存储方式

存储故障码的 RAM 直接与蓄电池相连，故障码可长期保存，清除故障码必须断开专门的 RAM 连接电路，也可以用断开蓄电池的方法来清除，但这样可能会导致 PCM（脉冲编码调制）中其他信息也丢失。

故障码存放在 EEPROM（可擦可写存储器）中，即使断开蓄电池故障码仍可保存，清除故障码必须通过故障诊断仪向 ECU 诊断系统发出消除命令。

4）OBD-Ⅱ 故障码的含义

OBD-Ⅱ 故障码采用统一的编制方法及含义，使故障码的识别和分析更快捷。故障码由 5 个字母与数字组成，每个代表了不同的含义，以 P0123 氧传感器加热器电路故障为例，其故障码含义如图 1-11 所示。

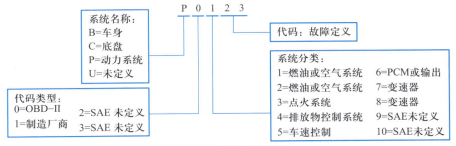

图 1-11 故障码的结构

知识链接 》》》

近年来 OBD-Ⅲ 国际标准开始制定，其主要目的是减少故障出现与实际维修之间的时间间隔，以进一步控制用车的排放污染。具体做法是在 OBD-Ⅱ 的基础上增加电子通信和遥感监测的功能，即通过路边的固定或移动设备实时监测道路上行驶的车辆，一旦发现故障，随即将车辆 VIN 码、故障码等信息发送给管理中心，并告知车主立即检修。

3. 汽车故障诊断仪

1）汽车故障诊断仪的类型

为了便于维修人员诊断测试汽车电控系统的故障，汽车制造公司或厂家都为自己生产的各型汽车设计了故障诊断插座与专用的故障诊断仪，如图1-12所示。故障诊断插座的安装位置因车而异，一般位于熔断器盒上、仪表盘下方或发动机附近。将汽车制造厂家或公司提供的专用诊断仪与汽车上的诊断插座连接后，接通点火开关，即可进行诊断测试。由于不同车型的故障诊断软件不尽相同，因此，故障诊断仪仅限于指定车型的诊断测试。

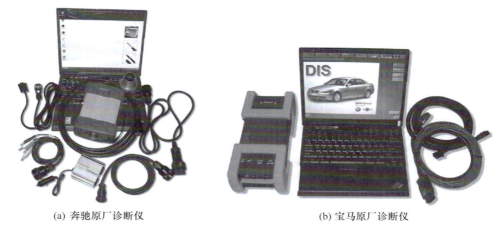

(a) 奔驰原厂诊断仪　　　　　　　　　　(b) 宝马原厂诊断仪

图1-12　专用型故障诊断仪

常见的专用型故障诊断仪还有通用汽车诊断仪（TECH2）、日产汽车专用诊断仪（CONSULT3）、大众汽车诊断仪（V. A. G5054）和捷豹路虎诊断仪（SDD）等。

通用型故障诊断仪可以检测不同品牌和型号的汽车，但其功能不如专用型故障诊断仪全面，价格也比专用型故障诊断仪便宜，一般用于综合型维修企业。通用型故障诊断仪目前市场上以国产为主，比较知名的有元征、金德、车博士和金奔腾等，如图1-13所示。

2）故障诊断仪的功能

在诊断车辆电控系统故障时，用户可以用故障诊断仪迅速地读取汽车电控系统的故障，并通过液晶显示屏显示故障信息，查明发生故障的部位及原因。

汽车故障诊断仪是维修中非常重要的工具，一般有如下功能：

① 读取ECU版本信息；

② 读取故障码；

③ 清除故障码；

④ 读取发动机动态数据流；

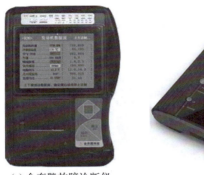

(a) 金奔腾故障诊断仪　　　　　　　　(b) 元征故障诊断仪

图 1-13　通用型故障诊断仪

⑤ 示波器功能；

⑥ 元件动作测试；

⑦ 匹配、设定和编码功能。

3）金奔腾 SDT929 故障诊断仪

（1）金奔腾故障诊断仪控制界面。金奔腾 SDT929 操作界面简洁明了，采用了触摸屏设计，使用方便。金奔腾 SDT929 操作界面如图 1-14 所示。

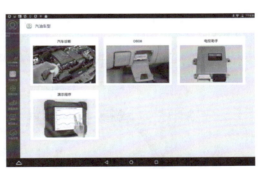

微课

诊断仪的使用方法

图 1-14　金奔腾 SDT929 操作界面

（2）SDT929 上接端接口如图 1-15 所示。主机由内置充电电池供电，可供诊断仪持续工作数小时。提供多种外接口形式，可用于连接其他显示设备；支持无线 Wi-Fi 连接，进行诊断仪数据交流与升级。

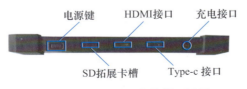

图 1-15　SDT929 上接端接口视图

（3）VCI诊断接口如图1-16所示。该诊断接口支持无线蓝牙连接，通过无线通信将采集的车辆数据发送给诊断设备，并展示给用户，有效通信范围10m。

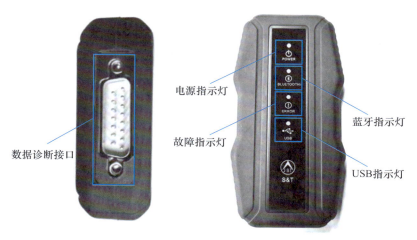

图1-16　VCI诊断接口及指示灯界面

正确连接16针诊断座后，电源指示灯点亮，蓝牙指示灯点亮并在VCI与诊断仪之间进行数据通信时闪烁，USB指示灯在VCI与诊断仪之间通过USB线连接时闪烁。

VCI通过诊断连接线与诊断接口（OBD16针）和车辆连接，如图1-17所示。

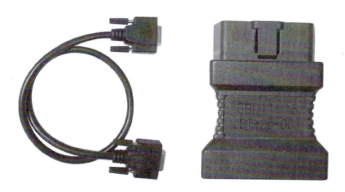

图1-17　SDT929诊断连接线与诊断接口

（4）金奔腾SDT929故障诊断仪的使用。

① 故障诊断仪的连接。

第一种连接方式：诊断设备与VCI无线方式通信，将VCI、测试数据线、OBD-Ⅱ故障诊断接口连接好，如图1-18所示，再把OBD-Ⅱ诊断插头接到车辆诊断口。车辆与诊断设备通过蓝牙进行数据通信。注意：在连接诊断插头时请关闭诊断仪电源和点火开关。

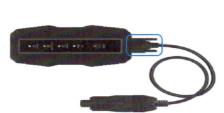

图1-18 VCI与诊断设备无线通信连接

第二种连接方式：诊断设备与VCI有线方式通信，车辆与诊断设备通过USB线进行数据通信，如图1-19所示。

② 故障码的读取与清除。

打开诊断仪电源开关，在车型选择界面上通过上、下键或触摸屏选择所需检查的车型，或直接选择大众车系，如图1-20所示。

选择车型后进入系统选择界面，部分车型支持多种进入方式：手动选择、自动扫描，如图1-20所示。图1-21所示为界面读取ECU版本信息，可以读

图1-19 VCI与诊断设备有线通信连接

取被测试系统的ECU信息，包括版本号、VIN码、服务站代码以及相关信息。一般更换车辆电控单元时，需要读出原电控单元信息并记录，以作为购买新控制单元的参考，对新的电控单元进行编码时，需要原电控单元信息。

图1-20 车型选择界面与系统选择界面

图1-22所示为读取故障码，此项功能可以读取被测试系统ECU存储器内的故障码，帮助维修人员快速地查到车辆故障引起的原因。在系统功能选择菜单中

选择读取故障码，系统开始检测 ECU 随机 RAM 中存储的故障记忆内容，测试完毕屏幕显示出测试结果。

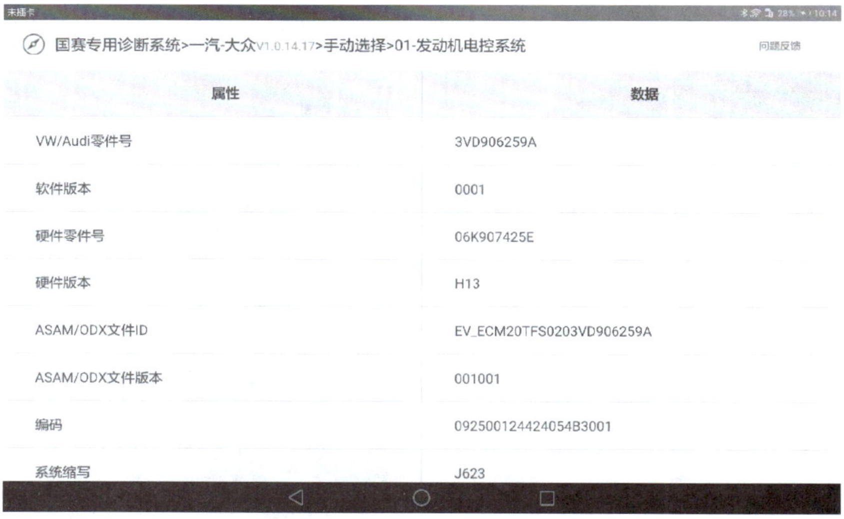
国赛专用诊断系统>一汽-大众V1.0.14.17>手动选择>01-发动机电控系统　问题反馈

属性	数据
VW/Audi零件号	3VD906259A
软件版本	0001
硬件零件号	06K907425E
硬件版本	H13
ASAM/ODX文件ID	EV_ECM20TFS0203VD906259A
ASAM/ODX文件版本	001001
编码	092500124424054B3001
系统缩写	J623

图 1-21 界面读取 ECU 版本信息

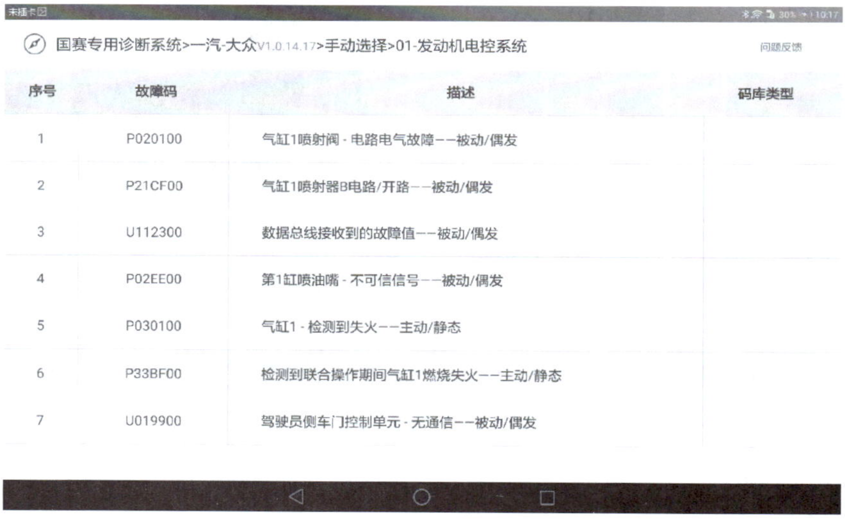
国赛专用诊断系统>一汽-大众V1.0.14.17>手动选择>01-发动机电控系统　问题反馈

序号	故障码	描述	码库类型
1	P020100	气缸1喷射阀 - 电路电气故障——被动/偶发	
2	P21CF00	气缸1喷射器B电路/开路——被动/偶发	
3	U112300	数据总线接收到的故障值——被动/偶发	
4	P02EE00	第1缸喷油嘴 - 不可信信号——被动/偶发	
5	P030100	气缸1 - 检测到失火——主动/静态	
6	P33BF00	检测到联合操作期间气缸1燃烧失火——主动/静态	
7	U019900	驾驶员侧车门控制单元 - 无通信——被动/偶发	

图 1-22 读取故障码

图 1-23 所示为清除故障码界面，可以清除被测试系统的故障码，操作顺序为：先读故障码，并记录（或打印）然后再清除故障码，试车、再次读取故障码进行验证，维修车辆，清除故障码，再次试车确认故障码不再出现。硬性故障码是不能被清除的，如果是氧传感器、爆燃传感器、混合气修正、气缸失火之类的技术型故障码虽然能立即清除，但在一定周期内还会出现。必须要彻底排除故障之后故障码才不会再出现。

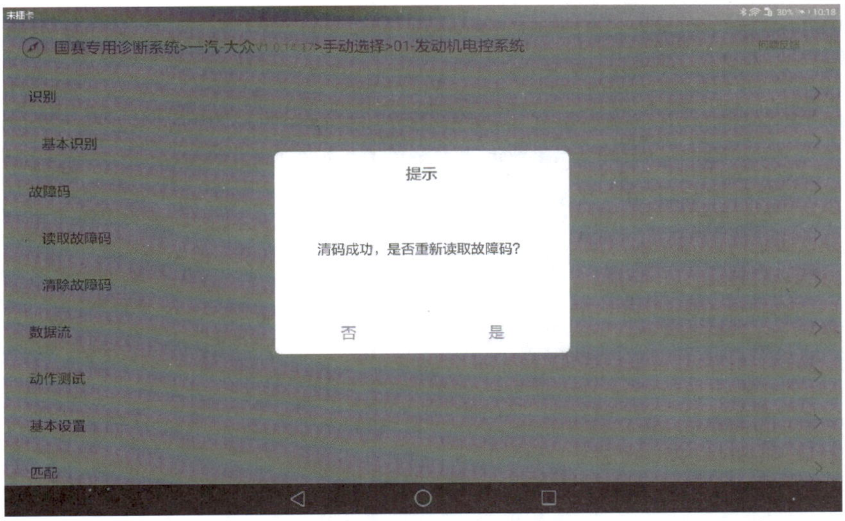

图 1-23　清除故障码界面

③ 元件动作测试。

在系统功能选择菜单选择元件动作测试进入操作界面，如图 1-24 所示。该操作可以检查执行元件的电路工作状况，进行元件动作测试时可以观察该元件是否正常工作，如果该执行元件不正常工作，则需要检查相关电器元件、插头线束或机械部位是否存在故障。动作测试是对发动机控制模块控制输出级性能的验证手段，是通信式诊断的主要手段之一。

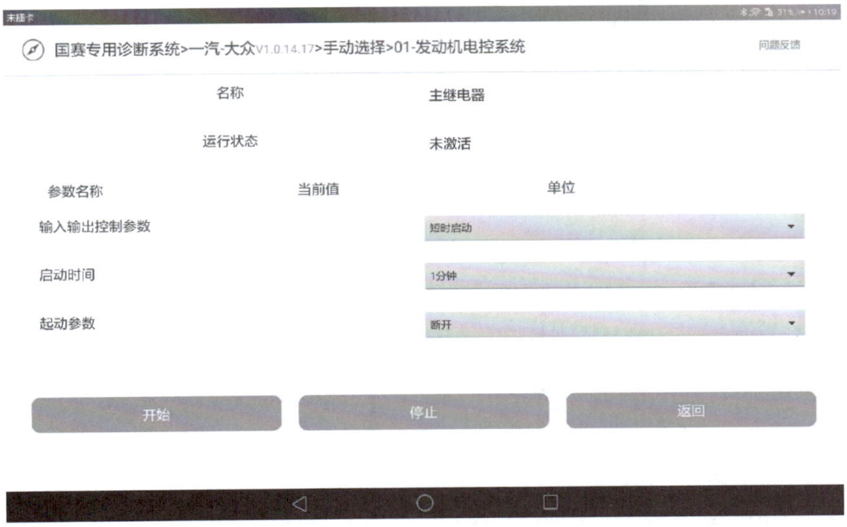

图 1-24　元件动作测试

④ 读取数据流。

在系统功能选择菜单选择读取动态数据流菜单进入操作界面，如图 1-25 所示。用户可以选择不同的数据流,通过此项功能,维修人员可以读到动态数据流,是帮助和分析无故障码故障现象的最好手段,通过故障现象以及故障码相关元件的数据进行动态分析可以判断和验证故障发生的位置及原因。

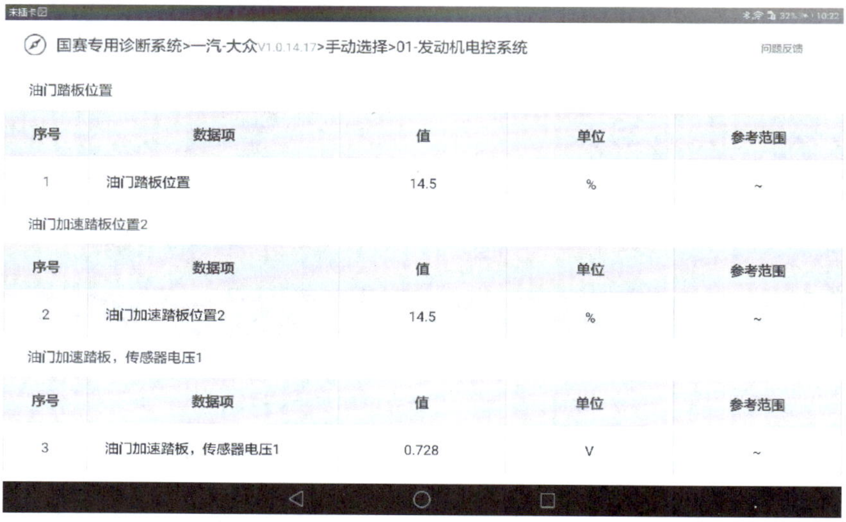

图 1-25   动态数据流

任务实施

本任务以迈腾 B8 轿车的发动机为例,要求学生通过诊断仪的使用完成故障码的读取与清除,元件的动作测试及数据流读取。任务工作单和评分细则见表 1-6 和表 1-7。

表 1-6   正确使用智能诊断仪任务工作单

任务二 正确使用智能诊断仪			小组人员:	
班级:		学号:		指导老师签字:
日期:				
一、作业要求				
1. 能正确查找并认知各部件				
2. 掌握汽车维修作业安全规程				
3. 掌握汽车维修工具安全规程				
4. 掌握车间安全作业流程				
5. 学会观察分析问题的能力				
6. 养成良好的 7S 工作习惯				
二、工具、量具准备				
三、辅助材料与耗材				
四、制订检修计划及组员分工				

续表

五、作业内容	
仪器、车辆准备	要点：
连接诊断仪	要领：
读取与清除故障码	记录：
读取数据流	记录：
元件动作测试	记录：

表 1-7　正确使用智能诊断仪评分细则

任务二　正确使用智能诊断仪				实训日期：			
姓名：		班级：		学号：		指导老师签字：	
自评：□熟练　□不熟练		互评：□熟练　□不熟练		师评：□熟练　□不熟练			
日期：		日期：		日期：			
序号	评分项	得分条件	分值	评分要求	自评	互评	师评
1	安全/7S/态度	□1. 能进行工位 7S 操作 □2. 能进行设备和工具安全检查 □3. 能进行车辆安全防护操作 □4. 能进行工具清洁校准存放操作 □5. 能进行三不落地操作	15	未完成 1 项扣 3 分，扣分不得超过 15 分	□熟练 □不熟练	□熟练 □不熟练	□合格 □不合格
2	专业技能能力	□1. 能正确查询车辆基本信息 □2. 能正确连接诊断设备 □3. 能正确查找诊断仪车型选择 □4. 能正确使用诊断仪的各项功能	40	酌情扣分，扣分不得超过 40 分	□熟练 □不熟练	□熟练 □不熟练	□合格 □不合格
3	工具及设备的使用能力	□1. 能正确使用车辆或实训台架 □2. 能正确使用相关工具、仪器、万用表	20	未完成 1 项扣 5 分，扣分不得超过 20 分	□熟练 □不熟练	□熟练 □不熟练	□合格 □不合格
4	资料、信息查询能力	□1. 能正确使用维修手册查询资料 □2. 能在规定时间内查询所需资料 □3. 能正确记录所需维修信息	10	未完成 1 项扣 5 分，扣分不得超过 10 分	□熟练 □不熟练	□熟练 □不熟练	□合格 □不合格
5	数据判断和分析能力	□1. 能根据规律正确判断数据 □2. 能正确判断故障性质	10	未完成 1 项扣 5 分，扣分不得超过 10 分	□熟练 □不熟练	□熟练 □不熟练	□合格 □不合格
6	表单填写与报告的撰写能力	□1. 字迹清晰 □2. 语句通顺 □3. 无错别字 □4. 无涂改 □5. 无抄袭	5	未完成 1 项扣 1 分，扣分不得超过 5 分	□熟练 □不熟练	□熟练 □不熟练	□合格 □不合格
总分							

任务回顾

在情境描述中，发动机故障灯点亮。经过本次课的学习和实训可知，当发动机电控系统出现故障时，OBD 能够识别，并将故障码保存起来，可用诊断仪器将故障码调出，以便维修人员查阅。同时，也可通过诊断仪对发动机运行过程的实时数据进行读取，分析与故障相关的数据，还可以用示波器功能检测传感器和执行器的工作情况。

练习与思考

一、选择题

1. （   ）可清除故障码。

A. 万用表   B. 示波器

C. 智能诊断仪   D. 尾气分析仪

2. 发动机在运行过程中，仪表盘上的黄色故障警告灯点亮时，说明（   ）。

A. 发动机控制系统在自检   B. 发动机控制系统运行正常

C. 发动机控制系统出现故障   D. 没有特殊含义

3. 故障码首字母 P 代表（   ）。

A. 发动机和变速器系统   B. 汽车底盘控制系统

C. 汽车车身控制系统   D. 汽车电器控制系统

4. （   ）不可以通过 OBD-Ⅱ 诊断接口完成。

A. 读取故障码   B. 读取数据流

C. 执行元件测试   D. 跳火试验

5. 在讨论发动机故障警告灯时，甲说警告灯亮起表示电控系统有故障，乙说警告灯亮起表示电控系统没有故障。正确的说法是（   ）。

A. 甲正确   B. 乙正确

C. 甲和乙都正确   D. 甲和乙都不正确

二、判断题

（   ）1. 在排除发动机电控系统故障时，一般坚持故障码优先的原则。

（   ）2. 第二代车载故障自诊断系统中故障码英文字母 B 代表动力系统故障码。

（   ）3. 当传感器出现故障时，发动机控制系统会自动启动备用系统，并能保证发动机继续运行性能。

（   ）4. OBD-Ⅱ 车载诊断系统采用的是 15 针诊断接口。

（   ）5. 专用型智能诊断仪只能诊断特定的某一种车型。

模块二

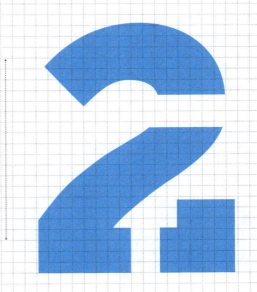

检修进气系统故障

【模块导读】

　　本模块融合了汽车运用与维修职业技能等级标准中汽车动力与驱动系统综合分析技术（中级）内容，主要介绍该工作领域动力系统检测与维修任务中的进气系统检测维修模块相关知识与职业技能，包括车辆信息获取、安全注意事项与作业准备、汽车维修资料使用、诊断设备使用、传感器工作原理与故障机理及检修流程等。

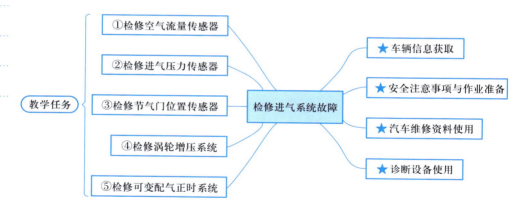

🔧 任务一　检修空气流量传感器

👥 任务描述

一辆大众迈腾 B7L 轿车，配备 CGMA 发动机。据车主反映：发动机怠速不稳，加速无力。维修人员进行初步检查，起动发动机，观察仪表板发动机故障警告灯点亮，踩下踏板发动机加速无力，用诊断仪清码后调取的故障码为 P00257，质量或容积空气流量电路范围/性能故障。请参考相关维修资料，恢复发动机系统功能。

⛽ 任务解析

首先，要学习空气流量传感器的工作原理和控制过程，能就车找到空气流量传感器，并观察判断其物理状况；其次，要会查阅维修技术资料，制订检修方案，选用正确的仪器设备对空气流量传感器进行检修和器件更换作业，并评估故障修复情况。

🎯 任务目标

1. 能通过与客户交流，获取车辆信息并正确确认故障现象。
2. 能阐述空气流量传感器的类型、工作原理和各标准参数。
3. 能就车找到空气流量传感器，并对类别进行判断，能看懂原理图与电路图。
4. 会制订正确的维修计划，能正确使用诊断工具、仪器，进行参数的检测（电源电压、信号电压、标准电阻），正确记录、分析各种检测结果并做出故障判断。
5. 能对空气流量传感器进行维修更换作业，能对发动机进行测试，检查并评估修复质量。

📶 知识准备

空气流量传感器是测定吸入发动机的空气流量，并将进气量信息转换成电信号输入 ECU，ECU 以此计算并确定喷油量和点火时刻。汽车上常用的空气流量传感器有热线式空气流量传感器和热膜式空气流量传感器。

1. 热线式空气流量传感器

热线式空气流量传感器由感知空气流量的铂金热线、根据进气温度进行修正的温度补偿电阻、控制热线电流并产生输出信号的控制电路板等组成。根据铂金热线在壳体内的安装部位不同，热线式空气流量传感器分为主流测量、旁通测量方式两种形式。

图2-1所示为采用主流测量方式的热线式空气流量传感器的结构图。它两端有金属防护网，取样管置于主空气通道中央，取样管由两个塑料护套和一个热线支承环构成。

热线支承环上有一根直径很小的铂金属丝（约为0.07 mm），其阻值随温度变化而变化（正温度系数电阻），当传感器工作时，铂金属丝将被控制电路提供的电流加热到高于进气温度120℃左右，因此称为热线。

铂金热线是惠斯顿电桥的一个桥臂

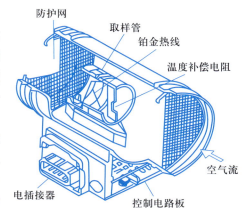

图2-1　采用主流测量方式的热线式空气流量传感器的结构图

R_H，如图2-2所示。热线电阻R_H和温度补偿电阻R_K均置于空气通道中的取样管内，与R_A和R_B共同构成桥式电路。R_H、R_K阻值均随温度变化。当空气流经R_H时，使热线温度发生变化，电阻减小或增大，使电桥失去平衡，若要保持平衡，就必须使流经电阻的电路改变，以恢复其温度与阻值，精密电阻R_A两端的电压也相应变化，并且该电压信号作为热线式空气流量传感器输出的电压信号送至ECU。

重要提示

　　热线式空气流量传感器由于热线在空气流经过程中容易脏，因此惠斯顿电桥还有一个桥臂R_B安装在控制电路板上，具有自洁功能，每次点火开关关闭的瞬间热线通电，温度可达1000℃以上，将粉尘烧掉。

2. 热膜式空气流量传感器

热膜式空气流量传感器主要由控制电路、金属热膜元件、上流温度传感器和金属护网等组成，如图2-3所示。

微课

热线式空气流量传感器

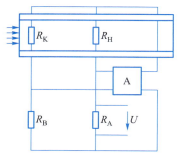

图2-2　热线式空气流量传感器的工作原理图
A—集成电路　R_H—热线电阻　R_K—温度补偿电阻
R_A—精密电阻　R_B—电桥电阻

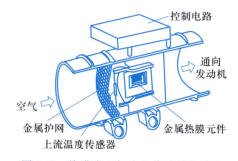

图2-3　热膜式空气流量传感器的结构

热膜式空气流量传感器工作原理与热线式空气流量传感器类似，所不同的是它不使用铂金热丝作为热线，而是将热线电阻、温度补偿电阻及桥路电阻用厚膜工艺制作在同一陶瓷基片上。这种结构可使发热体不直接承受空气流动所产生的作用力，增加了发热体的强度，提高了空气流量传感器的可靠性。

迈腾 B7L 发动机使用的是博世发动机管理系统 MED17.1.10，同时安装有进气压力传感器和空气流量传感器，原因是发动机在 B-循环工作时，节气门开度非常大，只有用空气流量传感器才能识别回流气流。图 2-4 所示为迈腾 B7L 空气流量传感器的结构及安装位置。

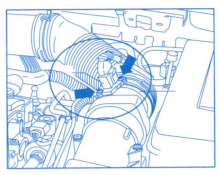

图 2-4　迈腾 B7L 空气流量传感器的结构及安装位置

课堂讨论

电控发动机上除了空气流量传感器能检测吸入发动机的空气流量外，还有什么传感器也可以完成此工作？

3. 空气流量传感器的检修

以迈腾 B7L 发动机空气流量传感器控制电路为例，对传感器进行分析和检测。

迈腾 B7L 发动机空气流量传感器的电路原理图如图 2-5 所示。由蓄电池供给电源电压（+B）至传感器的 T5f/3 端子，通过传感器的 T5f/1 端子至 J623 的 T94/23 搭铁构成回路，给铂金热丝进行加热，通过传感器的 T5f/2 端子从发动机电控单元 J623 的 T94/65 端子将信号传给发动机电控单元 J623。

微课

检修空气流量
传感器

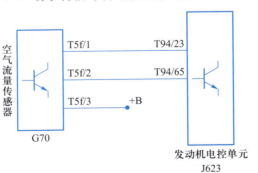

图 2-5　迈腾 B7L 发动机空气流量传感器的电路原理图

空气流量传感器信号常见的故障见表 2-1。

表 2-1　空气流量传感器信号常见的故障

序号	故障
1	空气流量传感器 G70 信号对搭铁短路
2	空气流量传感器 G70 信号断路
3	空气流量传感器 G70 信号虚接
4	空气流量传感器 G70 的供电电路断路
5	空气流量传感器 G70 的供电电路虚接
6	空气流量传感器 G70 的 T5f/1 端子搭铁断路
7	空气流量传感器 G70 的 T5f/1 端子搭铁虚接
8	空气流量传感器故障
9	发动机电控单元 J623 故障（局部）

结合以上信息，空气流量传感器 G70 的检测和诊断流程如下。

第一步：测量空气流量传感器 G70 的 T5f/2 端子对搭铁电压，见表 2-2。

表 2-2　测量空气流量传感器 G70 的 T5f/2 端子对搭铁电压

测量标准：点火开关打开，或发动机处于怠速，测试值应随发动机转速的变换而变化				
可能性	实测结果/V	状态	可能原因	操作
1	0.5 ~ 4.2	正常	如果数据流异常，则要检查信号电路及发动机电控单元 J623	转"第二步"
2	5	异常	说明信号线对 5V 电源短路	转"第二步"
3	0	异常	说明空气流量传感器 G70 故障，或冷却液温度传感器信号线搭铁短路	转"第二步"

第二步：测量空气流量传感器 G70 的 T5f/3 端子对搭铁电压，见表 2-3。

表 2-3　测量空气流量传感器 G70 的 T5f/3 端子对搭铁电压

测量标准：打开点火开关，测试值应为蓄电池电压（+B）				
可能性	实测结果	状态	可能原因	操作
1	+B	正常		转"第三步"
2	0	异常	空气流量传感器供电异常	检查 J271 及电路
3	0.1 ~ +B	异常	空气流量传感器供电电路虚接	检查供电电路

第三步：测量空气流量传感器 G70 的 T5f/2 与发动机电控单元 J623 的 T94/65 端子间电路导通性，见表 2-4。

表 2-4　测量空气流量传感器 G70 的 T5f/2 与发动机电控单元 J623 的 T94/65 端子间电路导通性

测量标准：点火开关关闭，拔下发动机电控单元 J623 的 T94 插接器与空气流量传感器 G70 的 T5f 插接器，该导线端对端电阻应小于 1Ω				
可能性	实测结果	状态	可能原因	操作
1	小于 1Ω	正常	—	转"第四步"
2	无穷大	异常	T5f/2 到 T94/65 端子间电路断路	检修电路
3	大于 5Ω	异常	T5f/2 到 T94/65 端子间电路虚接	检修电路

第四步：测量空气流量传感器 G70 的 T5f/2 端子对搭铁电阻，见表 2-5。

表 2-5 测量空气流量传感器 G70 的 T5f/2 端子对搭铁电阻

测量标准：点火开关关闭，拔下发动机电控单元 J623 插接器的 T94 与空气流量传感器 G70 的 T5f 插接器，该导线端对端电阻应大于 10kΩ				
可能性	实测结果	状态	可能原因	操作
1	无穷大	正常	—	转"第五步"
2	小于 1Ω	异常	T5f/2 对搭铁间电路短路	检修电路
3	大于 5Ω	异常	T5f/2 对搭铁间电路虚接	

第五步：测量空气流量传感器 G70 的 T5f/1 与发动机电控单元 J623 的 T94/23 端子间电路导通性，见表 2-6。

**表 2-6 测量空气流量传感器 G70 的 T5f/1 与发动机电控单元
J623 的 T94/23 端子间电路导通性**

测量标准：点火开关关闭，拔下发动机电控单元 J623 的 T94 插接器与空气流量传感器 G70 的 T5f 插接器，该导线端对端电阻应小于 1Ω				
可能性	实测结果	状态	可能原因	操作
1	小于 1Ω	正常	发动机电控单元 J623 故障	检修发动机电控单元 J623
2	无穷大	异常	T5f/1 到 T94/23 端子间电路断路	检修电路
3	大于 5Ω	异常	T5f/1 到 T94/23 端子间电路虚接	

任务实施

本任务以迈腾 B7 发动机为例，在发动机上预设空气流量传感器的故障，要求学生利用所学知识排除相关故障。任务工作单和评分细则见表 2-7 和表 2-8。

表 2-7 检修空气流量传感器任务工作单

任务一 检修空气流量传感器		小组人员：	
班级：	学号：		指导老师签字：
日期：			
一、作业要求 　1. 能正确检测空气流量传感器 　2. 学会观察分析问题的能力 　3. 养成良好的 7S 工作习惯			
二、工具、量具准备			
三、辅助材料与耗材			

四、制订检修计划及组员分工

五、检修流程

第一步：测量空气流量传感器 G70 的 T5f/2 端子对搭铁电压

检测结果	检测结果分析
测量结果：＿＿＿＿＿＿ V	正常□ 异常□　　转至第＿＿＿＿步

第二步：测量空气流量传感器 G70 的 T5f/3 端子对搭铁电压

检测结果	检测结果分析
测量结果：＿＿＿＿＿＿ V	正常□ 异常□　　转至第＿＿＿＿步

第三步：测量空气流量传感器 G70 的 T5f/2 与发动机电控单元 J623 的 T94/65 端子间电路导通性

检测结果	检测结果分析
测量结果：＿＿＿＿＿＿ Ω	正常□ 异常□　　转至第＿＿＿＿步

第四步：测量空气流量传感器 G70 的 T5f/2 端子对搭铁电阻

检测结果	检测结果分析
测量结果：＿＿＿＿＿＿ Ω	正常□ 异常□　　转至第＿＿＿＿步

第五步：测量空气流量传感器 G70 的 T5f/1 与发动机电控单元 J623 的 T94/23 端子间电路导通性

检测结果	检测结果分析
测量结果：＿＿＿＿＿＿ Ω	正常□ 异常□

检修结论：

维修建议：

表 2-8　检修空气流量传感器评分细则

序号	评分项	得分条件	分值	评分要求	自评	互评	师评
任务一　检修空气流量传感器				实训日期：			
姓名：		班级：		学号：		指导老师签字：	
自评：□熟练　□不熟练		互评：□熟练　□不熟练		师评：□熟练　□不熟练			
日期：		日期：		日期：			
1	安全/7S/态度	□1. 能进行工位 7S 操作 □2. 能进行设备和工具安全检查 □3. 能进行车辆安全防护操作 □4. 能进行工具清洁校准存放操作 □5. 能进行三不落地操作	15	未完成 1 项扣 3 分，扣分不得超过 15 分	□熟练 □不熟练	□熟练 □不熟练	□合格 □不合格
2	专业技能能力	□1. 能正确查询空气流量传感器电路图 □2. 能正确查询空气流量传感器元件端视图 □3. 能正确检测空气流量传感器的电源电压 □4. 能正确检测空气流量传感器的信号电压 □5. 能正确检测空气流量传感器电路的导通性	40	未完成 1 项扣 8 分，扣分不得超过 40 分	□熟练 □不熟练	□熟练 □不熟练	□合格 □不合格
3	工具及设备的使用能力	□1. 能正确使用万用表 □2. 能正确使用诊断仪 □3. 能正确使用车辆或实训台架	15	未完成 1 项扣 5 分，扣分不得超过 15 分	□熟练 □不熟练	□熟练 □不熟练	□合格 □不合格
4	资料、信息查询能力	□1. 能正确使用维修手册查询资料 □2. 能在规定时间内查询所需资料 □3. 能正确记录所需维修信息	15	未完成 1 项扣 5 分，扣分不得超过 15 分	□熟练 □不熟练	□熟练 □不熟练	□合格 □不合格
5	数据判断和分析能力	□1. 能判断空气流量传感器是否正常 □2. 能判断空气流量传感器故障范围	10	未完成 1 项扣 5 分，扣分不得超过 10 分	□熟练 □不熟练	□熟练 □不熟练	□合格 □不合格
6	表单填写与报告的撰写能力	□1. 字迹清晰 □2. 语句通顺 □3. 无错别字 □4. 无涂改 □5. 无抄袭	5	未完成 1 项扣 1 分，扣分不得超过 5 分	□熟练 □不熟练	□熟练 □不熟练	□合格 □不合格
总分							

任务回顾

在任务描述中，迈腾发动机怠速不稳，加速无力。经过本任务的学习和实训，有可能的原因为空气流量传感器信号异常所致，其原因为空气流量传感器用于监测每一瞬间吸入发动机的空气量，并将此转变为电信号输送给发动机电控单元，作为控制点火、喷油的重要参考信号。如果空气流量传感器或电路出现故障，ECU得不到正确的进气量信号，就不能正常地进行喷油量的控制，将造成混合气过浓或过稀，使发动机运转不正常。当然，不同车系，其系统控制原理有所不同，不可一概而论。

练习与思考

一、选择题

1. 热线式空气流量传感器和热膜式空气流量传感器的主要不同是（   ）。

A. 工作原理不同　　　　　　　　B. 检测方法不同

C. 敏感元件的结构不同　　　　　D. 工作性能不同

2. 技师甲说热线式空气流量传感器有自洁功能，技师乙说热膜式空气流量传感器不易脏污，无须自洁。（   ）

A. 甲正确　　　　　　　　　　　B. 乙正确

C. 甲和乙都不正确　　　　　　　D. 甲和乙都正确

3. 当流量增大时，空气流量传感器电压信号应（   ）。

A. 变小　　　　　　　　　　　　B. 变大

C. 不变　　　　　　　　　　　　D. 上下波动

4. 空气流量传感器安装在发动机的（   ）。

A. 空气滤清器和节气门之间的进气管道上

B. 发动机机体上

C. 排气管道上

D. 节气门体后方的进气管道上

5. 技师甲说当空气流量传感器电路断路时，ECU会存储故障码，并采用替代值，根据发动机转速、节气门开度和空气温度计算替代值。技师乙说当空气流量传感器电路断路时，ECU会存储故障码，并采用替代值，根据节气门开度计算替代值，说法正确的是（   ）。

A. 甲正确　　　　　　　　　　　B. 乙正确

C. 甲和乙都不正确　　　　　　　D. 甲和乙都正确

二、判断题

（   ）1. 热线式空气流量传感器的缺点是信号杂波多。

（   ）2. 空气流量传感器信号是ECU控制喷油量和点火时刻的主控信号。

（   ）3. 空气流量传感器下游漏气，空气流量传感器检测的空气流量偏高，混合气偏稀。

（   ）4. 节气门体漏气，空气流量传感器检测的空气流量偏低，混合气偏稀。

（   ）5. 进气流量增大时，热线式空气流量传感器的热线电阻增大，电流减小，输出信号电压增大。

>>> 任务二　检修进气压力传感器

任务描述

一辆大众迈腾 B8 轿车，配备 CUGA 发动机。据车主反映：发动机怠速运转不良，加速无力，且故障警告灯点亮。维修人员进行初步检查，使用故障诊断仪清码后再读取的故障码为 P010700，进气管压力/空气压力信号太小。请参考相关维修资料，恢复发动机系统功能。

任务解析

从故障码分析，此故障由进气压力传感器故障所致。要排除此故障，首先要学习进气压力传感器的结构、工作原理和控制过程，就车找到进气压力传感器，并观察判断其物理状况；其次要会查阅维修技术资料，制订检修方案，选用正确的诊断工具、仪器对进气压力传感器进行检修和器件的更换作业，并评估故障修复情况。

任务目标

1. 能通过与客户交流，获取车辆信息并正确确认故障现象。
2. 能阐述进气压力传感器的结构和工作原理。
3. 能就车找到进气压力传感器和增压压力传感器，并能看懂原理图与电路图。
4. 会制订正确的维修计划，能正确使用诊断工具、仪器，进行参数的检测（电源电压、信号电压、电路通断等），正确记录、分析各种检测结果做出故障判断。
5. 能对进气压力传感器进行维修更换作业，并能对修复的发动机进行测试，检查和评估修复质量。

知识准备

进气压力传感器用来检测进气管内绝对压力的变化并转化为电信号输送给 ECU，决定基本喷油量。进气压力传感器以半导体压敏电阻式应用最为广泛。

1. 进气压力传感器的结构

半导体压敏电阻式进气压力传感器是利用半导体的压阻效应原理制成的。它由硅膜片、真空室和过滤器等组成，其内部结构如图2-6所示。

硅膜片是用单晶硅制成的压力转换元件，在薄膜片表面的圆周上有四只阻值相等的应变电阻，以惠斯顿电桥方式连接，然后再与传感器内部的温度补偿电阻和信号放大电路等混合集成电路连接，如图2-7所示。

2. 进气压力传感器的工作原理

半导体压敏电阻式进气压力传感器的工作原理如图2-8所示。

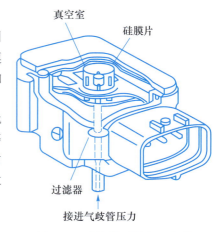

图2-6 半导体压敏电阻式进气压力传感器的内部结构

微课
进气压力传感器

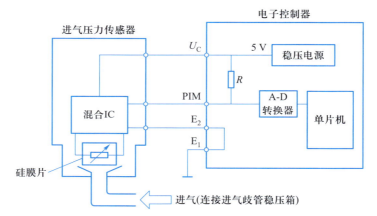

图2-7 硅膜片的结构及等效电路图

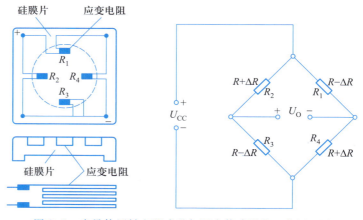

图2-8 半导体压敏电阻式进气压力传感器的工作原理图

硅膜片装在保持真空的真空室内，一面通真空室，另一面承受来自进气歧管中气体的压力，压力与真空室压力之差使硅膜片产生变形，压力越大形变越大，以惠斯顿电桥方式连接的应变电阻的阻值在此压力的作用下就会发生变化，然后经真空室内的混合集成电路变换为电压信号输入发动机电控单元中。

重要提示

进气管内绝对压力越高，硅膜片的变形越大，其变形量与压力成正比。当传感器结构和输入电压一定时，其作用在圆形硅片上的压力越高，输出电压越高，如图 2-9 所示。

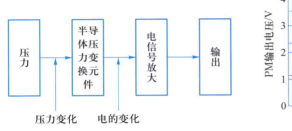
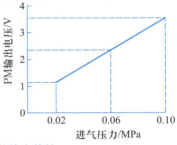

图 2-9 进气压力传感器的输出特性

课堂讨论

进气压力传感器和空气流量传感器都可测量进气量，请讨论一下它们各是如何测量进气量的，两者谁的测量精度更高，为什么？个别发动机两者同时装用，这又是为什么呢？

3. 迈腾 B8 轿车的进气压力传感器和增压压力传感器

图 2-10 所示为迈腾 B8 进气压力传感器和增压压力传感器的安装位置。进气压力传感器和温度传感器做成一个整体，安装在节气门后方的进气歧管上；增压压力传感器安装在节气门的前方，空气通过滤清器，经涡轮增压加压后进入增压空气冷却器，节气门前方的增压压力传感器将增压后的空气压力转换为电信号传送给发动机电控单元 J623，发动机电控单元根据当前工况，通过 PWM 信号调节涡轮增压器空气再循环阀的开度，使增压后的空气压力（流量）符合当前工况需求，调节和冷却后的空气通过节气门进入进气歧管。

4. 进气压力传感器检修

以迈腾 B8 轿车的发动机进气压力传感器控制电路为例，对进气压力传感器进行分析和检测，增压压力传感器的原理和检修与进气压力传感器类似。

迈腾 B8 轿车的进气压力传感器/温度传感器电路原理图如图 2-11 所示。发动机电控单元 J623 通过 T105/42 端子输出 5 V 电压至传感器 G71 的 T4q/3 端子作为传感器的参考电压，通过 T105/33 端子为传感器 T4q/1 端子提供搭铁，最后通过 T4q/4 端子与发动机电控单元 J623 的 T105/52 端子向发动机电控单元输出与压力相关的电压参数。

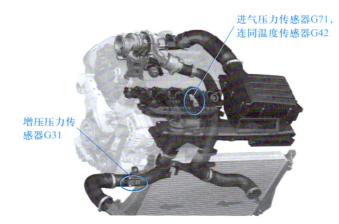

图 2-10　迈腾 B8 轿车的进气压力传感器和增压压力传感器的安装位置

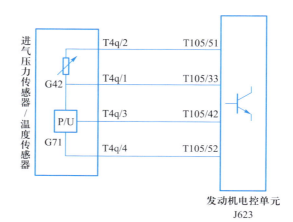

图 2-11　迈腾 B8 进气压力传感器/温度传感器电路原理图

注意：在进气压力传感器/温度传感器的 T4q/4 端子与发动机电控单元 J623 的 T105/52 端子之间的电路处于断路时，发动机电控单元 J623 的 T105/52 端子会发出 5V 的参考电压。

进气压力传感器信号常见的故障见表 2-9。

微课

检修进气压力
传感器/温度
传感器

表 2-9　进气压力传感器信号常见的故障

序号	故障
1	进气压力传感器 G71 的 T4q/4 端子对应的信号电路断路
2	进气压力传感器 G71 的 T4q/4 端子对应的信号电路虚接
3	进气压力传感器 G71 的 T4q/4 端子对应的信号电路短路
4	进气压力传感器 G71 的 T4q/3 端子对应的电源电路断路
5	进气压力传感器 G71 的 T4q/3 端子对应的电源电路虚接
6	进气压力传感器 G71 的 T4q/3 端子对应的搭铁电路断路
7	进气压力传感器 G71 的 T4q/3 端子对应的搭铁电路虚接
8	进气压力传感器损坏（传感器）
9	发动机控制单元 J623 自身损坏（局部）

结合以上信息，进气压力传感器的检测和诊断流程如下。

第一步：测量发动机电控单元 J623 的 T105/52 端子对搭铁电压，见表 2-10。

表 2-10 测量发动机电控单元 J623 的 T105/52 端子对搭铁电压

可能性	测量条件	实测结果	状态	故障原因	操作
\multicolumn{6}{l}{测量标准：点火开关打开时，T105/52 端子对搭铁电压应为 1.73V；发动机处于急速时，该端子对搭铁电压应为 0.83V，加速时该端子对搭铁电压应逐渐增大}
1	点火开关打开	1.73V	正常	如果数据流指示传感器信号故障，则考虑更换发动机电控单元	—
	发动机急速	0.83V			
2	点火开关打开	0	异常	信号电路对搭铁短路	转"第三步"
	发动机急速			传感器自身及电源故障	
3	点火开关打开	大于 5.0V	异常	测试点与传感器之间电路断路故障	转"第二步"
	发动机急速			传感器自身及搭铁故障	
				信号电路对 5V 电源短路	
4	点火开关打开	明显低于 1.73V	异常	传感器自身故障	转"第九步"
	发动机急速	明显低于 0.83V		传感器电源故障	
5	点火开关打开	明显高于 1.73V	异常	传感器自身故障	转"第九步"
	发动机急速	明显高于 0.83V		传感器电源故障	

第二步：测量进气压力传感器 G71 的 T4q/4 端子对搭铁电压，见表 2-11。

表 2-11 测量进气压力传感器 G71 的 T4q/4 端子对搭铁电压

可能性	测量条件	实测结果	状态	故障原因	操作
\multicolumn{6}{l}{测量标准：点火开关打开时，T4q/4 端子对搭铁电压应为 1.73V；发动机处于急速时，该端子对搭铁电压应为 0.83V，加速时该端子对搭铁电压应逐渐增大}
1	点火开关打开	1.73V	正常	电路断路	转"第五步"
	发动机急速	0.83V			
2	点火开关打开	大于 5.0V	异常	对正极短路	转"第四步"
	发动机急速				

第三步：测量进气压力传感器 G71 的 T4q/4 端子对搭铁电阻，见表 2-12。

表 2-12 测量进气压力传感器 G71 的 T4q/4 端子对搭铁电阻

步骤	测量部位	实测结果	状态	故障原因	操作
\multicolumn{6}{l}{测量标准：点火开关关闭，拔掉发动机电控单元 J623 的 T105 插接件和进气压力传感器 G71 的 T4q 插接件，测量电阻应为无穷大}
1	测量进气压力传感器 G71 的 T4q 插接件的 T4q/4 端子对搭铁电阻	无穷大	正常	进气压力传感器 G71、控制单元故障	转本表的 2
		小于 2Ω	异常	电路短路	检查电路
2	连接发动机电控单元 J623 插接件 T105，测量进气压力传感器 G71 的 T4q 插接件的 T4q/4 端子对搭铁电阻	无穷大	正常	进气压力传感器 G71 故障	转本表的 1
		小于 2Ω	异常	发动机电控单元 J623 内部故障	更换发动机电控单元 J623
3	连接进气压力传感器 G71 的 T4q 插接件，测量进气压力传感器 G71 的 T4q/4 端子对搭铁电阻	无穷大	正常	传感器自身及电路故障	转"第六步"
		小于 2Ω	异常	进气压力传感器 G71 内部故障	更换进气压力传感器 G71

第四步：测量进气压力传感器 G71 的 T4q/4 端子对电源是否短路，见表 2-13。

表 2-13　测量进气压力传感器 G71 的 T4q/4 端子对电源是否短路

测量标准：点火开关关闭，拔掉发动机电控单元 J623 的 T105 插接件和进气压力传感器 G71 的 T4q 插接件，对搭铁测量电压应为 0V

注意：

（1）需先确认模块、元件之间连接电路无断路或电阻过大故障。

（2）在拆卸模块插接件时必须关闭点火开关，模块插接件连接牢靠后再打开点火开关进行测试；如果所有的模块连接正确，点火开关打开，测量 T4q/3 端子对搭铁电压为 1.73V 左右。

步骤	测量部位	实测结果	状态	故障原因	操作
1	测量进气压力传感器 G71 的 T4q 插接件的 T4q/4 端子对搭铁电压	0	正常	进气压力传感器 G71、控制单元故障	转本表的 2
		大于 5.0V	异常	电路短路	检查电路
2	连接发动机电控单元 J623 插接件 T105，测量进气压力传感器 G71 的 T4q 插接件的 T4q/4 端子对搭铁电压	0	正常	进气压力传感器 G71 故障	转本表的 3
		大于 5.0V	异常	发动机电控单元 J623 内部对电源短路	更换发动机电控单元 J623
3	连接进气压力传感器 G71 的 T4q 插接件，测量 G71 的 T4q/4 端子对搭铁电压	0	正常	—	维修结束
		大于 5.0V	异常	进气压力传感器 G71 内部对电源短路	更换进气压力传感器 G71

第五步：测量进气压力传感器 G71 的 T4q/4 端子和发动机电控单元 J623 的 T105/52 端子间电路的导通性，见表 2-14。

表 2-14　测量进气压力传感器 G71 的 T4q/4 端子和发动机电控单元 J623 的 T105/52 端子间电路的导通性

测量标准：点火开关关闭，拔下发动机电控单元 J623 的 T105 端子插接件和进气压力传感器 G71 的 T4q 插接件，测量电阻应小于 2Ω

可能性	实测结果	状态	可能原因	操作
1	小于 2Ω	正常	插接件故障	检修插接件
2	无穷大	异常	T105/52 端子到 T4q/4 端子间电路断路	检修电路
3	大于 5Ω	异常	T105/52 端子到 T4q/4 端子间电路虚接	

第六步：测量进气压力传感器 G71 的 T4q/3 对搭铁电压，见表 2-15。

表 2-15　测量进气压力传感器 G71 的 T4q/3 对搭铁电压

测量标准：点火开关打开或发动机处于怠速时，测量 T4q/3 端子对搭铁电压，应为 5V 左右

可能性	测量条件	实测结果/V	可能原因	操作
1	点火开关打开或发动机处于怠速	约 5.0	传感器存在故障	更换传感器
2		0	传感器电源电路存在故障	转"第七步"
3		0～5.0		

第七步：测量发动机电控单元 J623 的 T105/42 端子对搭铁电压，见表 2-16。

表 2-16　测量发动机电控单元 J623 的 T105/42 端子对搭铁电压

测量标准：点火开关打开或发动机处于怠速时，测量 T105/42 端子对搭铁电压，应为 5V 左右

可能性	测量条件	实测结果/V	可能原因	操作
1	点火开关打开或发动机处于怠速	0	发动机电控单元内部故障	更换控制单元
2		5.0	进气压力传感器 G71 的 T4q/3 端子和发动机电控单元 J623 的 T105/42 端子之间电路存在断路	转"第八步"
3		0～5.0	进气压力传感器 G71 的 T4q/3 端子和发动机电控单元 J623 的 T105/42 端子之间电路存在虚接	

第八步：测量进气压力传感器 G71 的 T4q/3 端子和发动机电控单元 J623 的
T105/42 端子之间电路的导通性，见表 2-17。

表 2-17 测量进气压力传感器 G71 的 T4q/3 端子和发动机电控单元 J623 的 T105/42 端子之间
电路的导通性

测量标准：点火开关关闭，拔掉发动机电控单元 J623 的 T105 插接件和进气压力传感器 G71 的 T4q 插接件，测量电阻应小于 2Ω				
可能性	实测结果	状态	可能原因	操作
1	小于 2Ω	正常	插接件故障	检修插接件
2	无穷大	异常	T4q/3 端子和 T105/42 端子之间电路断路	维修电路
3	大于 5Ω	异常	T4q/3 端子和 T105/42 端子之间电路虚接	

第九步：测量温度传感器 G42 的 T4q/1 端子对搭铁电压，见表 2-18。

表 2-18 测量温度传感器 G42 的 T4q/1 端子对搭铁电压

测量标准：点火开关打开或发动机处于怠速时，测量 T4q/1 端子对搭铁电压，应小于 0.1V				
可能性	测量条件	实测结果	可能原因	操作
1	点火开关打开或发动机处于怠速	5.0V	搭铁电路存在断路	转"第十步"
2		0	传感器存在故障	更换传感器
3		远大于 0.1V	搭铁电路存在虚接	转"第十步"

第十步：测量发动机电控单元 J623 的 T105/33 端子对搭铁电压，见表 2-19。

表 2-19 测量发动机电控单元 J623 的 T105/33 端子对搭铁电压

测量标准：点火开关打开或发动机处于怠速时，测量 T105/33 端子对搭铁电压，应小于 0.1V				
可能性	测量条件	实测结果/V	可能原因	操作
1	点火开关打开或发动机处于怠速	5.0	发动机电控单元内部故障	更换控制单元
2		0	温度传感器 G42 的 T4q/1 端子和发动机电控单元 J623 的 T105/33 端子之间电路存在断路或虚接	转"第十一步"

第十一步：测量温度传感器 G42 的 T4q/1 端子和发动机电控单元 J623 的
T105/33 端子之间电路的导通性，见表 2-20。

表 2-20 测量温度传感器 G42 的 T4q/1 端子和发动机电控单元 J623 的 T105/33 端子之间
电路的导通性

测量标准：点火开关关闭，拔掉发动机电控单元 J623 的 T105 插接件和进气压力传感器 G71 的 T4q 插接件，测量电阻应小于 2Ω				
可能性	实测结果	状态	可能原因	操作
1	小于 2Ω	正常	插接件故障	检修插接件
2	无穷大	异常	T4q/1 端子和 T105/33 端子之间电路断路	维修电路
3	大于 5Ω	异常	T4q/1 端子和 T105/33 端子之间电路虚接	

 任务实施

本任务以迈腾 B8 轿车的发动机为例，在发动机上预设进气压力传感器的故障，要求学生利用所学的知识排除相关故障。任务工作单和评分细则见表 2-21

和表2-22。

表2-21　检修进气压力传感器任务工作单

任务二　检修进气压力传感器		小组人员：	
班级：	学号：		指导老师签字：
日期：			

一、作业要求

　　1. 能正确检测进气压力传感器

　　2. 学会观察分析问题的能力

　　3. 养成良好的7S工作习惯

二、工具、量具准备

三、辅助材料与耗材

四、制订检修计划及组员分工

五、检修流程

第一步：测量发动机电控单元J623的T105/52端子对搭铁电压

检测结果	检测结果分析
测量结果：＿＿＿＿＿＿V	正常□ 异常□　转至第＿＿＿＿步

第二步：测量进气压力传感器G71的T4q/4端子对搭铁电压

检测结果	检测结果分析
测量结果：＿＿＿＿＿＿V	正常□ 异常□　转至第＿＿＿＿步

第三步：测量进气压力传感器G71的T4q/4端子对搭铁电阻

测试部位	检测结果	检测结果分析
	测量结果：＿＿＿＿＿＿Ω	正常□　转至第＿＿＿＿步 异常□　维修
	测量结果：＿＿＿＿＿＿Ω	正常□　转至第＿＿＿＿步 异常□　维修
	测量结果：＿＿＿＿＿＿Ω	正常□　转至第＿＿＿＿步 异常□　维修

第四步：测量进气压力传感器G71的T4q/4端子对电源是否短路

测试部位	检测结果	检测结果分析
	测量结果：＿＿＿＿＿＿V	正常□　转至第＿＿＿＿步 异常□　维修

续表

	测量结果：＿＿＿＿＿＿＿＿ V	正常□　转至第＿＿＿＿＿步 异常□　维修
	测量结果：＿＿＿＿＿＿＿＿ V	正常□　转至第＿＿＿＿＿步 异常□　维修

第五步：测量进气压力传感器 G71 的 T4q/4 端子和发动机电控单元 J623 的 T105/52 端子间电路的导通性

检测结果	检测结果分析
测量结果：＿＿＿＿＿＿＿＿ Ω	正常□　转至第＿＿＿＿＿步 异常□　维修

第六步：测量进气压力传感器 G71 的 T4q/3 对搭铁电压

检测结果	检测结果分析
测量结果：＿＿＿＿＿＿＿＿ V	转至第＿＿＿＿＿步 或维修

第七步：测量发动机电控单元 J623 的 T105/42 端子对搭铁电压

检测结果	检测结果分析
测量结果：＿＿＿＿＿＿＿＿ V	转至第＿＿＿＿＿步 或维修

第八步：测量进气压力传感器 G71 的 T4q/3 端子和发动机电控单元 J623 的 T105/42 端子之间电路的导通性

检测结果	检测结果分析
测量结果：＿＿＿＿＿＿＿＿ Ω	正常□　转至第＿＿＿＿＿步 异常□　维修

第九步：测量温度传感器 G42 的 T4q/1 端子对搭铁电压

检测结果	检测结果分析
测量结果：＿＿＿＿＿＿＿＿ V	转至第＿＿＿＿＿步 或维修

第十步：测量发动机电控单元 J623 的 T105/33 端子对搭铁电压

检测结果	检测结果分析
测量结果：＿＿＿＿＿＿＿＿ V	转至第＿＿＿＿＿步 或维修

第十一步：测量温度传感器的 T4q/1 端子和发动机电控单元 J623 的 T105/33 端子之间电路的导通性

测量结果：＿＿＿＿＿＿＿＿ Ω	正常□ 异常□

检修结论：

维修建议：

表 2-22　检修进气压力传感器评分细则

任务二　检修进气压力传感器					实训日期：			
姓名：		班级：			学号：		指导老师签字：	
自评：□熟练　□不熟练		互评：□熟练　□不熟练			师评：□熟练　□不熟练			
日期：		日期：			日期：			
序号	评分项	得分条件		分值	评分要求	自评	互评	师评
1	安全/7S/态度	□1. 能进行工位 7S 操作 □2. 能进行设备和工具安全检查 □3. 能进行车辆安全防护操作 □4. 能进行工具清洁校准存放操作 □5. 能进行三不落地操作		15	未完成 1 项扣 3 分，扣分不得超过 15 分	□熟练 □不熟练	□熟练 □不熟练	□合格 □不合格
2	专业技能能力	□1. 能正确查询进气压力传感器电路图 □2. 能正确查询进气压力传感器元件端视图 □3. 能正确检测进气压力传感器的电源电压 □4. 能正确检测进气压力传感器的信号电压 □5. 能正确检测进气压力传感器电路的导通性		40	未完成 1 项扣 8 分，扣分不得超过 40 分	□熟练 □不熟练	□熟练 □不熟练	□合格 □不合格
3	工具及设备的使用能力	□1. 能正确使用万用表 □2. 能正确使用诊断仪 □3. 能正确使用车辆或实训台架		15	未完成 1 项扣 5 分，扣分不得超过 15 分	□熟练 □不熟练	□熟练 □不熟练	□合格 □不合格
4	资料、信息查询能力	□1. 能正确使用维修手册查询资料 □2. 能在规定时间内查询所需资料 □3. 能正确记录所需维修信息		15	未完成 1 项扣 5 分，扣分不得超过 15 分	□熟练 □不熟练	□熟练 □不熟练	□合格 □不合格
5	数据判断和分析能力	□1. 能判断进气压力传感器是否正常 □2. 能判断进气压力传感器故障范围		10	未完成 1 项扣 5 分，扣分不得超过 10 分	□熟练 □不熟练	□熟练 □不熟练	□合格 □不合格
6	表单填写与报告的撰写能力	□1. 字迹清晰 □2. 语句通顺 □3. 无错别字 □4. 无涂改 □5. 无抄袭		5	未完成 1 项扣 1 分，扣分不得超过 5 分	□熟练 □不熟练	□熟练 □不熟练	□合格 □不合格
		总分						

任务回顾

在任务描述中，迈腾 B8 轿车的发动机怠速运转不良，加速无力。经过本任务的学习和实训，有可能的原因为进气压力传感器信号异常所致，其原因为：进气压力传感器用于监测吸入发动机的空气量，并将此转变为电信号输送给发动机电控单元，作为控制点火、喷油的重要参考信号。如果传感器或电路出现故障，ECU 得不到正确的进气量信号，就不能正常地进行喷油量的控制，将造成混合气过浓或过稀，使发动机运转不正常。当然，不同车系，其系统控制原理有所不同，不可一概而论。

练习与思考

一、选择题

1. 某电控发动机进气压力传感器由 ECU 提供基准电压，在测量时发现电源线无电压。技师甲说，应该有 5 V 的电压，技师乙则说，应该是蓄电池电压。说法正确的是（　　）。

A. 甲正确 　　　　　　　　　　　　B. 乙正确

C. 甲和乙都正确 　　　　　　　　　D. 甲和乙都不正确

2. 在 D 型发动机电控系统中，检测进气质量的传感器是（　　）。

A. 怠速旁通阀 　　　　　　　　　　B. 进气压力传感器

C. 空气滤清器 　　　　　　　　　　D. 进气管

3. 若电控发动机进气压力传感器出现故障，则 ECU 将采用（　　）。

A. 替代值 　　　　　　　　　　　　B. 当前值

C. 不定值 　　　　　　　　　　　　D. 任意值

4. 电控发动机进气压力传感器信号电压越高，则进气质量（　　）。

A. 越大 　　　　　　　　　　　　　B. 越小

C. 不变 　　　　　　　　　　　　　D. 不确定

5. 进气压力传感器安装在发动机的（　　）。

A. 空气滤清器上 　　　　　　　　　B. 机体上

C. 节气门体前方的进气管道上 　　　D. 节气门体后方的进气管道

二、判断题

（　　）1. 半导体压敏电阻式进气压力传感器的信号电压随进气压力的增大而增大。

（　　）2. 某进气压力传感器用真空管采集进气，如管子破裂，则进气压力偏高。

（　　）3. 空气流量传感器与进气压力传感器由于功能相同，一般车上只装一种。

（　　）4. 进气压力传感器输出的信号电压随着真空度增加而下降。

（　　）5. 空气流量传感器与进气压力传感器相比，检测的进气量精度更高一些。

》》》 任务三 检修节气门位置传感器

任务描述

一辆大众迈腾 B8 轿车，配备 CUGA 发动机。据车主反映该车怠速不稳，加速不良，EPC 警告灯点亮。维修人员进行初步检查，使用故障诊断仪清码后再次读取的故障码为 P012200，节气门电位计信号软弱。请参考相关维修资料，恢复发动机系统功能。

任务解析

从故障码分析为节气门电位计故障所致。要排除此故障，首先要了解节气门传感器的结构、工作原理，能就车找到节气门位置传感器，并观察判断其物理状况；其次要会查阅维修技术资料，制订检修方案，选用正确的工具仪器对传感器及电路进行检修更换作业。

任务目标

1. 能通过与客户交流，获取车辆信息并正确确认故障现象。

2. 能阐述节气门位置传感器的结构、工作原理和各标准参数。

3. 能就车找到节气门位置传感器，并对类别进行判断，能看懂原理图与电路图。

4. 会制订正确的维修计划，能正确使用诊断工具仪器，进行参数的检测（电源电压、动态信号电压与搭铁信号等），正确记录、分析各种检测结果并做出故障判断。

5. 能对节气门位置传感器进行维修更换，并能对发动机进行测试，检查和评估修复质量。

知识准备

1. 电子节气门

电子节气门由节气门体、驱动步进电机和节气门位置传感器等组成，如图 2-12 所示。驾驶人踩下加速踏板的位置量通过霍尔式节气门位置传感器检测对应的节气门开度，并反馈给发动机电控单元，发动机电控单元根据加速踏板的反馈量确定节气门体应控制电动机开启的角度，以达到最佳角度值。

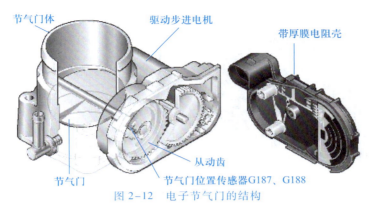

图 2-12　电子节气门的结构

电子节气门控制系统可以实现发动机怠速控制、车辆巡航控制、车身稳定控制（ESP）等功能。通常节气门控制有正常模式控制、雪地模式控制和强动力模式控制三种。

（1）正常模式控制

正常模式控制是一种基本的控制模式，用于保持平衡的操作和平稳驾驶。

（2）雪地模式控制

在雪地模式控制中，节气门保持在一个较小的开启角度，以防止车辆在雪天等较滑的路面上行驶时出现打滑现象。

（3）强动力模式控制

强动力模式控制节气门的开启角度比正常模式大。因此，这种模式可增强与加速踏板的直接反应性，提供比正常模式更强劲的动力。

-◠课堂讨论◠-

在日常驾驶时，驾驶人通过踩下或释放加速踏板来完成汽车的加减速，请讨论一下，驾驶人踩下或释放加速踏板时，实际上改变的是什么？

2. 节气门位置传感器

节气门位置传感器（TPS）安装在节气门轴上，检测节气门开度的变化并把它转变成电信号输送给 ECU，ECU 根据节气门位置传感器信号来判别发动机的工况，控制喷油以及进行其他辅助控制。目前发动机主要使用线性输出式节气门位置传感器和非接触霍尔式节气门位置传感器。

1）线性输出式节气门位置传感器的结构与原理

线性输出式节气门位置传感器的主要特点是节气门开度的输出电压与节气门开度呈线性关系，其外观及内部结构如图 2-13 所示。

线性输出式节气门位置传感器由两个与节气门联动的可动触点、电阻体和壳体引出插座等构成。动触点在电阻体上滑动，利用电阻值的变化，输出与节气门开度相对应的电压值，根据此电压值 ECU 就可以知道节气门的开度。为了能够准确地检测节气门全闭的位置，传感器另设一个怠速触点，该触点只有当节气门完全关闭时才被接通。节气门位置传感器的原理图如图 2-14 所示。

微课

节气门位置传感器

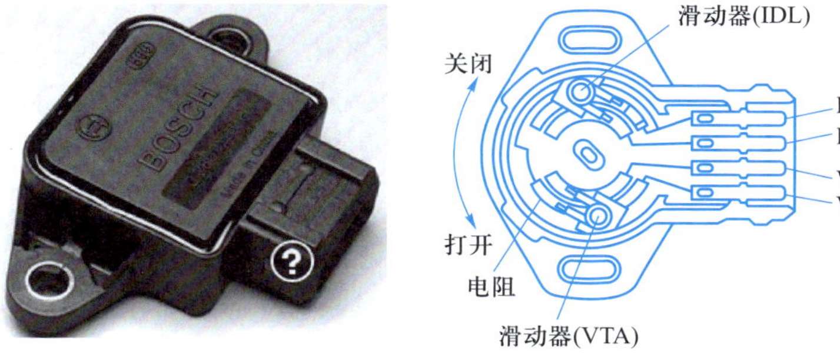

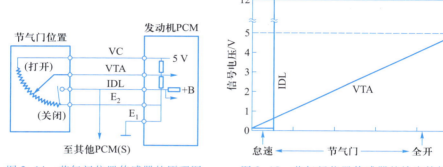

图 2-13　线性输出式节气门位置传感器的外观和结构

图 2-15 给出了线性输出式节气门位置传感器的输出特性，传感器的输出电压随着节气门开度的增大而线性地增大。

图 2-14　节气门位置传感器的原理图　　图 2-15　节气门位置传感器的输出特性

迈腾 B8 轿车采用双信号式节气门位置传感器，两个传感器是节气门位置传感器 G187 和 G188，两个传感器的输出信号反向互补线性变化，随着节气门开度的增大，G188 的信号电压逐渐降低，而 G187 的信号电压逐渐上升，ECU 通过比较两传感器信号，监测传感器的工作状态，从而提高了传感器的工作可靠性，如图 2-16 所示。

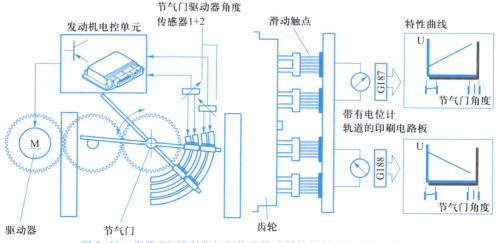

图 2-16　迈腾 B8 轿车节气门位置传感器的控制电路和输出特性

2）霍尔式节气门位置传感器的结构与原理

霍尔式节气门位置传感器主要由霍尔元件和可绕其转动的磁铁制成的霍尔电路构成，磁铁安装在节气门轴上，与节气门轴一起转动，为非接触性传感器，使用霍尔元件以便在极端条件行驶下（如在高速以及极低车速）也能产生精确的信号。

传感器内有两个传感器电路 VTA1 和 VTA2，VTA1 用于检测节气门开度，VTA2 用于检测 VTA1 故障，信号电压与节气门开度成正比，在 0～5V 之间变化，并将信号传送给 ECU 的 VTA 端子。ECM 根据这些信号来计算节气门开度并响应驾驶人的输入来控制节气门电机，计算空燃比修正值和燃油切断。其电路及输出特性如图 2-17 所示。

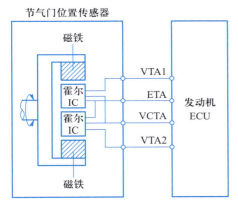
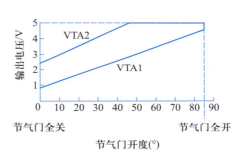

图 2-17　节气门位置传感器电路与输出特性

3. 加速踏板位置传感器

加速踏板位置传感器是电子节气门系统中一个重要的部件，安装在加速踏板内部，随时监测加速踏板的位置。其主要由加速踏板、加速踏板位置传感器、电控单元、数据总线、伺服电动机和节气门执行机构组成。迈腾 B8 轿车的加速踏板的构造如图 2-18 所示。

迈腾 B8 轿车的发动机加速踏板位置传感器有两个传感器，分别为 G79 和 G185。其工作原理图如图 2-19 所

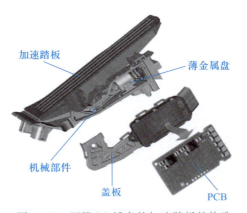

图 2-18　迈腾 B8 轿车的加速踏板的构造

示。通过加速踏板位置传感器传送加速踏板深浅与快慢的信号给电控单元，电控单元接收信号并进行运算、处理、判断，然后输出指令，节气门依指令快速或缓慢开启它应当张开的角度。

重要提示

如果两个传感器电路中一个出现故障，电控单元则用另一个电路来计算加速踏板的位置，以使车辆得以继续行驶。如果两个电路都出现故障，电控单元认为加速踏板处于松开状态，节气门将关闭，发动机维持怠速运行。

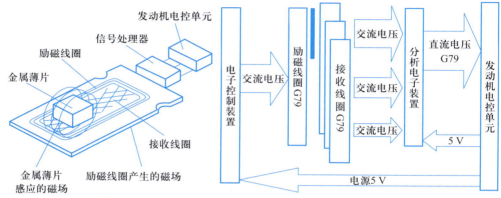

图 2-19 迈腾 B8 轿车的加速踏板位置传感器的工作原理图

4. 节气门位置传感器的检修

迈腾 B8 轿车的节气门控制单元电路原理图如图 2-20 所示。节气门体主要由两个节气门位置传感器和一个节气门驱动电动机组成，两个节气门位置传感器共用一个参考电压和搭铁电路，两个传感器分别将信号输送给发动机电控单元。

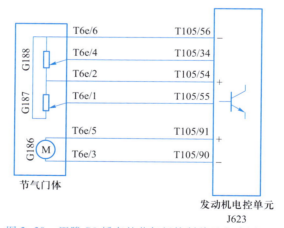

图 2-20 迈腾 B8 轿车的节气门控制单元电路原理图

微课

检修节气门位置
传感器

从图 2-20 可以看出，发动机电控单元 J623 通过 T105/54 端子输出 5V 电源至节气门体的 T6e/2 端子，作为传感器的参考电压，从 T6e/6 端子经过电路连接至发动机电控单元 J623 的 T105/56 端子，在发动机电控单元 J623 内部搭铁构成回路。此供电电路同时为节气门位置传感器 G187、G188 提供工作电压，只有在两个传感器同时给发动机电控单元 J623 提供准确信号时，节气门才会工作。本节仅介绍节气门位置信号 G188 的检修。

节气门位置传感器信号电路常见的故障见表2-23。

表 2-23　节气门位置传感器信号电路常见的故障

序号	故障性质
1	节气门体的 T6e/4 端子对应的信号电路断路
2	节气门体的 T6e/4 端子对应的信号电路虚接
3	节气门体的 T6e/4 端子对应的信号电路短路
4	节气门体的 T6e/1 端子对应的信号电路断路
5	节气门体的 T6e/1 端子对应的信号电路虚接
6	节气门体的 T6e/1 端子对应的信号电路短路
7	节气门体的 T6e/2 对应的电源电路断路
8	节气门体的 T6e/2 对应的电源电路虚接
9	节气门体的 J6e/6 端子对应的搭铁电路断路
10	节气门体的 J6e/6 端子对应的搭铁电路虚接
11	节气门体损坏（传感器）
12	发动机电控单元 J623 自身损坏（局部）

结合以上信息，传感器的检测和诊断流程如下。

注意：检测前确保插接件、紧固件连接可靠、无锈蚀、无破损。

第一步：测量发动机电控单元 J623 的 T105/55 端子对搭铁电压，见表2-24。

表 2-24　测量发动机电控单元 J623 的 T105/55 端子对搭铁电压

测量标准：点火开关打开，加速踏板匀速踩下时，发动机电控单元 J623 的 T105/55 端子对搭铁电压应从 4.13V 下降到 0.71V				
可能性	测量条件	实测结果	状态	操作
1	未踩加速踏板	4.13V	正常	检查发动机电控单元 J623 自身是否存在故障
	加速踏板匀速踩下	4.13V 变化到 0.71V		
2	未踩加速踏板	0	异常	转"第二步"的第 1、2 种可能
	加速踏板匀速踩下	0		
3	未踩加速踏板	大于 4.13V	异常	转"第二步"
	加速踏板匀速踩下	大于 4.13V		

第二步：测量节气门体的 T6e/4 端子对搭铁电压，见表2-25。

表 2-25　测量节气门体的 T6e/4 端子对搭铁电压

测量标准：点火开关打开，加速踏板匀速踩下时，测试 T6e/4 端子对搭铁电压应从 4.13V 下降到 0.71V					
可能性	测量条件	实测结果	状态	故障原因	操作
1	未踩加速踏板	4.13V	正常	电路断路或虚接	转"第三步"
	加速踏板匀速踩下	4.13V 变化到 0.71V			
2	未踩加速踏板	0	异常	传感器及电源故障	转"第四步"
	加速踏板匀速踩下	0		电路对搭铁短路	
3	未踩加速踏板	大于 4.13V	异常	对正极短路	转"第五步"
	加速踏板匀速踩下	大于 4.13V		搭铁电路断路	

第三步：测量节气门体的 T6e/4 端子和发动机电控单元 J623 的 T105/55 端子之间的导通性，见表2-26。

表 2-26　测量节气门体的 T6e/4 端子和发动机电控单元 J623 的 T105/55 端子之间的导通性

测量标准：点火开关关闭，拔下发动机电控单元 J623 的 T105 插接件和节气门体的 T6e 插接件，测量电阻应小于 2Ω				
可能性	实测结果	状态	可能原因	操作
1	小于 2Ω	正常	插接件故障	检修插接件
2	无穷大	异常	T105/55 端子到 T6e/4 端子间电路断路	检修电路
3	大于 5Ω	异常	T105/55 端子到 T6e/4 端子间电路虚接	

第四步：测量节气门体的 T6e/4 端子对搭铁电阻，见表 2-27。

表 2-27　测量节气门体的 T6e/4 端子对搭铁电阻

测量标准：点火开关关闭，拔掉发动机电控单元 J623 的 T105 插接件和节气门体的 T6e 插接件，测量电阻应为无穷大				
步骤	测量部位	实测结果	状态	故障原因	操作
1	测量节气门体的 T6e/4 端子对搭铁电阻	无穷大	正常	节气门体、控制单元故障	转本表的 2
		小于 2Ω	异常	电路故障	检修电路
		大于 5Ω	异常	电路对搭铁虚接	检修电路
2	连接发动机电控单元 J623 插接件 T105，测量节气门体的 T6e/4 端子对搭铁电阻	无穷大	正常	节气门体故障	转本表的 3
		小于 2Ω	异常	发动机电控单元 J623 内部故障	更换发动机电控单元 J623
		大于 5Ω	异常	发动机电控单元 J623 内部对搭铁虚接	
3	连接节气门体的 T6e 插接件，测量节气门体的 T6e/4 端子对搭铁电阻	无穷大	正常	节气门体内部故障	转"第六步"
		小于 2Ω	异常		更换节气门体
		大于 5Ω	异常	节气门体内部对搭铁虚接	

第五步：测量节气门体的 T6e/4 端子对电源是否短路，见表 2-28。
注意：电源包括模块电源（4.7~5.3V）和蓄电池电源（+B）。

表 2-28　测量节气门体的 T6e/4 端子对电源是否短路

测量标准：点火开关关闭，拔掉发动机电控单元 J623 的 T105 插接件和节气门体的 T6e 插接件，搭铁测量电压应为 0 注意： (1) 需先确认模块、元件之间连接电路无断路或电阻过大故障； (2) 在拆卸模块插接件时必须关闭点火开关，测试插接件牢靠后再打开点火开关进行测试				
步骤	测量部位	实测结果	状态	故障原因	操作
1	测量节气门体的 T6e/4 端子对搭铁电压	0	正常	节气门体、控制单元故障	转本表的 2
		大于 4.13V	异常	电路短路	检查电路
2	连接发动机电控单元 J623 插接件 T105，测量节气门体的 T6e/4 端子对搭铁电压	0	正常	节气门体故障	转本表的 3
		大于 4.13V	异常	发动机电控单元 J623 内部对电源短路	更换发动机电控单元 J623
3	连接节气门体的 T6e 插接件，测量节气门体的 T6e/4 端子对搭铁电压	0	正常	—	转"第九步"
		大于 4.13V	异常	节气门体内部对电源短路	更换节气门体

第六步：测量节气门体的 T6e/2 端子对搭铁的电压，见表 2-29。

表 2-29 测量节气门体的 T6e/2 端子对搭铁的电压

测量标准：点火开关打开，测量节气门体的 T6e/2 端子对搭铁的电压应为 4.7~5.3V				
可能性	实测结果	状态	可能原因	操作
1	4.7~5.3V	正常	—	转"第十步"
2	0	异常	供电电路断路	转"第七步"的第 1、2 种可能
3	0.1~4.7V	异常	供电电路虚接	转"第七步"的第 1、4 种可能
4	大于 5.3V	异常	供电电路短路	转"第七步"的第 3 种可能

第七步：测量发动机电控单元 J623 的 T105/54 端子对搭铁电压，见表 2-30。

表 2-30 测量发动机电控单元 J623 的 T105/54 端子对搭铁电压

测量标准：点火开关打开，测量发动机电控单元 J623 的 T105/54 端子对搭铁电压，应为 4.7~5.3V				
可能性	实测结果	状态	可能原因	操作
1	4.7~5.3V	正常	T6e/2 端子和 T105/54 端子间断路或虚接	转"第八步"的第 1、2 种可能
2	0	异常	控制单元自身故障	更换控制单元
3	大于 5.3V	异常	对电源短路	转"第九步"
4	0.1~4.7V	异常	模块或元件故障	更换控制单元

第八步：测量节气门体的 T6e/2 端子和发动机电控单元 J623 的 T105/54 端子之间电路的导通性，见表 2-31。

表 2-31 测量节气门体的 T6e/2 端子和发动机电控单元 J623 的
T105/54 端子之间电路的导通性

测量标准：点火开关关闭，拔掉发动机电控单元 J623 的 T105 插接件和气门体的 T6e 插接件，测量电阻应小于 2Ω				
可能性	实测结果	状态	可能原因	操作
1	小于 2Ω	正常	插接件故障	检修插接件
2	无穷大	异常	T6e/2 端子和 T105/54 端子之间电路断路	维修电路
3	大于 5Ω	异常	T6e/2 端子和 T105/54 端子之间电路虚接	

第九步：测量节气门体的 T6e/2 端子对电源是否短路，见表 2-32。

表 2-32 测量节气门体的 T6e/2 端子对电源是否短路

测量标准：点火开关关闭，拔掉发动机电控单元 J623 的 T105 插接件和节气门体的 T6e 插接件，对搭铁测量电压应为 0 注意： (1) 需先确认模块、元件之间连接电路无断路或电阻过大故障； (2) 在拆卸模块插接件时必须关闭点火开关，测试插接件牢靠后再打开点火开关进行测量；如果所有模块连接正确，点火开关打开，测量 T6e/2 端子对搭铁电压应为 4.7~5.3V				
步骤	测量部位	实测结果	状态	故障原因	操作
1	测量节气门体的 T6e/2 端子对搭铁电压	0	正常	节气门体、控制单元故障	转本表的 2
		大于 5.3V	异常	电路短路	检查电路
2	连接发动机电控单元 J623 插接件 T105，测量节气门体的 T6e/2 端子对搭铁电压	0	正常	节气门体故障	转本表的 3
		大于 5.3V	异常	发动机电控单元 J623 内部对电源短路	更换发动机电控单元 J623
3	连接节气门体的 T6e 插接件，测量节气门体的 T6e/2 端子对搭铁电压	0	正常	—	维修结束
		大于 5.3V	异常	节气门体内部对电源短路	更换节气门体

第十步：测量节气门体的 T6e/6 端子对搭铁电压，见表 2-33。

表 2-33 测量节气门体的 T6e/6 端子对搭铁电压

测量标准：在任何工况条件下，应为 4.7 ~ 5.3V				
可能性	实测结果	状态	可能原因	操作
1	小于 0.1V	正常	插接器故障	进行其他检查
2	0.1 ~ 5.0V	异常	搭铁电路虚接	转 "第十一步"
3	5.0V	异常	搭铁电路断路	

注意：T6e/6 端子为节气门体的主搭铁，如果搭铁线电路不正常，可能使传感器电源功率不足，导致传感器无法正常工作。

第十一步：测量发动机电控单元 J623 的 T105/56 端子对搭铁电压，见表 2-34。

表 2-34 测量发动机电控单元 J623 的 T105/56 端子对搭铁电压

测量标准：点火开关打开，测量发动机电控单元 J623 的 T105/54 端子对搭铁电压，应小于 0.1V				
可能性	实测结果	状态	可能原因	操作
1	0	正常	T6e/2 端子和 T105/54 端子间断路或虚接	转 "第十二步"
2	0.1 ~ 5.0V	异常	电控单元自身故障	更换发动机电控单元 J623
3	5.0V	异常		

第十二步：测量节气门体的 T6e/6 端子和发动机电控单元 J623 的 T105/56 端子之间电路的导通性，见表 2-35。

表 2-35 测量节气门体的 T6e/6 端子和发动机电控单元 J623 的 T105/56 端子之间电路的导通性

测量标准：点火开关关闭，拔掉发动机电控单元 J623 的 T105 插接件和节气门体的 T6e 插接件，测量电阻应小于 2Ω				
可能性	实测结果	状态	可能原因	操作
1	小于 2Ω	正常	插接器故障	检修插接件
2	无穷大	异常	T105/56 端子到 T6e/6 端子间电路断路	检修电路
3	大于 5Ω	异常	T105/56 端子到 T6e/6 端子间电路虚接	

任务实施

本任务以迈腾 B8 轿车的发动机为例，在发动机上预设节气门位置传感器的故障，要求学生利用所学知识排除相关故障。任务工作单和评分细则见表 2-36 和表 2-37。

表 2-36 检修节气门位置传感器任务工作单

任务三 检修节气门位置传感器		小组人员：	
班级：	学号：		指导老师签字：
日期：			
一、作业要求			
1. 能正确检测节气门位置传感器			
2. 学会观察分析问题的能力			
3. 养成良好的 7S 工作习惯			

续表

二、工具、量具准备

三、辅助材料与耗材

四、制订检修计划及组员分工

五、检修流程

第一步：测量发动机电控单元 J623 的 T105/55 端子对搭铁电压

检测结果	检测结果分析
测量结果：＿＿＿＿＿＿V	正常□ 异常□　转至第＿＿＿＿＿＿步

第二步：测量节气门体的 T6e/4 端子对搭铁电压

检测结果	检测结果分析
测量结果：＿＿＿＿＿＿V	正常□ 异常□　转至第＿＿＿＿＿＿步

第三步：测量节气门体的 T6e/4 端子和发动机电控单元 J623 的 T105/55 端子之间的导通性

检测结果	检测结果分析
测量结果：＿＿＿＿＿＿Ω	正常□ 异常□　维修

第四步：测量节气门体的 T6e/4 端子对搭铁电阻

测试部位	检测结果	检测结果分析
	测量结果：＿＿＿＿＿＿Ω	正常□　转至第＿＿＿＿＿＿步 异常□　维修
	测量结果：＿＿＿＿＿＿Ω	正常□　转至第＿＿＿＿＿＿步 异常□　维修
	测量结果：＿＿＿＿＿＿Ω	正常□　转至第＿＿＿＿＿＿步 异常□　维修

第五步：测量节气门体的 T6e/4 端子对电源是否短路

测试部位	检测结果	检测结果分析
	测量结果：＿＿＿＿＿＿V	正常□　转至第＿＿＿＿＿＿步 异常□　维修
	测量结果：＿＿＿＿＿＿V	正常□　转至第＿＿＿＿＿＿步 异常□　维修
	测量结果：＿＿＿＿＿＿V	正常□　转至第＿＿＿＿＿＿步 异常□　维修

续表

第六步：测量节气门体的 T6e/2 端子对搭铁的电压

检测结果	检测结果分析
测量结果：＿＿＿＿＿＿＿＿ V	正常□ 异常□　　转至第＿＿＿＿＿步

第七步：测量发动机电控单元 J623 的 T105/54 端子对搭铁电压

检测结果	检测结果分析
测量结果：＿＿＿＿＿＿＿＿ V	正常□ 异常□　　转至第＿＿＿＿＿步

第八步：测量节气门体的 T6e/2 端子和发动机电控单元 J623 的 T105/54 端子之间电路的导通性

检测结果	检测结果分析
测量结果：＿＿＿＿＿＿＿＿ Ω	正常□ 异常□　　维修

第九步：测量节气门体的 T6e/2 端子对电源是否短路

测试部位	检测结果	检测结果分析
	测量结果：＿＿＿＿＿＿＿＿ V	正常□　　转至第＿＿＿＿＿步 异常□　　维修
	测量结果：＿＿＿＿＿＿＿＿ V	正常□　　转至第＿＿＿＿＿步 异常□　　维修
	测量结果：＿＿＿＿＿＿＿＿ V	正常□ 异常□　　维修

第十步：测量节气门体的 T6e/6 端子对搭铁电压

检测结果	检测结果分析
测量结果：＿＿＿＿＿＿＿＿ V	转至第＿＿＿＿＿步 或维修

第十一步：测量发动机电控单元 J623 的 T105/56 端子对搭铁电压

检测结果	检测结果分析
测量结果：＿＿＿＿＿＿＿＿ V	转至第＿＿＿＿＿步 或维修

第十二步：测量节气门体的 T6e/6 端子和发动机电控单元 J623 的 T105/56 端子之间电路的导通性

测量结果：＿＿＿＿＿＿＿＿ Ω	正常□ 异常□

检修结论：

维修建议：

表 2-37 检修节气门位置传感器评分细则

任务三 检修节气门位置传感器			实训日期：		
姓名：		班级：	学号：		指导老师签字：
自评：□熟练 □不熟练		互评：□熟练 □不熟练	师评：□熟练 □不熟练		
日期：		日期：	日期：		

序号	评分项	得分条件	分值	评分要求	自评	互评	师评
1	安全/7S/态度	□1. 能进行工位 7S 操作 □2. 能进行设备和工具安全检查 □3. 能进行车辆安全防护操作 □4. 能进行工具清洁校准存放操作 □5. 能进行三不落地操作	15	未完成 1 项扣 3 分，扣分不得超过 15 分	□熟练 □不熟练	□熟练 □不熟练	□合格 □不合格
2	专业技能能力	□1. 能正确查询节气门位置传感器电路图 □2. 能正确查询节气门位置传感器元件端视图 □3. 能正确检测节气门位置传感器的电源电压 □4. 能正确检测节气门位置传感器的信号电压 □5. 能正确检测节气门位置传感器电路的导通性	40	未完成 1 项扣 8 分，扣分不得超过 40 分	□熟练 □不熟练	□熟练 □不熟练	□合格 □不合格
3	工具及设备的使用能力	□1. 能正确使用万用表 □2. 能正确使用诊断仪 □3. 能正确使用车辆或实训台架	15	未完成 1 项扣 5 分，扣分不得超过 15 分	□熟练 □不熟练	□熟练 □不熟练	□合格 □不合格
4	资料、信息查询能力	□1. 能正确使用维修手册查询资料 □2. 能在规定时间内查询所需资料 □3. 能正确记录所需维修信息	15	未完成 1 项扣 5 分，扣分不得超过 15 分	□熟练 □不熟练	□熟练 □不熟练	□合格 □不合格
5	数据判断和分析能力	□1. 能判断节气门位置传感器是否正常 □2. 能判断节气门位置传感器故障范围	10	未完成 1 项扣 5 分，扣分不得超过 10 分	□熟练 □不熟练	□熟练 □不熟练	□合格 □不合格
6	表单填写与报告的撰写能力	□1. 字迹清晰 □2. 语句通顺 □3. 无错别字 □4. 无涂改 □5. 无抄袭	5	未完成 1 项扣 1 分，扣分不得超过 5 分	□熟练 □不熟练	□熟练 □不熟练	□合格 □不合格
		总分					

知识链接 >>>

发动机电子稳定系统（EPC）也称为电子节气门。 EPC 指示灯在大众车型中比较常见。 车辆起动后，车辆开始自检，EPC 指示灯会点亮数秒，随后熄灭。 如车辆起动后仍不熄灭，说明车辆机械与电子系统出现故障。 EPC 指示灯亮可能是节气门脏了，需要清洗，或是电子节气门故障所致，通常会出现发动机怠速不稳、加速熄火等故障现象。

任务回顾

迈腾 B8 轿车的发动机节气门位置传感器用于监测发动机节气门开度的大小，反映发动机的负荷状态，并将此转变为电信号输送给发动机控制单元，作为控制点火、喷油的重要参考信号。如果该信号出现故障，发动机控制单元无法判断发动机负荷状态，会导致发动机怠速不稳，并限制发动机功率输出，此时最高转速不超过 3000r/min。在诊断此类故障时应先读取故障码，根据故障码分析故障性质，判断是机械故障还是电气故障，同时要借助数据流分析，判断传感器信号是否正常，为实施检测提供理论分析依据。

练习与思考

一、选择题

1. 节气门位置信号电压随节气门开度增大，应（　　）。

A. 减小　　　　　　　　　　　　B. 不变

C. 视情况而定　　　　　　　　　D. 增大

2. 节气门位置传感器主要安装在（　　）。

A. 进气管内　　　　　　　　　　B. 节气门轴上

C. 气缸体上　　　　　　　　　　D. 排气管上

3. 在讨论迈腾 B8 轿车的节气门位置传感器 G187、G188 的信号变化情况时，技师甲说两个传感器的输出信号都随着节气门开度的增大而增大，技师乙说两个传感器的输出信号反向互补线性变化，随着节气门开度的增大，G188 的信号电压逐渐降低，而 G187 的信号电压逐渐上升。说法正确的是（　　）。

A. 甲正确　　　　　　　　　　　B. 乙正确

C. 甲和乙都正确　　　　　　　　D. 甲和乙都不正确

4. 技师甲说节气门位置传感器信号输出端子 VTA 与 E_2 端子之间的电压值应随节气门开度的增大而增大，技师乙说不变。说法正确的是（　　）

A. 甲正确　　　　　　　　　　　B. 乙正确

C. 甲和乙都正确　　　　　　　　D. 甲和乙都不正确

5. 在讨论节气门位置传感器是用来检测什么时，技师甲说是用来检测节气门开度的，技师乙说是用来检测空气量的多少。说法正确的是（　　）。

A. 甲正确　　　　　　　　　　　B. 乙正确

C. 甲和乙都不正确　　　　　　　D. 甲和乙都正确

二、判断题

（　　）1. 线性输出式节气门位置传感器的信号电压随节气门开度的增大而增大。

（　　　）2. 迈腾 B8 轿车的节气门位置传感器 G187 的信号电压随节气门开度的增大而逐渐降低。

（　　　）3. 节气门位置传感器用于监测发动机节气门开度的大小，反映发动机的负荷状态。

（　　　）4. 迈腾 B8 轿车的加速踏板位置传感器中如果一个出现故障，电控单元则用另一个电路来计算加速踏板位置，使车辆得以继续行驶。

（　　　）5. 在检查节气门位置传感器时，用手轻拍传感器，其输出信号电压应发生变化。

>>> 任务四　检修涡轮增压系统

🚗 任务描述

一辆大众迈腾 B8 轿车，配备 CUGA 发动机。据车主反映，该车高速行驶明显动力不足，提速缓慢，且故障警告灯点亮。维修人员进行初步检查，使用故障诊断仪清码后再次读取的故障码为 P003300，对应涡轮增压器空气分流阀电气故障。请参考相关维修资料，恢复发动机系统功能。

⛽ 任务解析

要排除增压系统故障，首先要了解涡轮增压系统的组成及工作原理，能就车找到涡轮增压系统的各组成部件，并观察判断其物理状况；其次要会查阅维修技术资料，制订检修方案，选用正确的诊断工具仪器对增压系统部件进行检修和更换作业，并评估故障修复情况。

🎯 任务目标

1. 能通过与客户交流，获取车辆信息并正确确认故障现象。

2. 能阐述涡轮增压系统的结构及工作原理。

3. 能就车找到增压压力传感器，并能看懂其原理图与电路图。

4. 会制订正确的维修计划，能正确使用诊断工具仪器，进行参数的检测（供电电压、波形、电路通断等），正确记录、分析各种检测结果并做出故障判断。

5. 能对涡轮增压系统各部件进行维修和更换作业，并能对发动机进行测试，检查和评估修复质量。

知识准备

涡轮增压，就是将进入气缸前的新鲜空气预先进行压缩，然后再送入气缸的一种技术措施。这种技术措施增大了供入气缸的气体密度，增加了进气质量，增加了循环供油量，从而增大发动机的功率和扭矩，提高燃烧效率，提高车辆使用时的经济性。

1. 涡轮增压系统的分类

涡轮增压系统按照结构的不同可分为机械增压系统、废气涡轮增压系统和复合式增压系统。

1）机械增压系统

如图 2-21 所示，机械增压系统安装在发动机上并由传动带与发动机曲轴相连接，从发动机输出轴获得动力来驱动增压器的转子旋转，从而将空气增压送到进气歧管里。其优点是涡轮转速和发动机相同，因此没有滞后现象，动力输出非常流畅。但是由于装在发动机转动轴上，因此还是消耗了部分动力。

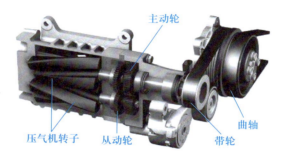

图 2-21 机械增压系统

2）废气涡轮增压系统

如图 2-22 所示，废气涡轮增压系统是最常见的涡轮增压装置，涡轮增压器与发动机无任何机械联系，实际上是一种空气压缩机，利用发动机排出的废气的惯性冲力来推动涡轮室内的涡轮，涡轮又带动同轴的叶轮，叶轮压缩空气，使之增压进入气缸。

微课

涡轮增压系统
工作原理

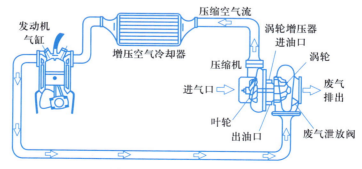

图 2-22 废气涡轮增压系统

当发动机转速增加，废气排出速度与涡轮转速也同步增加，叶轮就压缩更多的空气进入气缸，空气的压力和密度增大、可以燃烧更多的燃料，增加燃料量相应就可以增加发动机的输出功率。一般而言，加装废气涡轮增压器后的发动机功率及扭矩可增大 20% ~30% 。

3）复合增压系统

复合增压系统即废气涡轮增压和机械增压并用，机械增压有助于低转速时的扭矩输出，但是高转速时功率输出有限；而废气涡轮增压在高转速时拥有强大的功率输出，但低转速时则效果一般。这种装置在大功率柴油机上采用比较多，汽油机上还比较少，大众的高尔夫 GT1.4 TSI 发动机有应用该系统。

知识链接 >>>

> 安装涡轮增压发动机的轿车通常在汽车尾部标识中加个 T，表示发动机采用了涡轮增压技术，如迈腾 TSI、别克新君威 2.0T、奥迪 A4 1.8T、保时捷 911 GT 等；应用机械增压技术的车型有捷豹、路虎揽胜、保时捷 Cayenne、奔驰 G55 AMG 等。

2. 废气涡轮增压系统的组成及工作原理

奥迪 1.8T 发动机采用的是单涡轮增压系统，如图 2-23 所示。其主要由涡轮增压器、膜片执行器、增压空气冷却器和机械式换气阀等组成，电控器件由 ECU J220、空气流量传感器 G70、曲轴位置传感器 G28、增压压力限制电磁阀 N75、涡轮增压压力循环阀 N249、增压压力调节阀 V465 和增压压力传感器 G31 等组成。

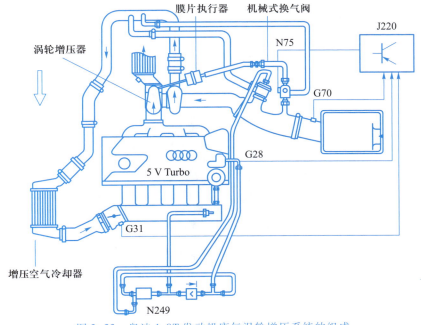

图 2-23 奥迪 1.8T 发动机废气涡轮增压系统的组成

图 2-24 所示为迈腾 B8 轿车的废气涡轮增压系统的组成原理图。

V465
（不适用于CUF发动机）

N249

N316

G336

G

G31

J338、G186
G187、G188

G42和G71

□ 排气气流
□ 吸入的空气（真空）
■ 增压空气（增压压力）
■ 废气阀（增压压力）

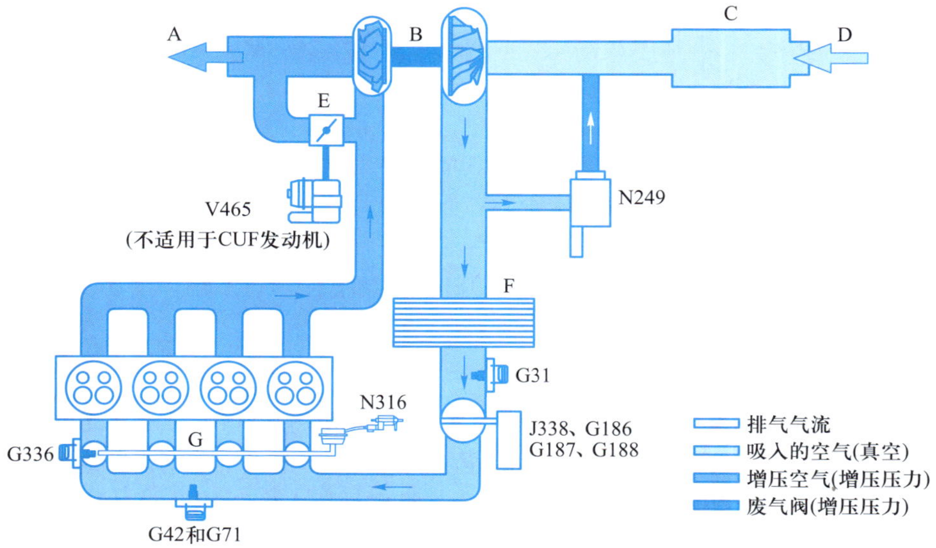

图 2-24　迈腾 B8 轿车的废气涡轮增压系统的组成原理图
A—废气气流　B—废气涡轮增压器　C—空气滤清器　D—新鲜空气气流
E—废气旁通阀　F—增压空气冷却器

1）涡轮增压器

涡轮增压器主要由涡轮和叶轮等组成，如图 2-25 所示。涡轮室的进气口与发动机排气歧管相连，排气口则连接在排气管上，压缩机的进气口与空气滤芯相连，排气口与中冷器连接，涡轮和叶轮分别装在涡轮室和涡轮增压器内，两者刚性连接，排出的尾气经过涡轮机，推动涡轮旋转，并带动压气机的叶轮一起旋转。新鲜空气在离心力的作用下沿着压缩机叶片流向周边，其流速、压力和温度略有升高。

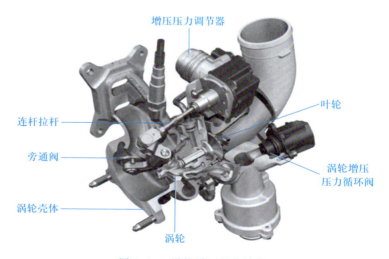

增压压力调节器

叶轮

连杆拉杆

旁通阀

涡轮增压
压力循环阀

涡轮壳体

涡轮

图 2-25　涡轮增压器的结构

涡轮增压器工作时的最高转速可达 $2 \times 10^5 r/min$，因此它的平衡和润滑非常重要。涡轮增压器一般都采用浮动轴承，它与轴以及轴承座之间都有间隙，来自发动机润滑系统主油道的机油形成双层油膜，增压器工作时，轴承在轴与轴承座中转动。由于涡轮增压器的热负荷大，因此在涡轮增压器上设计了水冷装置，与发动机冷却系统相连，降低增压温度。涡轮增压器的冷却与润滑如图 2-26 所示。

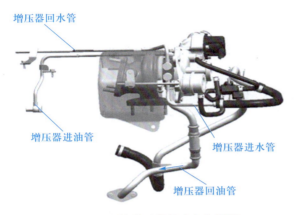

图 2-26 涡轮增压器的冷却与润滑

2）涡轮增压压力循环阀

涡轮增压压力循环阀的作用是在减速时，使增压后的部分空气返回增压器前方，防止中冷器因增压的空气太多而损坏，即让增压后的气体继续循环。图 2-27 所示为涡轮增压压力循环阀与发动机控制单元之间的连接电路。

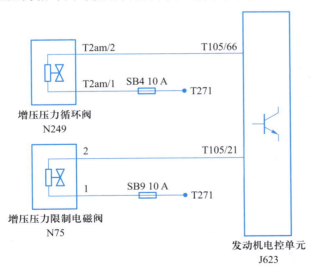

图 2-27 涡轮增压压力循环阀与发动机控制单元之间的连接电路

3）增压压力限制电磁阀

增压压力限制电磁阀的作用是控制流经涡轮的废气量，进而控制增压压力，当阀关闭时，有更多的空气流过增压器，增压效果就会更加明显，发动机的进气量就会增大。

4）增压空气冷却器

发动机排出的废气温度非常高，通过增压器热传导会提高进气的温度。而且，空气在被压缩的过程中密度会升高，这必然也会导致空气温度的升高，从而影响发动机的进气效率。如果想要进一步提高进气效率，就要降低进气温度。增压空气冷却器由铝合金材料制成，按照冷却的介质不同，可分为风冷式和水冷式两种，风冷式增压空气冷却器如图 2-28 所示。风冷式增压空气冷却器因其结构简单和制造成本低而得到了广泛应用。

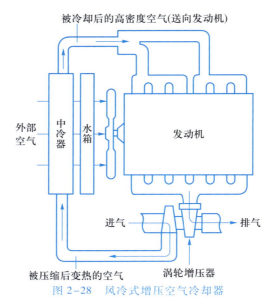

图 2-28　风冷式增压空气冷却器

重要提示

在相同的空燃比条件下，增压空气的温度每下降 10℃，发动机功率可提高 3%～5%。如果未经冷却的增压空气进入燃烧室，除了会影响发动机的进气效率外，还很容易导致燃烧温度过高，造成发动机爆燃，增加发动机废气中 NO_x 的含量，造成空气污染。因此，为了解决增压后的空气升温造成的不利影响，需要加装增压空气冷却器来降低进气温度。

3. 废气涡轮增压系统检修

废气涡轮增压系统主要检修电子控制部分的电磁阀和压力循环阀，现以迈腾 B8 轿车发动机的增压压力循环阀为例来进行分析和检测，增压压力限制电磁阀与之类似。

迈腾 B8 轿车发动机增压压力循环阀的电路原理图如图 2-29 所示。其电源来自 T271，经过熔丝 SB4 至增压压力循环阀的 T2am/1 端子，通过循环阀的 T2am/2 至发动机电控单元 J623 的 T105/66 端子构成回路。增压压力循环阀 N249 常见的故障

微课

检修增压压力
循环阀

见表2-38。

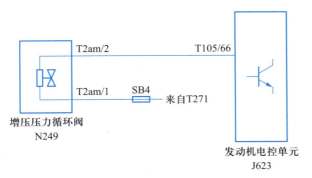

图2-29 迈腾B8轿车的增压压力循环阀的电路原理图

表2-38 增压压力循环阀N249常见的故障

序号	故障性质
1	增压压力循环阀N249电源电路（T2am/1）对搭铁短路
2	增压压力循环阀N249电源电路（T2am/1）断路
3	增压压力循环阀N249电源电路（T2am/1）虚接
4	增压压力循环阀N249控制信号（T2am/2）对搭铁短路
5	增压压力循环阀N249控制信号（T2am/2）断路
6	增压压力循环阀N249控制信号（T2am 2）虚接
7	增压压力循环阀N249故障
8	发动机控制单元J623故障（局部）

结合以上信息，增压压力循环阀的检测和诊断流程如下。

第一步：检查增压压力循环阀N249功能。打开点火开关，用诊断仪对增压压力循环阀做驱动，电磁阀应该能打开。如果异常，转第二步。

第二步：测量增压压力循环阀N249电阻，见表2-39。

表2-39 测量增压压力循环阀N249电阻

测量标准：点火开关关闭，拔下进气凸轮轴调节电磁阀N205插接器，20℃时电阻应为20Ω左右				
可能性	实测结果	状态	可能原因	操作
1	20Ω左右	正常	—	转"第三步"
2	不在标准值内	异常	进气凸轮轴调节电磁阀N205故障	更换电磁阀

第三步：测量增压压力循环阀N249的T2am/1端子对搭铁电压，见表2-40。

表2-40 测量增压压力循环阀N249的T2am/1端子对搭铁电压

测量标准：点火开关打开				
可能性	实测结果	状态	可能原因	操作
1	+B	正常	电磁阀搭铁电路或发动机电控单元J623故障	转"第五步"
2	0.5V～+B	异常	说明电源线虚接	转"第四步"
3	0	异常	说明电磁阀电源线搭铁短路或断路	转"第四步"

第四步：测量增压压力循环阀N249的T2am/1端子与熔丝SB4输出端子间电路导通性，见表2-41。

表 2-41　测量增压压力循环阀 N249 的 T2am/1 端子与熔丝 SB4 输出端子间电路导通性

测量标准：点火开关关闭，拔下增压压力循环阀 N249 的 T2am 插接器与 SB4 熔丝，该导线端对端电阻应小于 1Ω				
可能性	实测结果	状态	可能原因	操作
1	小于 1Ω	正常	—	检查 SB4 上游电路
2	无穷大	异常	增压压力循环阀 N249 的 T2am/1 端子与熔丝 SB4 输出端子间电路断路	检修电路
3	大于 5Ω	异常	增压压力循环阀 N249 的 T2am/1 端子与熔丝 SB4 输出端子间电路虚接	

第五步：测量增压压力循环阀 N249 的 T2am/2 端子与发动机电控单元 J623 的 T105/66 端子间电路导通性，见表 2-42。

表 2-42　测量增压压力循环阀 N249 的 T2am/2 端子与发动机电控单元 J623 的 T105/66 端子间电路导通性

测量标准：点火开关关闭，拔下发动机电控单元 J623 的 T105 插接器与增压压力循环阀 N249 的 T2am 插接器，该导线端对端电阻应小于 1Ω				
可能性	实测结果	状态	可能原因	操作
1	小于 1Ω	正常	—	转 "第七步"
2	无穷大	异常	T2am/2 到 T105/66 端子间电路断路	检修电路
3	大于 5Ω	异常	T2am/2 到 T105/66 端子间电路虚接	

第六步：测量增压压力循环阀 N249 的 T2am/2 端子对搭铁电阻，见表 2-43。

表 2-43　测量增压压力循环阀 N249 的 T2am/2 端子对搭铁电阻

测量标准：点火开关关闭，拔下发动机电控单元 J623 的 T105 插接器与进气凸轮轴调节电磁阀 N205 插接器，该导线端对搭铁电阻应大于 10kΩ				
可能性	实测结果	状态	可能原因	操作
1	无穷大	正常	—	更换发动机电控单元 J623
2	小于 1Ω	异常	T2am/2 对搭铁间电路短路	检修电路
3	大于 5Ω	异常	T2am/2 对搭铁间电路虚接	

任务实施

本任务以迈腾 B8 轿车发动机为例，在发动机上预设增压压力循环阀的故障，要求学生利用所学知识排除相关故障。任务工作单和评分细则见表 2-44 和表 2-45。

表 2-44　增压压力循环阀检修任务工作单

任务四　检修增压压力循环阀		小组人员：	
班级：		学号：	指导老师签字：
日期：			
一、作业要求　　1. 能正确检测增压压力循环阀　　2. 学会观察分析问题的能力　　3. 养成良好的 7S 工作习惯			

续表

二、工具、量具准备

三、辅助材料与耗材

四、制订检修计划及组员分工

五、检修流程

第一步：检查增压压力循环阀 N249 功能

检测结果	检测结果分析
测量结果：	正常□ 异常□　转至第_____步

第二步：测量增压压力循环阀 N249 电阻

检测结果	检测结果分析
测量结果：_____Ω	正常□　转至第_____步 异常□　维修或更换

第三步：测量增压压力循环阀 N249 的 T2am/1 端子对搭铁电压

检测结果	检测结果分析
测量结果：_____V	正常□ 异常□　转至第_____步

第四步：测量增压压力循环阀 N249 的 T2am/1 端子与熔丝 SB4 输出端子间电路导通性

检测结果	检测结果分析
测量结果：_____Ω	正常□ 异常□　检修

第五步：测量增压压力循环阀 N249 的 T2am/2 端子与发动机电控单元 J263 的 T105/106 端子间电路导通性

检测结果	检测结果分析
测量结果：_____Ω	正常□　转至第_____步 异常□　维修或更换

第六步：测量增压压力循环阀 N249 的 T2am/2 端子对搭铁电阻

检测结果	检测结果分析
测量结果：_____Ω	正常□ 异常□

检修结论：

维修建议：

表 2-45 增压压力循环阀检修评分细则

任务四 检修增压压力循环阀				实训日期：			
姓名：		班级：		学号：		指导老师签字：	
自评：□熟练 □不熟练		互评：□熟练 □不熟练		师评：□熟练 □不熟练			
日期：		日期：		日期：			
序号	评分项	得分条件	分值	评分要求	自评	互评	师评
1	安全/7S/态度	□1. 能进行工位 7S 操作 □2. 能进行设备和工具安全检查 □3. 能进行车辆安全防护操作 □4. 能进行工具清洁校准存放操作 □5. 能进行三不落地操作	15	未完成 1 项扣 3 分，扣分不得超过 15 分	□熟练 □不熟练	□熟练 □不熟练	□合格 □不合格
2	专业技能能力	□1. 能正确查询增压压力循环阀 N249 电路图 □2. 能正确查询增压压力循环阀 N249 元件端视图 □3. 能正确检测增压压力循环阀 N249 本身是否正常 □4. 能正确检测增压压力循环阀 N249 的波形 □5. 能正确检测增压压力循环阀 N249 电路的导通性	40	未完成 1 项扣 8 分，扣分不得超过 40 分	□熟练 □不熟练	□熟练 □不熟练	□合格 □不合格
3	工具及设备的使用能力	□1. 能正确使用万用表 □2. 能正确使用诊断仪 □3. 能正确使用示波器	15	未完成 1 项扣 5 分，扣分不得超过 15 分	□熟练 □不熟练	□熟练 □不熟练	□合格 □不合格
4	资料、信息查询能力	□1. 能正确使用维修手册查询资料 □2. 能在规定时间内查询所需资料 □3. 能正确记录所需维修信息	15	未完成 1 项扣 5 分，扣分不得超过 15 分	□熟练 □不熟练	□熟练 □不熟练	□合格 □不合格
5	数据判断和分析能力	□1. 能判断增压压力循环阀 N249 是否正常 □2. 能判断增压压力循环阀 N249 故障范围	10	未完成 1 项扣 5 分，扣分不得超过 10 分	□熟练 □不熟练	□熟练 □不熟练	□合格 □不合格
6	表单填写与报告的撰写能力	□1. 字迹清晰 □2. 语句通顺 □3. 无错别字 □4. 无涂改 □5. 无抄袭	5	未完成 1 项扣 1 分，扣分不得超过 5 分	□熟练 □不熟练	□熟练 □不熟练	□合格 □不合格
总分							

知识链接 >>>

涡轮迟滞曾经是涡轮增压发动机最为用户诟病的缺点。所谓的迟滞，是指踩下加速踏板那一刻，到发动机输出涡轮增压相应功率所需要的时间。在踩下加速踏板的瞬间，发动机需要吸入更多的空气，调整喷油量，这些都需要时间，所以，所有的发动机都会存在迟滞现象。

改善涡轮迟滞的方法有很多，一方面可以借助直喷技术，间接提升低速时的扭矩特性，从而使发动机转速快速上升，增加废气能量以推动涡轮。 另一方面，可以通过减少增压值，减小整个涡轮转子的尺寸和减轻重量，减少惯性和摩擦，减小叶轮阻力。

任务回顾

任务描述中发动机出现高速行驶动力不足、提速缓慢等现象。诊断此类故障时，应先根据故障码提示，结合数据流分析，查找引起故障的原因，包括增压压力限制电磁阀、涡轮增压压力循环阀、增压压力调节阀等部件，同时还应该仔细检查机械部分，例如机械式换气阀是否卡滞，增压系统是否有漏气等情况。

练习与思考

一、选择题

1. 在排量固定的情况下，（　　　）可以提高功率。

A. 增加喷油 　　　　　　　　　　　　B. 提前点火

C. 增加进气 　　　　　　　　　　　　D. 加大排气

2. 增压压力限制电磁阀打开时，（　　　）。

A. 增压压力升高 　　　　　　　　　　B. 增压压力降低

C. 增压压力不变 　　　　　　　　　　D. 以上都不正确

3. 下面不是增压空气冷却器作用的是（　　　）。

A. 降低进气温度 　　　　　　　　　　B. 提高进气效率

C. 防止爆燃 　　　　　　　　　　　　D. 减少进气

4. 涡轮增压压力循环阀的作用是（　　　）。

A. 在减速时，让增压后的气体继续循环 　B. 防止进气压力过低

C. 在加速时，让增压后的气体继续循环 　D. 防止排气压力过低

5. 不是带废气涡轮增压的发动机无法增压的可能原因是（　　　）。

A. 进气系统堵塞 　　　　　　　　　　B. 排气系统堵塞

C. 涡轮增压器失效 　　　　　　　　　D. 氧传感器失效

二、判断题

（　　　）1. 涡轮增压系统就是将进入气缸前的新鲜空气预先进行压缩。

（　　　）2. 涡轮增压发动机在相同额定功率时，与非涡轮增压发动机相比排量要大。

（　　　）3. 废气涡轮增压系统中发动机排出的废气进入涡轮增压器的叶轮。

（　　　）4. 废气涡轮增压系统中新鲜空气经过涡轮增压器中的叶轮进行压缩。

（　　　）5. 增压压力限制电磁阀关闭时，增压压力降低。

>>> 任务五　检修可变配气正时系统

任务描述

一辆大众迈腾 B8 轿车，配备 CUGA 发动机。据车主反映，发动机故障警告灯点亮。维修人员进行初步检查，使用故障诊断仪清码后再次读取的故障码为 P152800，凸轮轴调节—断路。请参考相关维修资料，恢复发动机系统功能。

任务解析

由故障分析可知，此类故障是由可变配气正时系统故障所致。要排除此故障，首先要了解可变配气正时系统的结构、工作原理和控制过程，找到可变配气正时系统的组成部件，并观察判断其物理状况；其次要会查阅维修技术资料，制订检修方案，选用正确的诊断工具仪器对系统相关故障相关器件进行检修和器件的更换作业，并评估故障修复情况。

任务目标

1. 能通过与客户交流，获取车辆信息并正确确认故障现象。

2. 能就车找到可变配气正时系统，能看懂可变配气正时系统控制的原理图与电路图。

3. 会制订正确的维修计划，能正确使用诊断工具仪器，测试并正确记录、分析各种检测结果，做出故障判断。

4. 能对可变配气正时系统进行维修更换，并能对发动机进行测试，检查和评估修复质量。

知识准备

可变配气技术由发动机控制单元根据发动机的转速、负荷来调节进气门和排气门的开闭时间和开度，有效提高发动机的充气效率，改善发动机的燃烧效率，提高发动机的性能。

目前，可变配气技术主要分为可变气门升程和可变气门正时两大类。前一种技术控制气门打开的开度（升程），后一种技术控制气门打开的时间。

1. 可变气门升程控制系统

1）迈腾 B8 轿车可变气门升程系统的组成

迈腾 B8 轿车发动机通过排气凸轮轴上的电子气门升程切换（AVS）技术，可以实现对每个气缸气体交换的优化控制。电子气门升程切换的结构如图 2-30 所示。

通过排气凸轮轴上的电子气门升程切换以及进气和排气凸轮轴上的可变气门正时，实现了对每个气缸气体交换的优化控制。较小的凸轮轮廓仅用于低转速，何时使用凸轮轮廓以及使用哪个凸轮轮廓，均存储在图谱中。

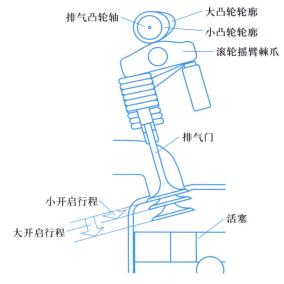

图 2-30　电子气门升程切换的结构

为了在排气凸轮轴上两个不同的气门升程之间相互切换，此凸轮轴有四个可移动的凸轮件（带有内花键），如图 2-31 所示。每个凸轮件上都装有两对凸轮，其凸轮升程是不同的。通过电子执行器对两种升程进行切换。电子执行器接合每个凸轮件上的滑动槽，并移动凸轮轴上的凸轮件。

2）迈腾 B8 轿车可变气门升程系统的工作原理

排气凸轮轴气门升程切换的执行器结构如图 2-32 所示。在两个电子执行器（气缸 1，4 的排气凸轮执行器 A/B）的辅助下，每个凸轮件在排气凸轮轴上，在两个切换位置之间被来回推动。每个气缸的一个执行器切换到更大的气门升程，另一个执行器切换到更小的气门升程。每个执行器都包含一个电磁线圈。金属销通过导管被向下移。在收缩位置和伸展位置，金属销通过一个永久磁铁被固定在执行器壳体中的相应位置。执行器的结构示意图如图 2-33 所示。

当电流通过执行器电磁线圈时，金属销在 18~22ms 内被移动。伸展的金属销接合到排气凸轮轴上凸轮件的相关滑动槽中，并通过凸轮轴旋转推动滑动槽到相应的切换位置。销通过机械方式在滑动槽（相当于一个复位斜面）的作用下缩进去。凸轮件的两个执行器被启动时，总是只有一个执行器上的金属销移动。

AVS 工作过程

图 2-31　排气凸轮轴的可移动凸轮件

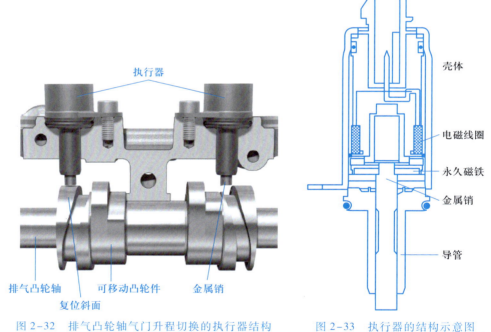

图 2-32　排气凸轮轴气门升程切换的执行器结构　　图 2-33　执行器的结构示意图

　　发动机控制单元根据复位信号得知金属销的当前位置。当复位斜面推动执行器的金属销回到元件的导管中时，生成一个复位信号。发动机管理系统可根据发出复位信号的执行器来确定相关滑动装置的当前位置。

　　（1）发动机低转速范围内的调节

　　如图 2-34 所示，为了使低速小负荷范围内的气体交换性能更佳，一方面发动机管理系统通过凸轮轴调节器将进气凸轮轴提前，将排气凸轮轴延迟；另一方面，随着凸轮轴的转动，气门升程切换至更小的排气凸轮轮廓，而且右侧执行器金属销伸出，与滑动槽接合，并将凸轮件向左移至小凸轮轮廓。这时气门升程就切换至更小的排气凸轮轮廓，气门沿着较小的气门轮廓上下移动，从而可在低转速范围达到较高的增压压力。

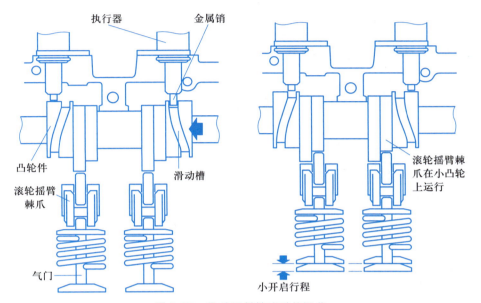

图 2-34　发动机低转速时的调节

（2）加速时的调节

如图 2-35 所示，为了使加速时气缸内的气体交换适应更高的性能需求，一方面发动机管理系统通过凸轮轴调节器将进气凸轮轴提前，将排气凸轮轴延后；另一方面，为了达到最佳的气缸填充性能，排气门需要最大的气门升程，以提高排气压力。为了实现此目的，左执行器被启动，凸轮向右移动，切换至大凸轮轮廓。此时，排气门以最大的升程打开和关闭。

驾驶人加速并从部分负载改变为全负载。气缸内的气体交换必须适应更高的性能需求。发动机管理系统通过凸轮轴调节器将进气凸轮轴提前，将排气凸轮轴延迟。为了达到最佳的气缸填充性能，排气门需要最大的气门升程。为了实现此目的，左执行器被启动，凸轮件被向右移动，切换至大凸轮轮廓。

3）迈腾 B8 轿车可变气门升程系统失效的影响

如果一个执行器发生故障，则无法再执行气门升程切换功能。在这种情况下，发动机管理系统会尝试将所有气缸切换为最近成功的一次气门升程切换。

如果所有气缸可切换至小的气门升程位置，则：

① 发动机转速限制在 4000r/min，故障存储器中记录下故障。

② EPC 警告灯亮起。

如果所有气缸可切换到大的气门升程位置，则：

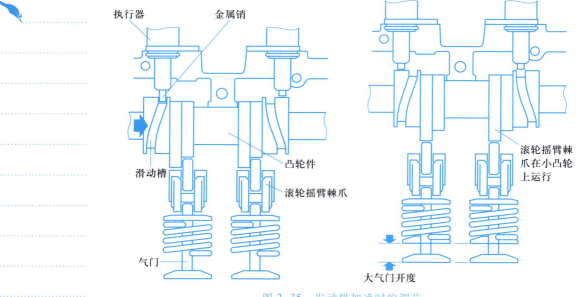

图 2-35 发动机加速时的调节

① 故障存储器中也会存储故障。

② 在这种情况下，不限制发动机转速，且 EPC 警告灯不亮起。

2. 可变气门正时系统

1）迈腾 B8 轿车可变气门正时系统的组成

根据发动机的转速与负荷，利用油压来调整进气凸轮轴、排气凸轮轴相对于正时齿轮的转角，从而改变气门开闭的时刻，以获得最适合发动机状态气门正时。迈腾 B8 轿车可变气门正时系统的组成如图 2-36 所示。

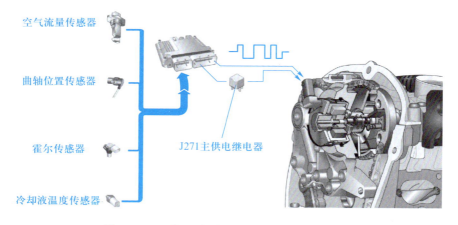

图 2-36 迈腾 B8 轿车可变气门正时系统的组成

2）迈腾 B8 轿车可变气门正时系统的工作原理

发动机控制单元通过 PWM 信号控制电磁线圈操作凸轮轴位置执行器进油和排油。PWM 占空比越高，凸轮轴正时的改变越大。施加于固定叶片提前侧的油压力越大，凸轮轴顺时针方向旋转的角度越大。表 2-46 提供了常规行驶条件下的凸轮轴相位指令。

表 2-46 常规行驶条件下的凸轮轴相位指令

行驶条件	凸轮轴位置的改变	目标	结果
1	不做更改	将气门重叠降至最小	息速转速稳定
2	延迟气门正时	减小气门重叠角	发动机输出稳定
3	提前气门正时	增加气门重叠角	燃油经济性提高，排放降低
4	延迟气门正时	延迟气门关闭	发动机输出提高

（1）正时提前

当由发动机控制单元发送给凸轮轴正时机油控制阀的 PWM 信号变大（大于 50%），阀处于图 2-37 所示的位置，油压作用于气门正时提前侧的叶片室，使进气凸轮轴向气门正时的提前方向旋转。

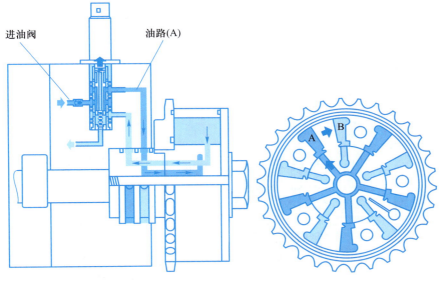

图 2-37 凸轮轴正时调节——提前

（2）正时推迟

当由发动机电控单元发送给凸轮轴正时机油控制阀的 PWM 信号变小（小于 50%），阀处于图 2-38 所示的位置，油压作用于气门正时延迟侧的叶片室，使进气凸轮轴向气门正时的推迟方向旋转。

（3）正时保持

发动机电控单元根据各传感器的信息进行处理，并计算出气门正时角度，当达到目标气门正时以后，凸轮轴正时机油控制阀通过关闭油道来保持油压。图 2-39 所示的位置是保持现在气门正时的状态。

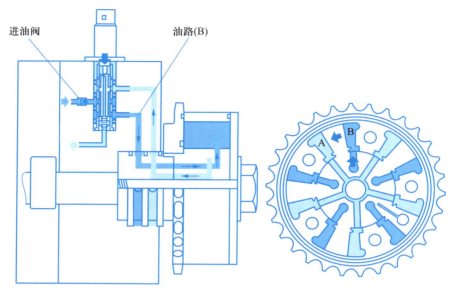

图 2-38　凸轮轴正时调节——延迟

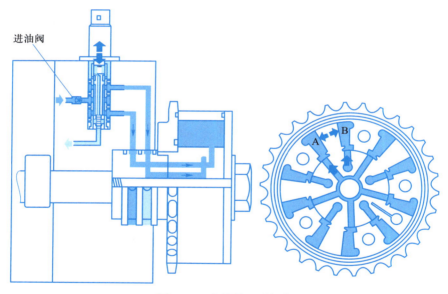

图 2-39　凸轮轴正时保持

知识链接 >>>

采用可变配气正时系统的车辆为了实现 EGR（废气再循环）控制，提前进气门的打开时刻，推迟排气门的关闭时刻，增加气门重叠，以增加 EGR 率以及降低泵气损失，从而改善了排放控制和燃料消耗率，故而无单独的 EGR 系统。

可变气门升程系统和可变配气正时系统是目前两类的主流可变气门配气正时技术，将两者进行对比，并说明各自的特点和不同之处。

3. 进气歧管翻板控制

进气歧管翻板的安装位置如图 2-40 所示。进气歧管翻板在大多数情况下保持关闭（封住下进气道）。

动画

EA888-进排气

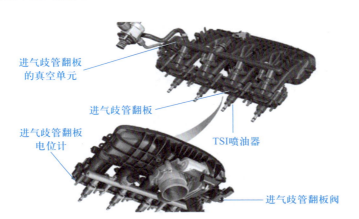

图 2-40　进气歧管翻板的安装位置

发动机控制大于规定转矩和负荷变化，确定需要对进气模式进行转换时，就会接通进气翻板电磁阀控制电路，使阀门动作，接通真空源，通过真空膜盒和机械机构使翻板角度改变（接通下进气道），从而改变进气道面积，增大进气量。同时进气翻板电位计将翻板位置角度反馈给发动机电控单元，作为闭环控制的依据信号，图 2-41 所示为进气歧管风门电磁阀与发动机电控单元之间的连接电路图，图 2-42 所示为进气翻板电位计与发动机电控单元之间的连接电路。

图 2-41　进气歧管风门电磁阀与发动机电控单元之间的连接电路图

4. 进气凸轮轴调节电磁阀检修

可变配气正时系统检修以迈腾 B8 轿车发动机凸轮轴调节电磁阀电路为例，对其进行分析和检测，电路原理图如图 2-43 所示。

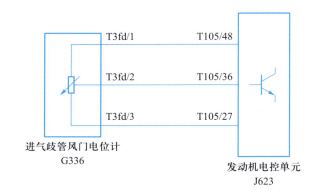

图 2-42　进气翻板电位计与发动机电控单元之间的连接电路

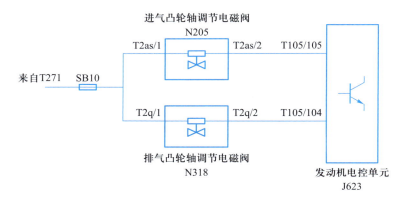

图 2-43　迈腾 B8 轿车发动机凸轮轴调节电磁阀电路原理图

进气凸轮轴调节电磁阀 N205 常见的故障见表 2-47。

表 2-47　进气凸轮轴调节电磁阀 N205 常见的故障

序号	故障
1	进气凸轮轴调节电磁阀 N205 电源电路（T2as/1）对搭铁短路
2	进气凸轮轴调节电磁阀 N205 电源电路（T2as/1）断路
3	进气凸轮轴调节电磁阀 N205 电源电路（T2as/1）虚接
4	进气凸轮轴调节电磁阀 N205 控制信号（T2as/2）断路
5	进气凸轮轴调节电磁阀 N205 控制信号（T2as/2）短路
6	进气凸轮轴调节电磁阀 N205 控制信号（T2as2）虚接
7	进气凸轮轴调节电磁阀 N205 故障
8	发动机电控单元 J623 故障（局部）

微课

检修凸轮轴调节阀

结合以上信息，进气凸轮轴调节电磁阀的检测和诊断流程如下。

第一步：检查进气凸轮轴调节电磁阀 N205 的功能。起动发动机，冷却液温度升至 50℃，打开空调，用诊断仪对进气凸轮轴调节电磁阀做驱动，发动机怠速不稳。如果发动机转速未发生变化，转第二步。

第二步：测量进气凸轮轴调节电磁阀 N205 的电阻，见表 2-48。

表 2-48 测量进气凸轮轴调节电磁阀 N205 的电阻

测量标准：点火开关关闭，拔下进气凸轮轴调节电磁阀 N205 的 T2as 插接器，20℃时 7Ω 左右				
可能性	实测结果	状态	可能原因	操作
1	7Ω 左右	正常	—	转 "第三步"
2	不在标准值内	异常	进气凸轮轴调节电磁阀 N205 故障	更换电磁阀

第三步：测量进气凸轮轴调节电磁阀 N205 通电状况，见表 2-49。

表 2-49 测量进气凸轮轴调节电磁阀 N205 通电状况

测量标准：点火开关关闭，拔下进气凸轮轴调节电磁阀 N205 的 T2as 插接器，在 1、2 号端子间施加 +B 电压（注意不能长时间通电）				
可能性	实测结果	状态	可能原因	操作
1	电磁阀能动作	正常	—	转 "第四步"
2	电磁阀未动作	异常	进气凸轮轴调节电磁阀 N205 故障	更换电磁阀

第四步：测量进气凸轮轴调节电磁阀 N205 的 T2as/1 端子对搭铁电压，见表 2-50。

表 2-50 测量进气凸轮轴调节电磁阀 N205 的 T2as/1 端子对搭铁电压

测量标准：点火开关打开				
可能性	实测结果	状态	可能原因	操作
1	+B	正常	电磁阀搭铁电路或发动机控制单元 J623 故障	转 "第六步"
2	0.5V ~ +B	异常	说明电源线虚接	转 "第五步"
3	0	异常	说明电磁阀电源线搭铁短路或断路	转 "第五步"

第五步：测量进气凸轮轴调节电磁阀 N205 的 T2as/1 端子与熔丝 SB10 输出端子间电路导通性，见表 2-51。

表 2-51 测量进气凸轮轴调节电磁阀 N205 的 T2as/1 端子与熔丝 SB10
输出端子间电路导通性

测量标准：点火开关关闭，拔下进气凸轮轴调节电磁阀 N205 的 T2as 插接器与 SB10 熔丝，该导线端对端电阻应小于 1Ω				
可能性	实测结果	状态	可能原因	操作
1	小于 1Ω	正常	—	检查 SB10 上游电路
2	无穷大	异常	进气凸轮轴调节电磁阀 N205 的 T2as/1 端子与熔丝 SB10 输出端子间电路断路	检修电路
3	大于 5Ω	异常	进气凸轮轴调节电磁阀 N205 的 T2as/1 端子与熔丝 SB10 输出端子间电路虚接	检修电路

第六步：测量进气凸轮轴调节电磁阀 N205 的 T2as/2 端子对搭铁波形，见表 2-52。

表 2-52　测量进气凸轮轴调节电磁阀 N205 的 T2as/2 端子对搭铁波形

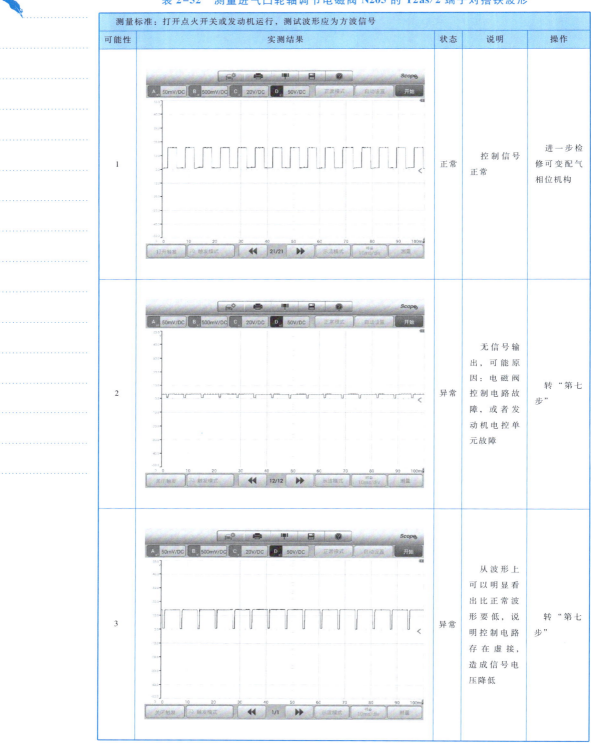

可能性	实测结果	状态	说明	操作
测量标准：打开点火开关或发动机运行，测试波形应为方波信号				
1		正常	控制信号正常	进一步检修可变配气相位机构
2		异常	无信号输出，可能原因：电磁阀控制电路故障，或者发动机电控单元故障	转"第七步"
3		异常	从波形上可以明显看出比正常波形要低，说明控制电路存在虚接，造成信号电压降低	转"第七步"

第七步：测量进气凸轮轴调节电磁阀 N205 的 T2as/2 端子与发动机电控单元 J623 的 T105/105 端子间电路导通性，见表 2-53。

表 2-53　测量进气凸轮轴调节电磁阀 N205 的 T2as/2 端子与发动机电控单元

J623 的 T105/105 端子间电路导通性

测量标准：点火开关关闭，拔下发动机电控单元 J623 的 T105 插接器与进气凸轮轴调节电磁阀 N205 的 T2as 插接器，该导线端对端电阻应小于 1Ω				
可能性	实测结果	状态	可能原因	操作
1	小于 1Ω	正常		转"第八步"
2	无穷大	异常	T2as/2 到 T105/105 端子间电路断路	检修电路
3	大于 5Ω	异常	T2as/2 到 T105/105 端子间电路虚接	

第八步：测量进气凸轮轴调节电磁阀 N205 的 T2as/2 端子对搭铁电阻，见表 2-54。

表 2-54　测量进气凸轮轴调节电磁阀 N205 的 T2as/2 端子对搭铁电阻

测量标准：点火开关关闭，拔下发动机电控单元 J623 的 T105 插接器与进气凸轮轴调节电磁阀 N205 的 T2as 插接器，该导线端对搭铁电阻应大于 10kΩ				
可能性	实测结果	状态	可能原因	操作
1	无穷大	正常	—	更换发动机电控单元 J623
2	小于 1Ω	异常	T2as/2 对搭铁间电路短路	检修电路
3	大于 5Ω	异常	T2as/2 对搭铁间电路虚接	

任务实施

本任务以迈腾 B8 轿车发动机为例，在发动机上预设进气凸轮轴调节电磁阀的故障，要求学生利用所学知识排除相关故障。任务工作单和评分细则见表 2-55 和表 2-56。

表 2-55　检修进气凸轮轴调节电磁阀任务工作单

任务五　检修进气凸轮轴调节电磁阀		小组人员：	
班级：	学号：		指导老师签字：
日期：			
一、作业要求 　1. 能正确检测进气凸轮轴调节电磁阀 　2. 学会观察分析问题的能力 　3. 养成良好的 7S 工作习惯			
二、工具、量具准备			
三、辅助材料与耗材			

续表

四、制订检修计划及组员分工

五、检修流程

第一步：检查进气凸轮轴调节电磁阀 N205 的功能

检测结果	检测结果分析
测量结果：	正常□ 异常□　转至第_____步

第二步：测量进气凸轮轴调节电磁阀 N205 的电阻

检测结果	检测结果分析
测量结果：＿＿＿＿＿＿＿ Ω	正常□　转至第_____步 异常□　维修或更换

第三步：测量进气凸轮轴调节电磁阀 N205 通电状况

检测结果	检测结果分析
电磁阀的动作情况：	正常□　转至第_____步 异常□　维修或更换

第四步：测量进气凸轮轴调节电磁阀 N205 的 T2as/1 端子对搭铁电压

检测结果	检测结果分析
测量结果：＿＿＿＿＿＿＿ V	正常□ 异常□　转至第_____步

第五步：测量进气凸轮轴调节电磁阀 N205 的 T2as/1 端子与熔丝 SB10 输出端子间电路导通性

检测结果	检测结果分析
测量结果：＿＿＿＿＿＿＿ Ω	正常□ 异常□　检修

第六步：测量进气凸轮轴调节电磁阀 N205 的 T2as/2 端子对搭铁波形

画出测量的波形图	检测结果分析
	正常□ 异常□　转至第_____步

第七步：测量进气凸轮轴调节电磁阀 N205 的 T2as/2 端子与发动机电控单元 J623 的 T105/105 端子间电路导通性

检测结果	检测结果分析
测量结果：＿＿＿＿＿＿＿ Ω	正常□　转至第_____步 异常□　维修或更换

续表

第八步：测量进气凸轮轴调节电磁阀 N205 的 T2as/2 端子对搭铁电阻	
检测结果	检测结果分析
测量结果：＿＿＿＿＿＿＿Ω	正常□ 异常□
检修结论：	
维修建议：	

表 2-56　检修进气凸轮轴调节电磁阀评分细则

任务五　检修进气凸轮轴调节电磁阀					实训日期：			
姓名：		班级：			学号：		指导老师签字：	
自评：□熟练　□不熟练		互评：□熟练　□不熟练			师评：□熟练　□不熟练			
日期：		日期：			日期：			
序号	评分项	得分条件	分值	评分要求	自评	互评	师评	
1	安全/7S/态度	□1. 能进行工位 7S 操作 □2. 能进行设备和工具安全检查 □3. 能进行车辆安全防护操作 □4. 能进行工具清洁校准存放操作 □5. 能进行三不落地操作	15	未完成 1 项扣 3 分，扣分不得超过 15 分	□熟练 □不熟练	□熟练 □不熟练	□合格 □不合格	
2	专业技能能力	□1. 能正确查询进气凸轮轴调节电磁阀电路图 □2. 能正确查询进气凸轮轴调节电磁阀元件端视图 □3. 能正确检测进气凸轮轴调节电磁阀的电源电压 □4. 能正确检测进气凸轮轴调节电磁阀的信号波形 □5. 能正确检测进气凸轮轴调节电磁阀电路的导通性	40	未完成 1 项扣 8 分，扣分不得超过 40 分	□熟练 □不熟练	□熟练 □不熟练	□合格 □不合格	
3	工具及设备的使用能力	□1. 能正确使用万用表 □2. 能正确使用诊断仪 □3. 能正确使用示波器	15	未完成 1 项扣 5 分，扣分不得超过 15 分	□熟练 □不熟练	□熟练 □不熟练	□合格 □不合格	
4	资料、信息查询能力	□1. 能正确使用维修手册查询资料 □2. 能在规定时间内查询所需资料 □3. 能正确记录所需维修信息	15	未完成 1 项扣 5 分，扣分不得超过 15 分	□熟练 □不熟练	□熟练 □不熟练	□合格 □不合格	
5	数据判断和分析能力	□1. 能判断进气凸轮轴调节电磁阀是否正常 □2. 能判断进气凸轮轴调节电磁阀故障范围	10	未完成 1 项扣 5 分，扣分不得超过 10 分	□熟练 □不熟练	□熟练 □不熟练	□合格 □不合格	
6	表单填写与报告的撰写能力	□1. 字迹清晰 □2. 语句通顺 □3. 无错别字 □4. 无涂改 □5. 无抄袭	5	未完成 1 项扣 1 分，扣分不得超过 5 分	□熟练 □不熟练	□熟练 □不熟练	□合格 □不合格	
总分								

知识链接 >>>

目前，轿车上普遍配备了可变气门正时技术，如丰田车的 VVT 和 VTEC 系统，保时捷的 Variocam 系统、宝马的 Valvetronic 系统、雷诺日产的 CVTC 和捷豹路虎的 VCT 系统等。这些系统大同小异，都是通过配备的控制及执行系统，对发动机凸轮的相位或者气门升程进行调节，从而达到优化发动机配气过程的目的。

任务回顾

迈腾 B8 轿车的发动机可变正时系统用于改变发动机的配气相位，增加充气效率，从而提高发动机的功率和降低排放污染。如果该系统出现故障，发动机控制单元将停止凸轮轴调节电磁阀控制调节，凸轮轴保持在锁定位置运行，同时点亮发动机故障警告灯。在诊断该故障时，读取故障码后，一定要结合数据流分析，判断故障性质；同时机械故障也是维修过程中的常见现象，处理故障时要充分考虑机械故障的影响。

练习与思考

一、选择题

1. 可变气门升程技术改变的是（   ）。

A. 配气相位
B. 气门升程
C. 点火提前角
D. 点火闭合角

2. 在发动机电控系统中，可变配气正时系统改变的是（   ）。

A. 配气正时
B. 气门升程
C. 点火提前角
D. 点火闭合角

3. 迈腾 B8 轿车的可变气门正时系统如果延迟气门正时，将（   ）气门重叠角。

A. 增大
B. 减小
C. 不变
D. 先增大后减小

4. 可变配气技术主要分为（   ）两大类。

A. 改变气门升程和改变点火闭合角

B. 改变点火闭合角和改变相位

C. 改变点火提前角和改变配气相位

D. 改变气门升程和改变配气相位

5. 不是使用可变配气正时技术好处的是（   ）。

A. 发动机的功率和扭力能兼顾高低转速的动力输出

B. 发动机的转速能设计得更高

C. 发动机在高转速时能增加扭力输出，大大增强驾驶的操纵灵活性

D. 改善燃料消耗率和减少废气排放

二、判断题

（　　）1. PWM 占空比越高，凸轮轴正时的改变越大。

（　　）2. 可变进气系统的类型和方法主要有多气门可变进气系统、可变气门升程、可变配气正时系统和可变进气管长度等。

（　　）3. 进入固定叶片提前侧的油压力越大，使凸轮轴逆时针方向旋转的角度越大。

（　　）4. 使用可变配气正时技术可以使发动机的功率和扭矩能兼顾高低转速的动力输出。

（　　）5. 进气歧管翻板在发动机工作时的大多数情况下是保持开启的。

模块三

检修点火系统故障

　　本模块融合了汽车运用与维修职业技能等级标准——汽车动力与驱动系统综合分析技术（中级）内容，主要介绍该工作领域中动力系统检测与维修任务中的点火系统及相关元器件检测维修模块的相关知识与技能，包括车辆信息获取、安全注意事项与作业准备、汽车维修资料使用、诊断工具设备使用、传感器及执行器工作原理与故障机理及检修流程等内容。

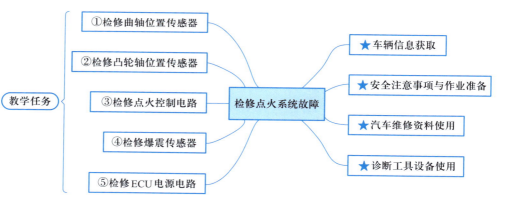

>>> 任务一　检修曲轴位置传感器

任务描述

　　一辆大众迈腾 B8 轿车，配备 CUGA 发动机。据车主反映该车发动机能起动，但起动时间比正常稍长，故障警告灯点亮。维修人员进行初步检查，起动发动机，使用故障诊断仪清码后再读取的故障码为 P033500，发动机曲轴位置传感器电路电器故障，初步分析为曲轴位置传感器故障导致 ECU 接收不到该信号。请参考相关维修资料，恢复发动机系统功能。

任务解析

　　转速传感器即曲轴位置传感器。首先要了解其工作原理和控制过程，就车找到曲轴位置传感器及相关电路，并观察判断其物理状况；其次要会查阅技术资料，看懂电路图，制订检修方案，选用正确的仪器设备对传感器进行检修和器件更换作业，并评估故障修复情况。

任务目标

　　1. 能通过与客户交流，获取车辆故障信息并正确确认故障现象。
　　2. 能阐述曲轴位置传感器的类型、工作原理和各标准参数。
　　3. 能就车找到曲轴位置传感器，并对类别进行判断，能看懂原理图与电路图。
　　4. 能查阅维修资料，会制订正确的维修计划，能正确使用诊断工具仪器，对器件参数（故障码、电压、电阻、波形等）进行检测，正确记录、分析检测结果并做出故障判断。
　　5. 能对传感器进行维修更换作业，并能对发动机进行性能测试，检查和评估修复质量。

知识准备

　　曲轴位置传感器用于检测发动机转速、曲轴转角和活塞上止点位置，以便发动机控制单元发出点火及喷油指令，提供最佳的点火时刻及最合理的燃油供给，提高车辆的经济性，降低排放。常见的曲轴位置传感器主要可分为磁感应式和霍尔式两种类型。

1. 磁感应式曲轴位置传感器

微课

磁感应式曲轴位置
传感器工作原理

磁感应式曲轴位置传感器主要由信号转子、传感器线圈、永久磁铁和磁轭组成。当信号转子旋转时，磁路中的气隙就会周期性地发生变化，磁阻和穿过信号线圈磁头的磁通量随之发生周期性的变化，根据电磁感应原理，线圈中就会感应产生交变电动势，工作原理图如图 3-1 所示。

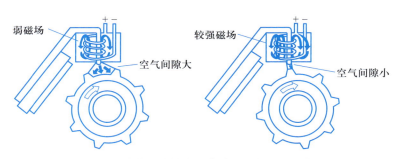

图 3-1　磁感应式曲轴位置传感器的结构与工作原理

信号转子每转过 1 个凸齿，传感线圈中产生 1 个周期的交变电动势，即电动势出现一次最大值和一次最小值，传感线圈也就相应地输出一个交变电压信号。转速越高，磁通变化率就越大，传感线圈中的感应电动势也就越高，如图 3-2 所示。

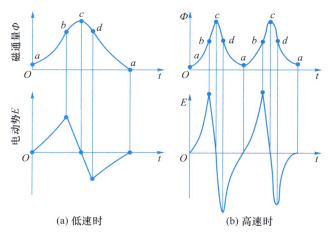

图 3-2　传感线圈中的磁通量和电动势波形

重要提示

　　传感器要产生感应电动势，一定要有磁通量的变化，如磁通量无变化，即使磁通量很大，感应电动势同样为零。另外，磁感应式曲轴位置传感器的突出优点是不需要外加电源，永久磁铁起着将机械能转换为电能的作用，其磁能不会损失。

曲轴位置传感器大多数安装在曲轴后端处，其具体结构如图3-3所示，由信号转子与信号发生器组成。转子凸齿与磁头间的气隙不能随意变动，一般为0.2~0.4mm。

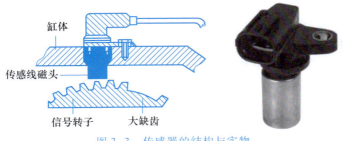

图3-3　传感器的结构与实物

以捷达轿车为例，信号发生器固定在发动机缸体上，转子为齿盘式，在其圆周上间隔均匀地制作有58个凸齿、57个小齿缺和1个大齿缺。大齿缺输出基准信号，产生一个宽信号，对应发动机第1缸或第4缸压缩上止点前一定角度，当ECU内部计数电路接收到58个信号，便可判定发动机转了一圈，波形如图3-4所示。

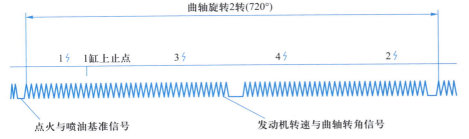

图3-4　传感器波形图

课堂讨论

以4缸发动机为例，发动机起动时，为什么需要曲轴位置传感器来判断第1缸或第4缸上止点？

2. 霍尔式曲轴位置传感器

在金属或半导体薄片中通以控制电流，并在薄片的垂直方向上施加磁场，则在垂直于电流和磁场的方向上会产生电动势（霍尔电势），这种现象称为霍尔效应。

图3-5所示为霍尔效应原理图。若将通有电流的导体置于磁场 B 中，磁场 B

微课

霍尔式曲轴位置
传感器工作原理

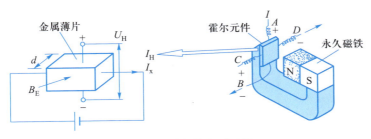

图3-5　霍尔效应原理图

（沿 z 轴）垂直于电流 I（沿 x 轴）的方向，则在导体中垂直于 B 和 I 的方向上会产生一个横向电位差 U_H。

霍尔式曲轴位置传感器的结构如图3-6所示，其主要由 Ne 转子和传感器本身组成，由曲轴驱动转子随着发动机旋转，叶轮的缺口数与发动机气缸数相同。

在工作过程中，当叶片转子的缺口转到霍尔元件处时，永久磁铁磁场的回流量最大时，霍尔元件产生的感应电压最大；当叶片转子的叶片挡住了霍尔元件，永久磁铁磁场的回流量为零时，产生的感应电压最小，如图3-7所示。

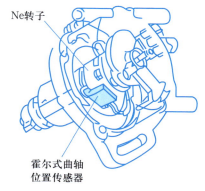

图3-6　霍尔式曲轴位置传感器的结构

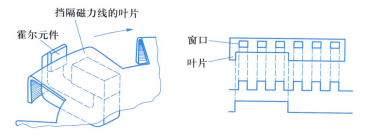

图3-7　传感器工作过程及波形

3. 传感器检修

霍尔式曲轴位置传感器有三个接线端子，分别是电源端、信号端和搭铁端。现以迈腾 B8 发动机曲轴位置传感器控制电路为例，对传感器及控制电路进行分析和检测。

迈腾 B8 轿车发动机曲轴位置传感器电路原理图如图3-8所示。由 J623 的

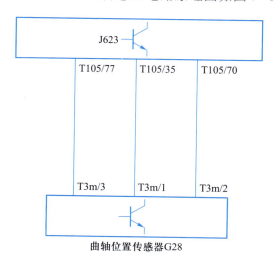

图3-8　迈腾 B8 轿车发动机曲轴位置传感器电路原理图

T105/35 端子供给电源（5 V）至传感器的 T3m/1 端子，通过传感器的 T3m/3 至 J623 的 T105/77 搭铁构成回路。在接通点火开关而发动机没有运转的情况下，J623 会通过 T105/70 端子提供信号电路 5 V 的参考信号，在发动机运行过程中，传感器通过 T3m/2 端子周期性地把参考电压拉低为 0（原理介绍中曲轴位置传感器信号电压为抬高），形成一个方波信号发送至 J623 的 T105/70 端子。曲轴位置传感器常见的故障见表 3-1。

微课

检修曲轴位置
传感器

表 3-1　曲轴位置传感器常见的故障

序号	故障性质
1	曲轴位置传感器 G28 的信号对搭铁短路
2	曲轴位置传感器 G28 的信号断路
3	曲轴位置传感器 G28 故障
4	曲轴位置传感器 G28 的供电电路断路
5	曲轴位置传感器 G28 的供电电路虚接
6	曲轴位置传感器 G28 的 T3m/3 搭铁断路
7	曲轴位置传感器 G28 的 T3m/3 搭铁虚接
8	发动机电控单元 J623 故障（局部）

结合以上信息，曲轴位置传感器 G28 的检测和诊断流程如下。

第一步：测量曲轴位置传感器的 T3m/2 端子对搭铁波形，见表 3-2。

表 3-2　测量曲轴位置传感器的 T3m/2 端子对搭铁波形

可能性	实测结果	状态	说明	操作
1	J623端 曲轴位置传感器端	正常		维修线束
2	J623端 曲轴位置传感器端	异常	传感器无信号输出，可能原因为传感器及其电路故障，或者发动机电控单元故障	转"第二步"

测量标准：接通点火开关或发动机运行，测试波形应为方波信号

续表

可能性	实测结果	状态	说明	操作
3	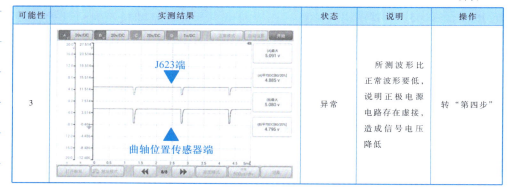	异常	所测波形比正常波形要低，说明正极电源电路存在虚接，造成信号电压降低	转"第四步"

第二步：测量曲轴位置传感器的 T3m/1 端子对搭铁电压，见表 3-3。

表 3-3　测量曲轴位置传感器的 T3m/1 端子对搭铁电压

测量标准：点火开关接通或发动机运行，测试值应为 5V			
可能性	实测结果	状态	操作
1	5V	正常	转"第四步"
2	0	异常	转"第三步"的 1、2 种可能
3	0.1~5V 范围内		转"第三步"的 1、3 种可能

第三步：测量发动机电控单元 J623 的 T105/35 端子对搭铁电压，见表 3-4。

表 3-4　测量发动机电控单元 J623 的 T105/35 端子对搭铁电压

测量标准：点火开关接通或发动机运行，测试值应为 5V				
可能性	实测结果	状态	可能原因	操作
1	5V	正常	发动机电控单元 J623 的 T105/35 端子到曲轴位置传感器 G28 的 T3m/1 端子间电路断路或虚接	转"第四步"
2	0	异常	发动机电控单元 J623 及其相关电路故障	转"发动机控制单元的检修"
3	0.1~5V 范围内			

第四步：测量发动机电控单元 J623 的 T105/35 端子到曲轴位置传感器 G28 的 T3m/1 端子间电路导通性，见表 3-5。

表 3-5　测量发动机电控单元 J623 的 T105/35 端子到曲轴位置传感器 G28 的 T3m/1 端子间电路导通性

测量标准：点火开关关闭，拔下发动机电控单元 J623 的 T105 插接器和曲轴位置传感器 G28 的 T3m 插接器，该导线端对端电阻应小于 2Ω				
可能性	实测结果	状态	可能原因	操作
1	小于 2Ω	正常	线束插接器故障	转"第五步"
2	无穷大	异常	T105/35 端子到 T3m/1 端子间电路断路	检修电路
3	大于 5Ω	异常	T105/35 端子到 T3m/1 端子间电路虚接	

第五步：测量曲轴位置传感器 G28 的 T3m/3 端子对搭铁电压，见表 3-6。

对曲轴位置传感器 G28 负极检查时，主要测量曲轴位置传感器 G28 负极 T3m/3 端子对搭铁电压。

表 3-6　测量曲轴位置传感器 G28 的 T3m/3 端子对搭铁电压

测量标准：起动发动机，曲轴位置传感器 G28 的 T3m/3 端子对搭铁电压应小于 0.1V				
可能性	实测结果	状态	可能原因	操作
1	0	正常	如果传感器信号异常，则更换传感器	
2	0.1～5V 范围内	异常	搭铁电路虚接	转"第六步"
3	5V	异常	搭铁电路断路	

第六步：测量发动机电控单元 J623 的 T105/77 端子对搭铁电压，见表 3-7。

表 3-7　测量发动机电控单元 J623 的 T105/77 端子对搭铁电压

测量标准：起动发动机，发动机电控单元 J623 的 T105/77 端子对搭铁电压应小于 0.1V				
可能性	实测结果	状态	可能原因	操作
1	0	正常	发动机电控单元 J623 的 T105/77 端子到曲轴位置传感器 G28 的 T3m/3 端子电路断路或虚接	转"第七步"
2	0.1～5V	异常	发动机电控单元 J623 故障	更换发动机电控单元 J623
3	5V	异常		

第七步：测量发动机电控单元 J623 的 T105/77 端子到曲轴位置传感器 G28 的 T3m/3 端子间电路导通性，见表 3-8。

表 3-8　测量发动机电控单元 J623 的 T105/77 端子到曲轴位置传感器 G28 的 T3m/3 端子间电路导通性

测量标准：点火开关关闭，拔下发动机电控单元 J623 的 T105 插接器和曲轴位置传感器 G28 的 T3m 插接器，该导线端对端电阻应小于 2Ω				
可能性	实测结果	状态	可能原因	操作
1	小于 2Ω	正常	传感器自身损坏	更换曲轴位置传感器 G28
2	无穷大	异常	T105/77 端子到 T3m/3 端子间电路断路	检修电路
3	大于 5Ω	异常	T105/77 端子到 T3m/3 端子间电路虚接	

课堂讨论

电磁感应式曲轴位置传感器该如何检修？

任务实施

本任务以迈腾 B8 轿车发动机为例，在发动机上预设曲轴位置传感器相关故障，要求学生利用所学知识排除相关故障。任务工作单和评分细则见表 3-9 和表 3-10。

表 3-9　检修曲轴位置传感器任务工作单

任务一　检修曲轴位置传感器		小组人员：	
班级：	学号：		指导老师签字：
日期：			

续表

一、作业要求

　　1. 能正确检修曲轴位置传感器

　　2. 学会观察分析问题的能力

　　3. 养成良好的 7S 工作习惯

二、工具、量具准备

三、辅助材料与耗材

四、制订检修计划及组员分工

五、检修流程

第一步：测量曲轴位置传感器 T3m/2 端子对搭铁波形

画出测量的波形图	检测结果分析
	正常 □
	异常 □　　转至第＿＿＿＿＿步

第二步：测量曲轴位置传感器 T3m/1 端子对搭铁电压

检测结果	检测结果分析
测量结果：＿＿＿＿＿＿V	正常 □
	异常 □　　转至第＿＿＿＿＿步

第三步：测量发动机电控单元 J623 的 T105/35 端子对搭铁电压

检测结果	检测结果分析
测量结果：＿＿＿＿＿＿V	正常 □
	异常 □　　转至第＿＿＿＿＿步

第四步：测量发动机电控单元 J623 的 T105/35 端子到曲轴位置传感器 G28 的 T3m/1 端子间电路导通性

检测结果	检测结果分析
测量结果：＿＿＿＿＿＿Ω	正常 □
	异常 □　　转至第＿＿＿＿＿步

第五步：测量曲轴位置传感器 G28 的 T3m/3 端子对搭铁电压

检测结果	检测结果分析
测量结果：＿＿＿＿＿＿V	正常 □
	异常 □　　转至第＿＿＿＿＿步

第六步：测量发动机电控单元 J623 的 T105/77 端子对搭铁电压

检测结果	检测结果分析
测量结果：＿＿＿＿＿＿V	正常 □
	异常 □　　转至第＿＿＿＿＿步

第七步：测量发动机电控单元 J623 的 T105/77 端子到曲轴位置传感器 G28 的 T3m/3 端子间电路导通性

检测结果	检测结果分析
测量结果：＿＿＿＿＿＿Ω	正常 □
	异常 □

检修结论：

维修建议：

表 3-10 检修曲轴位置传感器评分细则

任务一 检修曲轴位置传感器				实训日期:				
姓名:		班级:		学号:			指导老师签字:	
自评：□熟练 □不熟练		互评：□熟练 □不熟练		师评：□熟练 □不熟练				
日期：		日期：		日期：				

序号	评分项	得分条件	分值	评分要求	自评	互评	师评
1	安全/7S/态度	□1. 能进行工位 7S 操作 □2. 能进行设备和工具安全检查 □3. 能进行车辆安全防护操作 □4. 能进行工具清洁校准存放操作 □5. 能进行三不落地操作	15	未完成 1 项扣 3 分，扣分不得超过 15 分	□熟练 □不熟练	□熟练 □不熟练	□合格 □不合格
2	专业技能能力	□1. 能正确查询曲轴位置传感器电路图 □2. 能正确查询曲轴位置传感器元件端视图 □3. 能正确检测曲轴位置传感器的波形 □4. 能正确检测曲轴位置传感器	40	未完成 1 项扣 10 分，扣分不得超过 40 分	□熟练 □不熟练	□熟练 □不熟练	□合格 □不合格
3	工具及设备的使用能力	□1. 能正确使用示波器 □2. 能正确使用万用表 □3. 能正确使用车辆或实训台架 □4. 能正确使用诊断仪	20	未完成 1 项扣 5 分，扣分不得超过 20 分	□熟练 □不熟练	□熟练 □不熟练	□合格 □不合格
4	资料、信息查询能力	□1. 能正确使用维修手册查询资料 □2. 能在规定时间内查询所需资料 □3. 能正确记录所需维修信息	10	未完成 1 项扣 5 分，扣分不得超过 10 分	□熟练 □不熟练	□熟练 □不熟练	□合格 □不合格
5	数据判断和分析能力	□1. 能判断曲轴位置传感器是否正常 □2. 能判断曲轴位置传感器故障范围	10	未完成 1 项扣 5 分，扣分不得超过 10 分	□熟练 □不熟练	□熟练 □不熟练	□合格 □不合格
6	表单填写与报告的撰写能力	□1. 字迹清晰 □2. 语句通顺 □3. 无错别字 □4. 无涂改 □5. 无抄袭	5	未完成 1 项扣 1 分，扣分不得超过 5 分	□熟练 □不熟练	□熟练 □不熟练	□合格 □不合格
	总分						

任务回顾

发动机曲轴位置传感器用于监测发动机的转速和曲轴位置，并将此转变为电信号输送给发动机电控单元，作为控制点火、喷油、油泵、怠速转速的重要参考信号。如果该信号出现故障，发动机电控单元无法知道曲轴的转速和位置，从而影响发动机起动。在该传感器出现故障时 ECU 会用凸轮轴位置信号来替代，以确保发动机可以起动运转，所以起动时间会延长，此时，用诊断仪读取数据流，发动机转速数据流显示值应为零。

对于不同车系，其控制逻辑也不尽相同。如丰田车系，如果曲轴位置传感器信号异常，ECU 在连续几次接收不到它的信息时，便会中断喷油与点火指令的输出，甚至油泵也不能运转，发动机也就无法起动。

练习与思考

一、选择题

1. 在发动机电控系统中，用于计算发动机转速和转角的传感器是（　　）。

A. 冷却液温度传感器　　　　　　　B. 氧传感器

C. 曲轴位置传感器　　　　　　　　D. 空气流量传感器

2. 用万用表交流电压挡测量磁电式曲轴位置传感器信号电压时（　　）。

A. 信号电压不变　　　　　　　　　B. 电压随转速的增大而减小

C. 信号电压先变大，后变小　　　　D. 电压随转速的增大而增大

3. 不是曲轴位置传感器作用的是（　　）。

A. 计算转速　　　　　　　　　　　B. 计算转角

C. 确定缸序　　　　　　　　　　　D. 确定上止点

4. 不需要外加电源的曲轴位置传感器是（　　）。

A. 电磁感应式　　　　　　　　　　B. 霍尔式

C. 光电式　　　　　　　　　　　　D. 翼片式

5. 宝来轿车 AGN/AGU 发动机的曲轴位置传感器失效，发动机将（　　）。

A. 熄火　　　　　　　　　　　　　B. 继续运行

C. 不能确定　　　　　　　　　　　D. 无法起动

二、判断题

（　　）1. 电磁感应式曲轴位置传感器信号的电压幅值和频率随发动机转速的增大而增大。

（　　）2. 霍尔式曲轴位置传感器信号电压幅值和频率随发动机转速的增大而减小。

（　　）3. 曲轴位置传感器是电控发动机的重要传感器之一，主要用于检测发动机转速、曲轴转角和活塞上止点位置。

（　　）4. 曲轴位置传感器 G28 的 T3m/2 端子对搭铁波形为方波信号，且最大电压值为 5V 左右。

（　　）5. 电磁脉冲式曲轴位置传感器不需 ECU 供给电源，只要转动传感器就能产生信号。

>>> 任务二　检修凸轮轴位置传感器

任务描述

　　一辆大众迈腾 B8L 轿车，配备 CUGA2.0T 发动机。据车主反映该车发动机能起动，但起动时间比正常稍长，且故障警告灯点亮。维修人员进行初步检查，起动发动机后，使用故障诊断仪清码后再次读取的故障码为 P036500，凸轮轴位置传感器 B 电路电气故障，初步分析为凸轮轴位置传感器故障导致 ECU 无法监测凸轮轴位置。请参考相关维修资料，恢复发动机系统功能。

任务解析

　　首先要学习传感器的工作原理和控制过程，能就车找到凸轮轴位置传感器及相关电路，并观察判断其物理状况；其次要会查阅维修技术资料，看懂电路图，制订检修方案，选用正确的仪器设备对传感器进行检修和更换作业，并评估故障修复情况。

任务目标

　　1. 能通过与客户交流，获取车辆信息并正确确认故障现象。
　　2. 能阐述凸轮轴位置传感器的类型、工作原理和各标准参数。
　　3. 能就车找到凸轮轴传感器，并对类别进行判断，能看懂原理图与电路图。
　　4. 能查阅维修资料，会制订正确的维修计划，能正确使用诊断工具仪器，进行参数（故障码、电压、电阻、波形）的检测，正确记录、分析各种检测结果并做出故障判断。
　　5. 能对凸轮轴位置传感器进行维修更换作业，并能对发动机进行性能测试，检查和评估修复质量。

知识准备

　　凸轮轴位置传感器的作用是将凸轮轴位置信号发送给发动机电控单元，通过提供判缸信号，以解决发动机喷油时刻、点火正时控制、可变正时控制、喷油正时控制、EGR 控制、爆震控制、快速启动等。

　　1. 传感器的结构与安装位置
　　发动机上常用的是霍尔式凸轮轴位置传感器，通常靠近凸轮轴安装在气缸盖

迈腾 B8 轿车
凸轮轴位置传感器
的安装位置

上。迈腾 B8L 轿车的发动机凸轮轴位置传感器 G40 通过螺钉固定在气缸盖的进气侧，2.0T 发动机因排气凸轮轴配有可变正时调节，加装有排气凸轮轴位置传感器 G300，通过螺钉固定在气缸盖的排气侧，如图 3-9 所示。

凸轮轴位置传感器G300

凸轮轴位置传感器G40

图 3-9   凸轮轴位置传感器 G40 和 G300 的安装位置及传感器信号盘

两个霍尔式凸轮轴位置传感器读取两根凸轮轴发生器信号盘（靶轮）状态，根据齿轮齿数或缺口数，两个传感器内部的电子装置可生成一个介于 0～5V 周期性的方波信号，将两根凸轮轴的位置信息传送给发动机电控单元 J623。

2. 工作原理

如图 3-10 所示，当电流垂直于磁场通过导体时，电子发生偏转，垂直于电流和磁场的方向会产生一附加电场（电荷聚集），从而在导体的两端产生电势差，也就是霍尔电压，这与检修曲轴位置传感器内容中的霍尔效应是一致的。

大众迈腾轿车发动机的霍尔式凸轮轴位置传感器有三个接线端子，分别是电源端、搭铁线和信号线。电源端由控制单元提供 5V 的电源电压，信号线也由控制单元提供 5V 的基准电压。当传感器靶轮转到实心位置时产生磁场，霍尔元件产生的电压接通了传感器内部晶体管，控制单元提供的 5V 基准电源被拉低为 0，产生了方波的低谷，反之则产生峰值，如此周而复始形成传感器周期性的方波信号。图 3-11 所示为霍尔式凸轮轴位置传感器原理图与信号波形图。

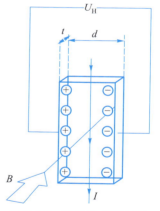

图 3-10   霍尔效应原理图
B—垂直于导体的磁场
I—电流 U_H—霍尔电压

如果凸轮轴位置传感器信号异常，发动机电控单元将无法进行判缸，从而影响发动机起动，发动机电控单元会用曲轴位置信号来代替，以确保发动机可以起动，但起动时间会延长。同时，现代发动机广泛采用可变配气正时技术，需要其判定凸轮轴的位置，如果传感器发生故障，系统将关闭爆震控制，推迟点火，发动机仍然将继续运行，并且能再次起动，但通常会降级为同时点火模式。

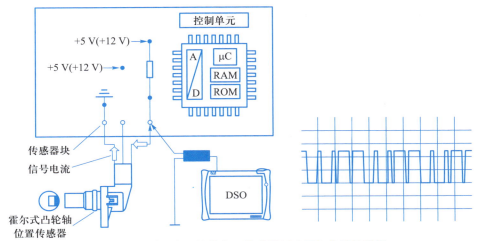

图 3-11　霍尔式凸轮轴位置传感器原理图与信号波形图

知识链接 >>>

　　汽车上还常用光电传感器，其由信号发生器和带光孔的信号盘组成。信号盘外侧有 360 条光刻缝隙，产生 1°的曲轴转角信号，内侧均布有 6 个光孔，产生 120°的曲轴转角信号，其中一个光孔较宽，对应 1 缸上止点。

　　信号发生器由发光二极管和光敏二极管及电路组成，信号盘位于两者之间，由于有光孔，会产生透光和遮光交替现象。当发动二极管光束照到光敏二极管时，光敏二极管产生电压，反之为 0，这些电压信号经电路整形放大后，即可向 ECU 输送曲轴转角为 1°和 120°的信号。

3. 传感器检修

　　以迈腾 B8L 轿车的发动机凸轮轴位置传感器 G40 控制电路为例，对传感器进行分析和检测。凸轮轴位置传感器电路原理图如图 3-12 所示，由发动机电控单元 J623 的 T105/69 端子供给电源（5V）至传感器的 T3o /1 端子，通过传感器

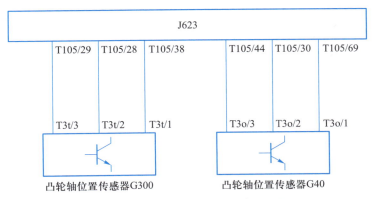

图 3-12　凸轮轴位置传感器电路原理图

的 T3o/3 端子至发动机电控单元 J623 的 T105/44 端子电路搭铁形成回路。在点火开关打开而发动机没有运行的情况下，发动机电控单元 J623 通过其 T105/30 端子提供信号电路 5V 的参考电压，在发动机转动过程中，凸轮轴位置传感器通过其 T3o/2 端子周期性地把参考电压拉低，如此形成一个方波信号至发动机电控单元 J623 的 T105/30 端子。

微课

检修凸轮轴位置
传感器

凸轮轴位置传感器 G300 工作原理与检修方法与凸轮轴位置传感器 G40 基本一致。凸轮轴位置传感器 G40 常见的故障见表 3-11。

表 3-11　凸轮轴位置传感器 G40 常见的故障

序号	故障
1	凸轮轴位置传感器 G40 信号对搭铁短路
2	凸轮轴位置传感器 G40 信号断路
3	凸轮轴位置传感器 G40 故障
4	凸轮轴位置传感器 G40 供电电路断路
5	凸轮轴位置传感器 G40 的供电电路虚接
6	凸轮轴位置传感器 G40 的 T3o/3 搭铁断路
7	凸轮轴位置传感器 G40 的 T3o/3 搭铁虚接
8	发动机电控单元 J623 故障（局部）

结合以上信息，凸轮轴位置传感器 G40 的检测和诊断流程如下。

第一步：测量凸轮轴位置传感器 T3o/2 端子对搭铁波形，见表 3-12。

表 3-12　测量凸轮轴位置传感器 T3o/2 端子对搭铁波形

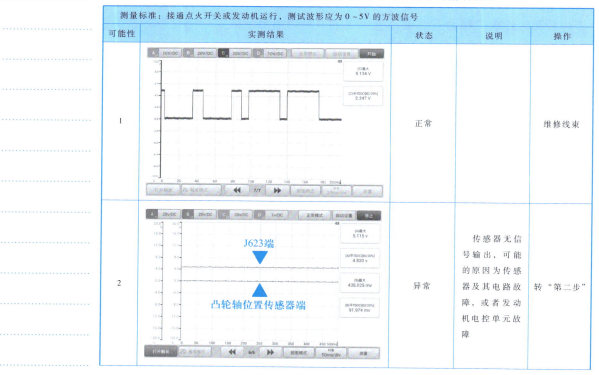

续表

可能性	实测结果	状态	说明	操作
3	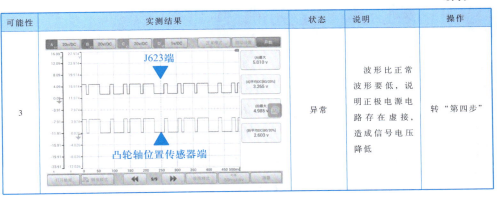	异常	波形比正常波形要低，说明正极电源电路存在虚接，造成信号电压降低	转"第四步"

第二步：测量凸轮轴位置传感器 T3o/1 端子对搭铁电压，见表 3-13。

表 3-13　测量凸轮轴位置传感器 T3o/1 端子对搭铁电压

测量标准：点火开关接通或发动机运行，测量值应为 5V			
可能性	实测结果	状态	操作
1	5V	正常	转"第四步"
2	0	异常	转"第三步"的 1、2 种可能
3	0.1～5V 范围内	异常	转"第三步"的 1、3 种可能

第三步：测量发动机电控单元 J623 的 T105/69 端子对搭铁电压，见表 3-14。

表 3-14　测量发动机电控单元 J623 的 T105/69 端子对搭铁电压

测量标准：点火开关接通或发动机运行，测量值应为 5V				
可能性	实测结果	状态	可能原因	操作
1	5V	正常	发动机电控单元 J623 的 T105/69 端子到凸轮轴位置传感器 G40 的 T3o/1 端子间电路断路或虚接	转"第四步"
2	0	异常	发动机电控单元 J623 及其相关电路故障	转"发动机电控单元的检修"
3	0.1～5V 范围内	异常		

第四步：测量发动机电控单元 J623 的 T105/69 端子到凸轮轴位置传感器 G40 的 T3o/1 端子间电路导通性，见表 3-15。

表 3-15　测量发动机电控单元 J623 的 T105/69 端子到凸轮轴位置传感器
G40 的 T3o/1 端子间电路导通性

测量标准：点火开关关闭，拔下发动机电控单元 J623 的 T105 插接器和 G40 的 T3o 插接器，该导线端对端电阻应小于 2Ω				
可能性	实测结果	状态	可能原因	操作
1	小于 2Ω	正常	线束插接器故障	转"第五步"
2	无穷大	异常	T105/69 端子到 T3o/1 端子间电路断路	检修电路
3	大于 5Ω	异常	T105/69 端子到 T3o/1 端子间电路虚接	

第五步：测量凸轮轴位置传感器 G40 的负极对搭铁电压，见表 3-16。

对凸轮轴位置传感器 G40 负极检查时，主要测量控制单元凸轮轴位置传感器 G40 负极 T3o/3 端子对搭铁电压。

表 3-16 测量凸轮轴位置传感器 G40 的 T3o/3 端子对搭铁电压

测量标准：起动发动机，凸轮轴位置传感器 G40 的 T3o/3 端子对搭铁电压应小于 0.1V				
可能性	实测结果	状态	可能原因	操作
1	0	正常	如果传感器信号异常，则更换传感器	
2	0.1~5V 范围内	异常	搭铁电路虚接	转"第六步"
3	5V	异常	搭铁电路断路	

第六步：测量发动机电控单元 J623 的 T105/44 端子对搭铁电压，见表 3-17。

表 3-17 测量发动机电控单元 J623 的 T105/44 端子对搭铁电压

测量标准：起动发动机，发动机电控单元 J623 的 T105/44 端子对搭铁电压应小于 0.1V				
可能性	实测结果	状态	可能原因	操作
1	0	正常	发动机电控单元 J623 的 T105/44 端子到凸轮轴位置传感器 G40 的 T3o/3 端子间电路断路或虚接	转"第七步"
2	0.1-5V 范围内	异常	发动机电控单元 J623 故障	更换发动机电控单元 J623
3	5V	异常		

第七步：测量发动机电控单元 J623 的 T105/44 端子到凸轮轴位置传感器 G40 的 T3o/3 端子间电路导通性，见表 3-18。

表 3-18 测量发动机电控单元 J623 的 T105/44 端子到凸轮轴位置传感器 G40 的 T3o/3 端子间电路导通性

测量标准：点火开关关闭，拔下发动机电控单元 J623 的 T105 插接器和凸轮轴位置传感器 G40 的 T3o 插接器，该导线端对端电阻应小于 2Ω				
可能性	实测结果	状态	可能原因	操作
1	小于 2Ω	正常	传感器自身损坏	更换凸轮轴位置传感器 G40
2	无穷大	异常	T105/44 端子到 T3o/3 端子间电路断路	检修电路
3	大于 5Ω	异常	T105/44 端子到 T3o/3 端子间电路虚接	

 任务实施

本任务以迈腾 B8L 轿车发动机为例，在发动机上预设凸轮轴位置传感器故障，要求学生利用所学知识排除相关故障。任务工作单和评分细则见表 3-19 和表 3-20。

表 3-19 检修凸轮轴位置传感器任务工作单

任务二　检修凸轮轴位置传感器		小组人员：
班级：	学号：	指导老师签字：
日期：		
一、作业要求		
1. 能正确检修凸轮轴位置传感器		
2. 学会观察分析问题的能力		
3. 养成良好的 7S 工作习惯		
二、工具、量具准备		

续表

三、辅助材料与耗材

四、制订检修计划及组员分工

五、检修流程

第一步：测量凸轮轴位置传感器 T3o/2 端子对搭铁波形

画出测量的波形图	检测结果分析
	正常□ 异常□　　转至第_____步

第二步：测量凸轮轴位置传感器 T3o/1 端子对搭铁电压

检测结果	检测结果分析
测量结果：_____ V	正常□ 异常□　　转至第_____步

第三步：测量发动机电控单元 J623 的 T105/69 端子对搭铁电压

检测结果	检测结果分析
测量结果：_____ V	正常□ 异常□　　转至第_____步

第四步：测量发动机电控单元 J623 的 T105/69 端子到凸轮轴位置传感器 G40 的 T3o/1 端子间电路导通性

检测结果	检测结果分析
测量结果：_____ Ω	正常□ 异常□　　转至第_____步

第五步：测量凸轮轴位置传感器 G40 的负极对搭铁电压

检测结果	检测结果分析
测量结果：_____ V	正常□ 异常□　　转至第_____步

第六步：测量发动机电控单元 J632 的 T105/44 端子对搭铁电压

检测结果	检测结果分析
测量结果：_____ V	正常□ 异常□　　转至第_____步

第七步：测量发动机电控单元 J623 的 T105/44 端子到凸轮轴位置传感器 G40 的 T3o/3 端子间电路导通性

检测结果	检测结果分析
测量结果：_____ Ω	正常□ 异常□

检修结论：

维修建议：

表 3-20　检修凸轮轴位置传感器评分细则

任务二　检修凸轮轴位置传感器				实训日期：			
姓名：		班级：		学号：		指导老师签字：	
自评：□熟练　□不熟练		互评：□熟练　□不熟练		师评：□熟练　□不熟练			
日期：		日期：		日期：			
序号	评分项	得分条件	分值	评分要求	自评	互评	师评
1	安全/7S/态度	□1. 能进行工位 7S 操作 □2. 能进行设备和工具安全检查 □3. 能进行车辆安全防护操作 □4. 能进行工具清洁校准存放操作 □5. 能进行三不落地操作	15	未完成 1 项扣 3 分，扣分不得超过 15 分	□熟练 □不熟练	□熟练 □不熟练	□合格 □不合格
2	专业技能能力	□1. 能正确查询凸轮轴位置传感器电路图 □2. 能正确查询凸轮轴位置传感器元件端视图 □3. 能正确检测凸轮轴位置传感器的波形 □4. 能正确检测凸轮轴位置传感器	40	未完成 1 项扣 10 分，扣分不得超过 40 分	□熟练 □不熟练	□熟练 □不熟练	□合格 □不合格
3	工具及设备的使用能力	□1. 能正确使用示波器 □2. 能正确使用万用表 □3. 能正确使用车辆或实训台架 □4. 能正确使用诊断仪	20	未完成 1 项扣 5 分，扣分不得超过 20 分	□熟练 □不熟练	□熟练 □不熟练	□合格 □不合格
4	资料、信息查询能力	□1. 能正确使用维修手册查询资料 □2. 能在规定时间内查询所需资料 □3. 能正确记录所需维修信息	10	未完成 1 项扣 5 分，扣分不得超过 10 分	□熟练 □不熟练	□熟练 □不熟练	□合格 □不合格
5	数据判断和分析能力	□1. 能判断凸轮轴位置传感器是否正常 □2. 能判断凸轮轴位置传感器故障范围	10	未完成 1 项扣 5 分，扣分不得超过 10 分	□熟练 □不熟练	□熟练 □不熟练	□合格 □不合格
6	表单填写与报告的撰写能力	□1. 字迹清晰 □2. 语句通顺 □3. 无错别字 □4. 无涂改 □5. 无抄袭	5	未完成 1 项扣 1 分，扣分不得超过 5 分	□熟练 □不熟练	□熟练 □不熟练	□合格 □不合格
总分							

🕑 任务回顾

发动机凸轮轴位置传感器用于监测凸轮轴的位置，作为控制点火和喷油时序的重要参考信号。如果该信号出现故障，ECU 会用曲轴位置信号来替代，确保发动机可以起动运转，但起动时间相对较长。大量的验证性实验发现，迈腾 B8L 轿车发动机只在当曲轴位置传感器和凸轮轴位置传感器同时出现故障时，才会出现无任何着车征兆而无法起动。

练习与思考

一、选择题

1. 在发动机电控系统中，通常用于确定 1 缸压缩上止点位置的传感器是（　　）。

A. 冷却液温度传感器　　　　　　B. 氧传感器

C. 凸轮轴位置传感器　　　　　　D. 空气流量传感器

2. G 信号是指发动机（　　）产生的信号。

A. 凸轮轴位置传感器　　　　　　B. 车速传感器

C. 曲轴位置传感器　　　　　　　D. 节气门开度传感器

3. 所谓电路"虚接"是指电路（　　）。

A. 断路　　　　　　　　　　　　B. 短路

C. 开路　　　　　　　　　　　　D. 接触不良

4. 凸轮轴位置传感器 G300 信号主要用于（　　）。

A. 计算凸轮轴转速　　　　　　　B. 可变正时调节

C. 判定压缩上止点　　　　　　　D. 计算凸轮轴转角

5. 迈腾 B8 轿车发动机曲轴位置传感器 G28 和凸轮轴位置传感器 G40 两个传感器故障，发动机（　　）。

A. 熄火　　　　　　　　　　　　B. 继续运行

C. 不能确定　　　　　　　　　　D. 无法起动

二、判断题

（　　）1. 霍尔式凸轮轴位置传感器是不需要外加电源的。

（　　）2. 霍尔式凸轮轴位置传感器信号的电压幅值和频率随发动机转速的增大而减小。

（　　）3. 从波形上可以明显看出比正常波形要低，说明正极电源电路存在短路，造成信号电压降低。

（　　）4. 凸轮轴位置传感器 G40 的 T3o/2 端子对搭铁波形为方波信号，最小电压值 0 左右。

（　　）5. 凸轮轴位置传感器 G40 与 G300 工作原理是一样的，但作用不同。

>>> 任务三　检修点火控制电路

任务描述

一辆一汽大众迈腾 B8 轿车，配备 CUGA 发动机。据车主反映，怠速运转异常。维修人员对发动机进行初步检查，接通点火开关，仪表故障警告灯和 EPC 灯均点亮，使用故障诊断仪检测，故障码为 P230200，点火线圈 1 控制失效。请参考相关维修资料，恢复发动机系统功能。

任务解析

从故障现象及故障码分析，很可能是发动机单缸不做功所致。首先要学习现代点火系统的作用、系统组成及工作过程，能就车找到点火系统相关器件，观察判断其物理状况；其次要会查阅维修技术资料，看懂电路图，制订检修方案，选用正确的仪器设备对点火系统进行检修和器件更换作业，并评估故障修复情况。

任务目标

1. 能通过与客户交流，获取车辆故障信息，正确确认故障现象。
2. 能阐述点火系统的工作原理与控制过程，能就车找到点火系统各组件。
3. 能查阅维修资料，能看懂电路原理图与电路图，会制订正确的维修计划。
4. 能正确使用诊断工具设备进行控制电路参数（故障码、电压、电阻、波形等）测量，正确记录，分析各种检测结果并做出故障判断。
5. 能对各元器件进行维修更换作业，能对发动机进行性能测试，检查和评估修复质量。

知识准备

1. 点火系统的作用及要求

将蓄电池或发动机的低电压转变成高电压，再按照发动机的工作顺序适时产生高压电，使需要点火的气缸火花塞产生电火花点燃混合气。

点火系统必须提供足够高的次级电压，使火花塞电极间跳火，火花要具有足够的能量。同时点火系统应按发动机的发火顺序以最佳时刻（点火提前角）进行点火。

2. 点火系统的组成

现代电子控制点火系统由监测发动机运行状况的传感器、处理信号和发出点火指令的 ECU、对点火指令做出响应的执行器组成，如图 3-13 所示。

点火控制器又称为点火模块或点火电子组件，是微机控制点火系统的功率输出级，它接收 ECU 输出的点火控制信号并进行功率放大，以便驱动点火线圈工作。

曲轴位置传感器向 ECU 提供发动机转速、曲轴转角信号，转速信号用于计算确定点火提前角，转角信号用于控制点火时刻（点火提前角）。凸轮轴位置传感器采集凸轮轴的位置信号输入 ECU，以便 ECU 识别 1 缸压缩上止点，从而进行点火时刻控制和爆震控制。

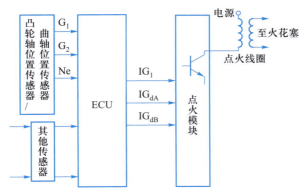

图 3-13　电子控制点火系统的组成

爆震传感器是电子控制点火系统专用的一个传感器，ECU 可根据爆震传感器输出的信号来判断发动机是否发生爆震，从而对点火提前角进行修正，实现点火提前角的闭环控制。

> **重要提示**
>
> 点火提前角是指从点火时刻起到活塞到达压缩上止点这段时间内曲轴转过的角度。点火时刻对发动机的工作性能有很大的影响，使发动机获得最佳动力性、经济性和最佳排放时间的点火提前角称为最佳点火提前角。现代发动机点火提前角大小的影响因素很多，由 ECU 计算并控制。

3. 点火系统的工作过程

电子控制点火系统根据控制过程的不同分为两种形式，如图 3-14 所示。

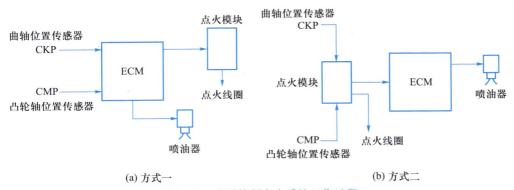

(a) 方式一　　　　　　　　　　　　　(b) 方式二

图 3-14　电子控制点火系统工作过程

目前大多数车系采用方式一所示的控制形式，由曲轴位置传感器和凸轮轴位置传感器发送信号至 ECM，ECM 根据传感器信号，计算点火正时信号发送至点火模块，点火模块根据点火正时信号控制点火时间，ECM 同时控制喷油器喷油。美系车多采用方式二所示的控制形式，曲轴位置传感器和凸轮轴位置传感器发送信号至点火模块，在发动机起动瞬间，点火模块根据传感器信号控制点火线圈触发时间，同时把传感器信号发送至 ECM，当发动机起动后，ECM 把点火正时信号发送至点火模块控制点火。

4. 单缸独立点火系统

现代轿车基本采用了单缸独立点火系统，特点是每缸有一个点火模块，配有一个点火线圈，即点火线圈数量与气缸数相等，直接安装在火花塞的上方，由于每缸都有独立的点火线圈，可以提供足够高的点火能量，线圈也不易发热。

图 3-15 所示为丰田车系直接点火系统原理图，点火线圈插头有四个端子，分别为 +B、IGT、IGF 和搭铁线。起动发动机时，ECM 通过 IGT 给各点火模块发出点火指令，其信号电压以 0、5V 变化，若点火模块工作正常，ECM 通过 IGF 信号线分别得到 5V、0 变化的反馈信号电压，若反馈电压不变，ECM 将终止喷油信号。

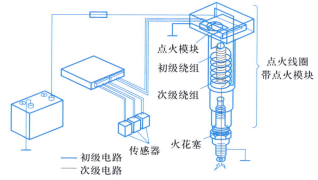

图 3-15 丰田车系直接点火系统原理图

迈腾发动机独立点火系统由采用一体式点火高压线圈逐步过渡到分离式点火高压线圈，有更高的点火能量输出，燃烧效率更高，且散热效果变好，寿命更长。图 3-16 所示为迈腾一体式点火高压线圈在实车上的安装位置及实物图。

图 3-16 迈腾一体式点火高压线圈在实车上的安装位置及实物图

知识链接 >>>

丰田车系 ECM 在没有收到 IGF 反馈信号时，会断掉四个缸的燃油喷射信号，发动机将熄火。这是丰田车系的独特之处，其优点在于保护了点火系统各部件，如火花塞等，又对三元催化有一定的保护作用，还节约了燃油，提高了经济性。

5. 点火控制电路检修

以迈腾 B8 轿车发动机点火系统为例，对点火系统相关部件及电路进行分析和检测，电路原理图如图 3-17 所示。迈腾 B8 发动机点火系统的每个点火线圈插头有四个端子，分别为电源线、控制信号线和两根搭铁线。以点火线圈 N70 为例，电源是由发动机部件继电器 J757 的 T4u/4 提供的，而部件继电器 J757 的控制线圈电源通过 SB5 熔断丝来自 J271 主继电器，部件继电器 J757 的电源通过 SB16 熔断器来自+B 电源，控制信号线将来自发动机电控单元 J623 的 T105/76 端子的控制信号通过 T4u/2 传递至点火线圈模块，两根搭铁线通过 T4u/1 和 T4u/3 两个端子汇总连接到发动机缸体的搭铁点上。

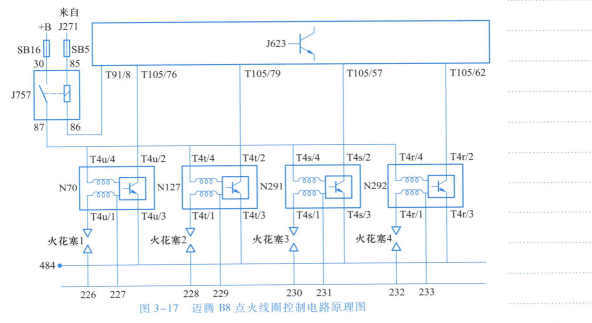

图 3-17　迈腾 B8 点火线圈控制电路原理图

课堂讨论

大众车系和丰田车系的电子控制点火系统有何异同？

点火系统的故障检修以控制电路检查为主，本节以点火线圈 N70 为例，重点介绍供电电源异常及信号异常的故障诊断，其他点火线圈的故障诊断流程与此相同。

1）点火线圈供电电源检测

点火线圈供电电源常见的故障见表 3-21。

检修点火模块

表 3-21　点火线圈供电电源常见的故障

序号	故障
1	点火线圈 N70 供电断路
2	点火线圈 N70 供电虚接
3	点火线圈 N70 的 T4u/1 端子搭铁断路
4	点火线圈 N70 的 T4u/1 端子搭铁虚接

结合以上信息，点火线圈供电电源故障的检测和诊断流程如下。

第一步：测量点火线圈 N70 的 T4u/4 端子对搭铁电压，见表 3-22。

表 3-22　测量点火线圈 N70 的 T4u/4 端子对搭铁电压

测量标准：点火开关接通或发动机运行，测量波形应为蓄电池电压（+B）			
可能性	实测结果	状态	操作
1	+B	正常	转"第四步"
2	0	异常	转"第二步"的 1、2 种可能
3	0.1V ~ +B		转"第二步"的 1、3 种可能

第二步：测量部件继电器 J757 的 J757/87 端子对搭铁电压，见表 3-23。

表 3-23　测量部件继电器 J757/87 端子对搭铁电压

测量标准：点火开关接通或发动机运行，测量值应为蓄电池电压（+B）				
可能性	实测结果	状态	可能原因	操作
1	+B	正常	部件继电器 J757/87 端子到 T4u/4 端子间电路断路或虚接	转"第三步"
2	0	异常	部件继电器 J757 及其相关电路故障	转"部件继电器 J757"的检查
3	0.1V ~ +B	异常		

第三步：测量部件继电器 J757 的 J757/87 端子到 T4u/4 端子间电路导通性，见表 3-24。

表 3-24　测量部件继电器 J757 的 J757/87 端子到 T4u/4 端子间电路导通性

测量标准：点火开关关闭，拔掉部件继电器 J757 和点火线圈 N70 的 T4u 线束插接器，该导线端对端电阻应小于 2Ω				
可能性	实测结果	状态	可能原因	操作
1	小于 2Ω	正常	线束插接器故障	检查插接器
2	无穷大	异常	部件继电器 J757 的 J757/87 端子到 T4u/4 端子间电路断路	检修电路
3	大于 5Ω	异常	部件继电器 J757 的 J757/87 端子到 T4u/4 端子间电路虚接	

第四步：点火线圈 N70 负极检查。

对点火线圈 N70 负极检查时，使用万用表测量控制单元点火线圈 N70 负极 T4u/1 端子和 T4u/3 端子对搭铁电压。

① 测量点火线圈 N70 的 T4u/1 端子对搭铁电压，见表 3-25。

表 3-25　测量点火线圈 N70 的 T4u/1 端子对搭铁电压

测量标准：起动发动机，点火线圈 N70 的 T4u/1 端子对搭铁电压应小于 0.1V				
可能性	实测结果	状态	可能原因	操作
1	0	正常	—	考虑元器件故障
2	0.1V ~ +B	异常	搭铁电路虚接	检修电路、搭铁点

② 测量点火线圈 N70 的 T4u/3 端子对搭铁电压，见表 3-26。

表 3-26　测量点火线圈 N70 的 T4u/3 端子对搭铁电压

测量标准：起动发动机，点火线圈 N70 的 T4u/3 端子对搭铁电压应小于 0.1V				
可能性	实测结果	状态	可能原因	操作
1	0	正常	—	考虑元器件故障
2	0.1V ~ +B	异常	搭铁电路虚接	检修电路、搭铁点

2）点火线圈信号线检测

点火线圈信号线常见的故障见表3-27。

表 3-27 点火线圈信号线常见的故障

序号	故障
1	点火线圈 N70 的 T4u/2 端子信号线断路
2	点火线圈 N70 的 T4u/2 端子信号线虚接
3	点火线圈 N70 的 T4u/2 端子信号线对电源或搭铁短路
4	点火线圈 N70 故障
5	发动机控制单元 J623 故障（局部）

结合以上信息，点火线圈信号线的检测和诊断流程如下。

第一步：测量点火线圈 T4u/2 端子对搭铁波形，见表3-28。

表 3-28 测量点火线圈 T4u/2 端子对搭铁波形

测量标准：点火开关打开或发动机运行，测量波形应为方波信号				
可能性	实测结果	状态	说明	操作
1		正常	如果点火线圈不工作，则考虑更换点火线圈	
2		异常	信号线断路或对搭铁短路	转第二、第三步
3		异常	点火线圈 N70 的信号线虚接或发动机电控单元 J623 故障	转第二步或更换发动机电控单元 J623

第二步：测量点火线圈 N70 的 T4u/2 端子与发动机电控单元 J623 的 T105/76 端子间电路导通性，见表 3-29。

表 3-29　测量点火线圈 N70 的 T4u/2 端子与发动机电控单元 J623 的 T105/76 端子间电路导通性

测量标准：点火开关关闭，断开发动机电控单元 J623 的 T105 插接器和点火线圈 N70 的 T4u 插接器，该导线端对端电阻应小于 2Ω				
可能性	实测结果	状态	可能原因	操作
1	小于 2Ω	正常	线束插接器故障	检修插接器
2	无穷大	异常	电路断路	检修电路
3	大于 5Ω	异常	电路虚接	

第三步：测量点火线圈 N70 的 T4u/2 端子对搭铁电阻，见表 3-30。

表 3-30　测量点火线圈 N70 的 T4u/2 端子对搭铁电阻

测量标准：点火开关关闭，拔下发动机电控单元 J623 的 T105 插接器和点火线圈 N70 的 T4u 插接器，测量点火线圈 N70 的 T4u/2 端子以及电路对搭铁电阻，都应为无穷大。注意：需先确认模块与元件之间连接电路无断路或电阻过大故障				
步骤	测试部位	实测结果	状态	可能原因	操作
1	测量导线上的 T4u/2 端子对搭铁电阻	无穷大	正常	—	转本表第 2 种可能
		大于 2Ω	异常	电路对搭铁短路	维修电路
2	连接发动机电控单元 J623 插接件 T105，测量导线上的 T4u/2 端子对搭铁电阻	无穷大	正常	—	转本表第 3 种可能
		大于 2Ω	异常	发动机电控单元 J623 内部对搭铁短路	更换发动机电控单元 J623
3	连接点火线圈 N70 插接件 T4u，测量导线上的 T4u/2 端子对搭铁电阻	无穷大	正常	—	—
		大于 2Ω	异常	点火线圈 N70 内部对搭铁短路	更换点火线圈 N70

注意：需要先检查导线以及控制单元对搭铁电阻状态。

任务实施

本任务以迈腾 B8 轿车发动机为例，在发动机上预设点火控制电路故障，要求学生利用所学知识排除相关故障。任务工作单和评分细则见表 3-31 和表 3-32。

表 3-31　检修点火控制电路任务工作单

任务三　检修点火控制电路		小组人员：	
班级：	学号：		指导老师签字：
日期：			
一、作业要求			
1. 能正确检修点火控制电路			
2. 学会观察分析问题的能力			
3. 养成良好的 7S 工作习惯			
二、工具、量具准备			
三、辅助材料与耗材			
四、制订检修计划及组员分工			

续表

五、检修流程

作业一：点火线圈供电电源检测	
第一步：测量点火线圈 N70 的 T4u/4 端子对搭铁电压	
检测结果	检测结果分析
测量结果：_____ V	正常□ 异常□　转至第_____步
第二步：测量部件继电器 J757 的 J757/87 端子对搭铁电压	
检测结果	检测结果分析
测量结果：_____ V	正常□ 异常□　转至第_____步
第三步：测量部件继电器 J757 的 J757/87 端子到 T4u/4 端子间电路导通性	
检测结果	检测结果分析
测量结果：_____ Ω	正常□ 异常□　转至第_____步
第四步第一项：测量点火线圈 N70 的 T4u/1 端子对搭铁电压	
检测结果	检测结果分析
测量结果：_____ V	正常□ 异常□　转至第_____步
第四步第二项：测量点火线圈 N70 的 T4u/3 端子对搭铁电压	
检测结果	检测结果分析
测量结果：_____ V	正常□ 异常□　转至第_____步

检修结论：

维修建议：

作业二：点火线圈信号线检测	
第一步：测量点火线圈 T4u/2 端子对搭铁波形	
画出测量的波形图	检测结果分析
	正常□ 异常□　转至第_____步
第二步：测量点火线圈 N70 的 T4u/2 端子与发动机电控单元 J623 的 T105/76 端子间电路导通性	
检测结果	检测结果分析
测量结果：_____ Ω	正常□ 异常□　转至第_____步

续表

第三步：测量点火线圈 N70 的 T4u/2 端子对搭铁电阻	
检测结果	检测结果分析
测量结果：_____Ω	正常 □ 异常 □
检修结论： 维修建议：	

表 3-32　检修点火控制电路评分细则

任务三　检修点火控制电路				实训日期：			
姓名：		班级：		学号：		指导老师签字：	
自评：□熟练　□不熟练		互评：□熟练　□不熟练		师评：□熟练　□不熟练			
日期：		日期：		日期：			

序号	评分项	得分条件	分值	评分要求	自评	互评	师评
1	安全/7S/态度	□1. 能进行工位 7S 操作 □2. 能进行设备和工具安全检查 □3. 能进行车辆安全防护操作 □4. 能进行工具清洁校准存放操作 □5. 能进行三不落地操作	15	未完成 1 项扣 3 分，扣分不得超过 15 分	□熟练 □不熟练	□熟练 □不熟练	□合格 □不合格
2	专业技能能力	□1. 能正确查询点火控制电路电路图 □2. 能正确查询点火控制电路各相关元器件插头端视图 □3. 能就车找到点火控制电路各相关元器件 □4. 能正确检测点火线圈电源线 □5. 能正确检测点火线圈搭铁线 □6. 能正确检测点火信号线的波形 □7. 能正确检测点火信号线 □8. 能进行相关元器件更换作业	40	未完成 1 项扣 5 分，扣分不得超过 40 分	□熟练 □不熟练	□熟练 □不熟练	□合格 □不合格
3	工具及设备的使用能力	□1. 能正确使用示波器 □2. 能正确使用万用表 □3. 能正确使用车辆或实训台架 □4. 能正确使用诊断仪	20	未完成 1 项扣 5 分，扣分不得超过 20 分	□熟练 □不熟练	□熟练 □不熟练	□合格 □不合格
4	资料、信息查询能力	□1. 能正确使用维修手册查询资料 □2. 能在规定时间内查询所需资料 □3. 能正确记录所需维修信息	10	未完成 1 项扣 5 分，扣分不得超过 10 分	□熟练 □不熟练	□熟练 □不熟练	□合格 □不合格
5	数据判断和分析能力	□1. 能判断点火控制电路的故障范围 □2. 能根据检测结果做出故障点判断	10	未完成 1 项扣 5 分，扣分不得超过 10 分	□熟练 □不熟练	□熟练 □不熟练	□合格 □不合格
6	表单填写与报告的撰写能力	□1. 字迹清晰 □2. 语句通顺 □3. 无错别字 □4. 无涂改 □5. 无抄袭	5	未完成 1 项扣 1 分，扣分不得超过 5 分	□熟练 □不熟练	□熟练 □不熟练	□合格 □不合格
总分							

任务回顾

　　任务描述中发动机故障现象为无法起动，从概率角度来看，由于所有点火线圈或火花塞同时损坏的概率很低，此类故障往往都是由共性事件造成的，而点火线圈供电、搭铁异常、控制信号异常无疑是三个典型的共性事件。以迈腾发动机为例，因为点火控制电路的供电是由发动机部件继电器 J757 统一供电的，每个点火线圈都有两根搭铁线，这些搭铁线最终汇总到一起连接到发动机缸体的搭铁点上，而点火控制信号统一由发动机电控单元 J623 发出。如果公共供电电路故障、公共搭铁电路故障及发动机电控单元 J623 故障（局部），则会造成所有的点火线圈均无法正常工作而导致发动机无法起动。

练习与思考

一、选择题

1. 单缸独立点火的特点是（　　　）。

A. 一缸配一个点火线圈　　　　　B. 两缸共用一个点火线圈

C. 所有气缸共用一个点火线圈　　D. 以上都不正确

2. 下列关于火花塞不点火原因描述不正确的是（　　　）。

A. 火花塞故障　　　　　　　　　B. 点火线圈故障

C. 没有点火触发信号　　　　　　D. 缸序错误

3. 点火线圈 N70 的 T4u/4 端子对搭铁电压测试，正常情况下其电压值为（　　　）。

A. 5 V　　　　　　　　　　　　B. +B

C. 9 V　　　　　　　　　　　　D. 0

4. 在检修独立点火系统时，将二极管试灯接于点火控制线与搭铁之间，起动发动机时试灯应（　　　）。

A. 不亮　　　　　　　　　　　　B. 常亮

C. 闪烁　　　　　　　　　　　　D. 都不正确

5. 带有点火反馈功能的点火系统如果点火异常，此时 ECU 将（　　　）。

A. 停止喷油　　　　　　　　　　B. 继续喷油

C. 连续喷油　　　　　　　　　　D. 断续喷油

二、判断题

（　　　）1. 现代电子控制点火系统由监测发动机运行状况的传感器、处理信号和发出点火指令的 ECU、对点火指令做出响应的执行器组成。

（　　　）2. 在点火系统中，将蓄电池或发动机的低电压转变成高电压的是点火模块。

（　　）3. 独立点火系统的特点是每缸有一个点火模块，配有一个点火线圈。

（　　）4. 所谓电路导通性测试是指对电路的电压进行测量，并判断其电路状态。

（　　）5. 由于迈腾发动机点火线圈控制电路有两条搭铁线，所以其中一根搭铁线故障不会影响点火系统的正常工作。

>>> 任务四　检修爆震传感器

任务描述

一辆一汽大众迈腾 B8 轿车，配备 CUGA 发动机。据车主反映，行驶时仪表盘故障灯偶尔点亮，于是入店维修。技术人员对发动机进行初步检查，起动发动机后使用故障诊断仪查询的故障码为 P032600，爆震传感器信号不可靠。请参考相关维修资料，恢复发动机系统功能。

任务解析

首先要学习传感器的工作原理和控制过程，了解产生故障现象的原因，能就车找到传感器及相关电路，观察判断其物理状况；其次要会查阅维修技术资料，看懂电路图，选用正确的仪器设备对传感器进行检修和器件更换作业，并评估故障修复情况。

任务目标

1. 能通过与客户交流，获取车辆故障信息，正确确认故障现象。

2. 能阐述点火提前角与爆震控制的相关概念，能阐述爆震传感器的工作原理，能就车找到相关元器件。

3. 能查阅维修资料，能看懂电路原理图与电路图，会制订正确的维修计划。

4. 能对爆震传感器电路和器件进行检测，测试并正确记录、分析各种检测结果（信号电压、波形等），做出故障判断。

5. 能对爆震传感器进行维修更换作业，对发动机进行性能测试，检查和评估修复质量。

知识准备

现代汽车采用电控点火系统，可保证发动机在各种工况下都可获得最佳的点火提前角，从而使发动机的动力性、经济性、排放及工作稳定性等方面均处于最佳。

1. 点火（正时）提前角

1）点火提前角控制的必要性

发动机为了更有效地将热能转换为机械能，希望最高燃烧压力出现在上止点之后某一位置。图3-18所示为发动机点火正时与气缸压力的关系。

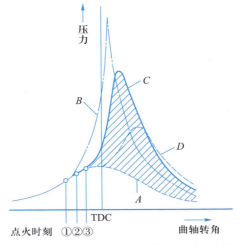

A线表示无燃烧的压力线，以上止点为中心左右对称。B、C、D线分别表示点火正时改变时的各燃烧压力波形。当点火时刻为②点时，最高燃烧压力正好出现在稍迟后于上止点的位置，且由阴影部分表示的燃烧压力所做的功最大，当点火时刻为①点时，虽然最高燃烧压力很高，但易发生爆震现象，当点火时刻为③点时，燃烧压力下降，传热损失增多，所做的功随之下降。ECM根据发动机的工况不同，对点火提前角的要求也不同，一般为上止点前10°～15°之间。

图3-18　发动机点火正时与气缸压力的关系

2）点火提前角的控制

（1）起动时点火提前角的控制：发动机起动时，按ECM内存储的初始点火提前角（设值）对点火提前角进行控制。起动时的点火提前角是固定的，一般为10°左右。

（2）起动后点火提前角的控制：发动机起动后，ECM根据发动机的转速和负荷信号，确定基本点火提前角，并根据其他信号进行修正，最后确定实际点火提前角。实际点火提前角=初始点火提前角+基本点火提前角+修正点火提前角，如图3-19所示。

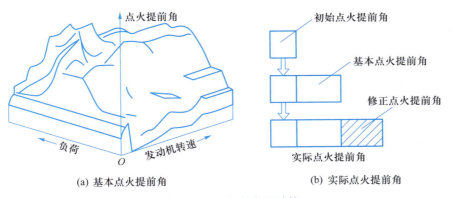

(a) 基本点火提前角　　　　　(b) 实际点火提前角

图3-19　点火提前角的计算

（3）点火提前角的修正

① 冷却液温度修正。发动机冷起动后，冷却液温度较低时，应增大点火提前角。在暖机过程中，随冷却液温度的升高，点火提前角修正值逐渐减小。暖机修正的主要控制信号包括冷却液温度信号（THW）、空气流量信号、节气门位置信号（IDL）等。

② 怠速稳定修正。发动机在怠速运转过程中，由于负荷等因素的变化会导致转速改变，所以 ECM 必须根据实际转速与目标转速的差值修正点火提前角，以保持发动机在规定的怠速转速下稳定运转。如空调开关接通时，点火提前角应增大等，如图 3-20 所示。

③ 空燃比反馈修正。ECU 根据氧传感器的反馈信号空燃比进行修正，随着修正喷油的增加或减少，发动机转速在一定范围内波动。为了高怠速的稳定性，在反馈修正油量减少时，点火提前角相应地增加，如图 3-21 所示，空燃比反馈修正的控制信号主要有氧传感器信号、节气门位置信号、冷却液温度信号和车速信号等。

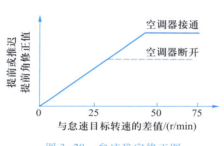

图 3-20　怠速稳定修正图

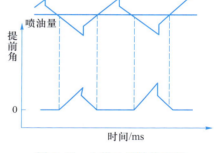

图 3-21　空燃比反馈修正图

课堂讨论

　　传统机械式点火系统可人为对点火提前角进行调整。请讨论，现代电子控制点火系统的点火提前角能否进行人为调整？为什么？

2. 通电时间控制

点火系统的能量决定点火系统的好坏，而点火能量又取决于点火线圈初级绕组的通电电流（或电压）和通电时间（即闭合角），为了要保证点火系统的工作性能，必须对初级电路的通电时间进行控制。

发动机工作时，ECM 根据发动机转速信号和电源电压信号确定最佳的闭合角，并向点火模块输出指令信号，以控制点火模块中晶体管的导通时间，并随着发动机转速提高和电源电压下降，闭合角增长。

3. 爆震控制

爆震是发动机一种不正常的工作状态，泛指发动机气缸由于非正常点火造成的突发的、长时间的振动和敲缸异响。爆震会削弱发动机的输出功率，导致冷却液过热、功率下降和油耗上升等。爆震的表现形式主要有表面点火、爆震和点火过早等，导致爆震的原因主要有压缩比偏高、点火提前角偏大、发动机温度过

微课

爆震表面点火危害

高、积炭严重和汽油标号选择不当等。

1）爆震控制系统的工作原理

爆震传感器安装在气缸体上，检测发动机不同频率的机械振动，发生爆震时传感器向 ECM 输送信号，先经过滤波电路进行过滤，只允许特定频率范围的爆震信号通过滤波电路，再将信号电压与爆震强度基准值进行比较，若大于爆震强度基准值，控制系统判定爆震，并以一固定值减小点火提前角。反之，增大点火提前角。同时 ECM 根据爆震信号超过基准信号的次数来判定爆震强度，其次数越多，爆震强度越大，如图 3-22 所示。

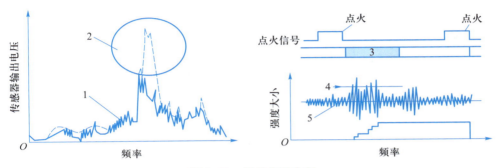

图 3-22 爆震信号确定

1—无爆震电压波 2—产生爆震电压波 3—爆震识别区 4—爆震确定基准 5—爆震传感器输出信号

2）爆震传感器的工作原理

（1）磁致伸缩式爆震传感器

磁致伸缩式爆震传感器主要由感应线圈、铁芯、永久磁铁和壳体组成，如图 3-23 所示。

当发动机缸体产生振动时，铁芯就会随之产生振动，感应线圈中的磁通量就会发生变化。由电磁感应原理可知，线圈中就会感应产生交变电动势，即传感器就有信号电压输出，输出电压高低取决于发动机的振动强度和振动频率。ECM 根据信号来判断发动机是否爆震。

磁致伸缩式爆震传感器信号波形如图 3-23 所示。

微课

爆震传感器

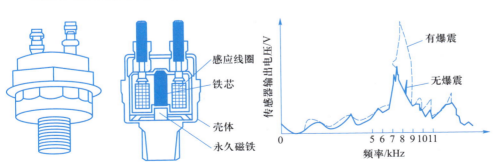

图 3-23 磁致伸缩式爆震传感器信号波形

（2）压电式爆震传感器

压电式爆震传感器的突出优点是适用于所有的发动机。该传感器利用结晶或陶瓷多晶体的压电效应工作，有的利用了掺杂的压电电阻效应。该传感器的外壳内装有压电元件、配重块及导线，如图3-24所示。当发动机缸体出现振动且振动传递到传感器外壳时，外壳与配重块之间产生相对动作，夹在这两者之间的压电元件所受的压力发生变化，从而产生电压。ECM检测出该电压，并根据其值判断爆震强度。

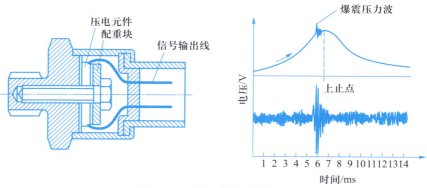

图3-24　压电式爆震传感器

3）爆震传感器的安装位置

爆震传感器一般安装在发动机缸体上，对于4缸发动机，一般安装在两个气缸的中间，在V型发动机中两列气缸缸体上各安装一个爆震传感器，分别检测两列气缸的爆震情况。大众迈腾发动机爆震传感器采用压电式，其安装位置及传感器实物如图3-25所示。

图3-25　大众迈腾发动机爆震传感器的安装位置及传感器实物

重要提示

爆震控制的目的是利用爆震传感器检测是否发生爆震，有爆震则推迟点火时刻，无爆震则提前点火时刻，使点火时刻在任何工况都保持最佳，从而实现点火时刻闭环控制。在爆震判定期内，检测到爆震就推迟点火提前角，直至爆震停止，又以一定角度递增提前角，直至再次爆震。

4. 爆震传感器的检测

以迈腾B8发动机爆震传感器为例，对相关部件及电路进行分析和检测。爆震传感器电路原理图如图 3-26 所示。

由爆震传感器电路原理图可知，迈腾 B8 发动机爆震传感器插头有两个端子，分别为信号端和搭铁端。爆震传感器检测发动机的爆震情况，通过 T2ar/2 输送给发动机电控单元 J623，ECM 根据信号情况进行爆震控制，T2ar/1 为传感器搭铁脚，与信号脚形成回路。由于示波器检测有其不便之处，本节以电路检测为主。

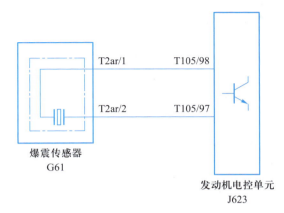

图 3-26　迈腾 B8 爆震传感器电路原理图

爆震传感器信号常见的故障见表 3-33。

微课

检修爆震传感器

表 3-33　爆震传感器信号常见的故障

序号	故障
1	爆震传感器 G61 信号对搭铁短路
2	爆震传感器 G61 信号断路
3	爆震传感器 G61 信号虚接
4	爆震传感器 G61 的 T2ar/1 端子搭铁断路
5	爆震传感器 G61 的 T2ar/1 端子搭铁虚接
6	爆震传感器 G61 故障
7	发动机电控单元 J623 故障（局部）

结合以上信息，爆震传感器信号常见故障的检测和诊断流程如下。

第一步：用诊断仪读取爆震传感器 G61 数据流，起动发动机至热车，驾驶车辆读取实时数据，如果读取不到反馈值，转第二步；能读取到反馈值，则说明正常。

第二步：测量爆震传感器 G61 的 T2ar/2 端子对搭铁电压，见表 3-34。

表 3-34　测量爆震传感器 G61 的 T2ar/2 端子对搭铁电压

测量标准：点火开关打开				
可能性	实测结果/V	状态	可能原因	操作
1	5	正常	爆震传感器 G61 搭铁电路或其自身故障	转"第五步"
2	0.5 ~ 4.2	异常	信号线虚接	转"第三步"
3	0	异常	爆震传感器 G61 信号线搭铁短路或断路	转"第三步"

第三步：测量爆震传感器 G61 的 T2ar/2 端子与发动机电控单元 J623 的 T105/97 端子间电路导通性，见表 3-35。

表 3-35　测量爆震传感器 G61 的 T2ar/2 端子与发动机电控单元 J623 的 T105/97 端子间电路导通性

测量标准：点火开关关闭，拔下发动机电控单元 J623 的 T105 插接器与爆震传感器 G61 的 T2ar 插接器，该导线端对端电阻应小于 1Ω				
可能性	实测结果	状态	可能原因	操作
1	小于 1Ω	正常	—	转"第四步"
2	无穷大	异常	T2ar/2 端子到 T105/97 端子间电路断路	检修电路
3	大于 5Ω	异常	T2ar/2 端子到 T105/97 端子间电路虚接	检修电路

第四步：测量爆震传感器 G61 的 T2ar/2 端子对搭铁电阻，见表 3-36。

表 3-36　测量爆震传感器 G61 的 T2ar/2 端子对搭铁电阻

测量标准：点火开关关闭，拔下发动机电控单元 J623 的 T105 插接器与爆震传感器 G61 的 T2ar 插接器，该导线端对搭铁电阻应大于 10kΩ				
可能性	实测结果	状态	可能原因	操作
1	无穷大	正常	—	转"第五步"
2	小于 1Ω	异常	T2ar/2 端子对搭铁间电路短路	检修电路
3	大于 5Ω	异常	T2ar/2 端子对搭铁间电路虚接	检修电路

第五步：测量爆震传感器 G61 的 T2ar/1 端子与发动机电控单元 J623 的 T105/98 端子间电路导通性，见表 3-37。

表 3-37　测量爆震传感器 G61 的 T2ar/1 端子与发动机电控单元 J623 的 T105/98 端子间电路导通性

测量标准：点火开关关闭，拔下发动机电控单元 J623 的 T105 插接器与爆震传感器 G61 的 T2ar 插接器，该导线端对端电阻应小于 1Ω				
可能性	实测结果	状态	可能原因	操作
1	小于 1Ω	正常	—	转"第六步"
2	无穷大	异常	T2ar/1 端子到 T105/98 端子间电路断路	检修电路
3	大于 5Ω	异常	T2ar/1 端子到 T105/98 端子间电路虚接	检修电路

第六步：测量爆震传感器 G61 电阻，见表 3-38。

表 3-38　测量爆震传感器 G61 电阻

测量标准：点火开关关闭，拔下爆震传感器 G61 的 T2ar 插接器，20℃时阻值为 120~280kΩ				
可能性	实测结果	状态	可能原因	操作
1	120~280kΩ	正常	—	更换发动机电控单元 J623
2	不在标准值内	异常	爆震传感器故障	更换爆震传感器

任务实施

本任务以迈腾 B8 轿车发动机为例，在发动机上预设爆震传感器电路故障，要求学生利用所学知识排除相关故障。任务工作单和评分细则见表 3-39 和表 3-40。

表 3-39　检修爆震传感器任务工作单

任务四　检修爆震传感器		小组人员：	
班级：	学号：		指导老师签字：
日期：			

一、作业要求

　　1. 能正确检修爆震传感器及其电路

　　2. 学会观察分析问题的能力

　　3. 养成良好的 7S 工作习惯

二、工具、量具准备

三、辅助材料与耗材

四、制订检修计划及组员分工

五、检修流程

第一步：驾驶车辆，用诊断仪读取爆震传感器 G61 数据流

检测结果	检测结果分析
有无反馈值：有□　　无□	正常□ 异常□　转至第＿＿＿＿＿步

第二步：测量爆震传感器 G61 的 T2ar/2 端子对搭铁电压

检测结果	检测结果分析
测量结果：＿＿＿＿＿＿＿＿＿V	正常□ 异常□　转至第＿＿＿＿＿步

第三步：测量爆震传感器 G61 的 T2ar/2 端子与发动机电控单元 J623 的 T105/97 端子间电路导通性

检测结果	检测结果分析
测量结果：＿＿＿＿＿＿＿＿＿Ω	正常□ 异常□　转至第＿＿＿＿＿步

第四步：测量爆震传感器 G61 的 T2ar/2 端子对搭铁电阻

检测结果	检测结果分析
测量结果：＿＿＿＿＿＿＿＿＿Ω	正常□ 异常□　转至第＿＿＿＿＿步

第五步：测量爆震传感器 G61 的 T2ar/1 端子与发动机电控单元 J623 的 T105/98 端子间电路导通性

检测结果	检测结果分析
测量结果：＿＿＿＿＿＿＿＿＿Ω	正常□ 异常□　转至第＿＿＿＿＿步

第六步：测量爆震传感器 G61 电阻

检测结果	检测结果分析
测量结果：＿＿＿＿＿＿＿＿＿Ω	正常□ 异常□

检修结论：

维修建议：

表 3-40　检修爆震传感器评分细则

任务四　检修爆震传感器				实训日期：			
姓名：		班级：		学号：			指导老师签字：
自评：□熟练　□不熟练		互评：□熟练　□不熟练		师评：□熟练　□不熟练			
日期：		日期：		日期：			
序号	评分项	得分条件	分值	评分要求	自评	互评	师评
1	安全/7S/态度	□1. 能进行工位 7S 操作 □2. 能进行设备和工具安全检查 □3. 能进行车辆安全防护操作 □4. 能进行工具清洁校准存放操作 □5. 能进行三不落地操作	15	未完成 1 项扣 3 分，扣分不得超过 15 分	□熟练 □不熟练	□熟练 □不熟练	□合格 □不合格
2	专业技能能力	□1. 能正确查询爆震传感器电路图 □2. 能正确查询爆震传感器电路各相关元器件插头端视图 □3. 能就车找到爆震传感器各相关元器件 □4. 能正确检测爆震传感器电源线 □5. 能正确检测爆震传感器搭铁线 □6. 能正确检测爆震传感器本身 □7. 能正确检测发动机 ECU（局部） □8. 能进行相关元器件更换作业	40	未完成 1 项扣 5 分，扣分不得超过 40 分	□熟练 □不熟练	□熟练 □不熟练	□合格 □不合格
3	工具及设备的使用能力	□1. 能正确使用示波器 □2. 能正确使用万用表 □3. 能正确使用车辆或实训台架 □4. 能正确使用诊断仪	20	未完成 1 项扣 5 分，扣分不得超过 20 分	□熟练 □不熟练	□熟练 □不熟练	□合格 □不合格
4	资料、信息查询能力	□1. 能正确使用维修手册查询资料 □2. 能在规定时间内查询所需资料 □3. 能正确记录所需维修信息	10	未完成 1 项扣 5 分，扣分不得超过 10 分	□熟练 □不熟练	□熟练 □不熟练	□合格 □不合格
5	数据判断和分析能力	□1. 能判断爆震传感器电路故障范围 □2. 能根据检测结果做出故障点判断	10	未完成 1 项扣 5 分，扣分不得超过 10 分	□熟练 □不熟练	□熟练 □不熟练	□合格 □不合格
6	表单填写与报告的撰写能力	□1. 字迹清晰 □2. 语句通顺 □3. 无错别字 □4. 无涂改 □5. 无抄袭	5	未完成 1 项扣 1 分，扣分不得超过 5 分	□熟练 □不熟练	□熟练 □不熟练	□合格 □不合格
		总分					

任务回顾

　　在任务描述中，迈腾 B8 轿车发动机动力不足、加速时放炮并且故障灯常亮，其原因为：ECU 根据爆震信号调整点火提前角，如果爆震传感器电路故障导致信号异常，ECU 将取消爆震控制，采用开环控制，点火提前角达不到最佳状态，所以会出现发动机动力不足、加速时放炮、故障灯点亮等现象。此外，传感器为了防止电磁干扰，在线束中还设计了屏蔽线。

练习与思考

一、选择题

1. 技师甲说，发动机在大负荷工况下需要较大的点火提前角；技师乙说，发动机在高转速工况下需要较大的点火提前角，（　　）说的对。

A. 技师甲　　　　　　　　　　　B. 技师乙

C. 两人说得都对　　　　　　　　D. 两人说得都不对

2. 冷车起动时，随着冷却液温度的升高，点火提前角应（　　）。

A. 变大　　　　　　　　　　　　B. 变小

C. 不变　　　　　　　　　　　　D. 时大时小

3. （　　）情况下，实际点火提前角等于初始点火提前角。

A. 小负荷　　　　　　　　　　　B. 中速

C. 大负荷　　　　　　　　　　　D. 起动

4. （　　）与修正点火提前角无关。

A. 空气流量传感器　　　　　　　B. 进气温度传感器

C. 冷却液温度传感器　　　　　　D. 爆震传感器

5. ECM 根据（　　）信号对点火提前角实行反馈控制。

A. 冷却液温度传感器　　　　　　B. 爆震传感器

C. 曲轴位置传感器　　　　　　　D. 车速传感器

二、判断题

（　　）1. 发动机起动时，按 ECM 内存储的初始点火提前角对点火提前角进行控制。

（　　）2. 点火正时必须随发动机的转速和负荷变化而变化。

（　　）3. 汽油的辛烷值越高，抗爆性越好，点火提前角可适当减小。

（　　）4. 爆震传感器是作为点火提前角控制的修正信号。

（　　）5. 在检测爆震传感器时，用小锤轻敲传感器附近缸体，其输出电压应发生变化。

>>> 任务五　检修 ECU 电源电路

任务描述

一辆一汽大众迈腾 B8 轿车，配备 CUGA 发动机。车主反映该发动机无法起动而入店维修。维修人员对发动机进行初步检查后发现仪表正常点亮，起动机正常运转，但发动机无法起动，读取故障码为 P068700，主继电器对正极短路。请参考相关维修资料，恢复发动机系统功能。

任务解析

根据故障码及故障现象初步分析，应该是 ECU 电源电路故障导致 ECU 供电异常，致使发动机无法起动。要排除此故障，首先要学习发动机电控单元及电源电路的控制原理及控制过程，能就车找到 ECU 及控制电路和相关器件，并观察判断其物理状况；其次要会查阅维修技术资料，看懂电路图，制订检修方案，选用正确的工具设备，对 ECU 电源电路进行检修和器件更换作业，并评估故障修复情况。

任务目标

1. 能通过与客户交流，获取车辆故障信息，正确确认故障现象。

2. 能阐述 ECU 记忆电源电路、开关电源、工作电源电路等的工作过程，就车找到相关元器件。

3. 能查阅维修资料，看懂电路原理图与电路图并制订正确的维修计划。

4. 能对 ECU 记忆电源电路、开关电源、工作电源电路进行检测，并正确记录、分析各种检测结果，并做出故障判断。

5. 能对 ECU 电源电路或器件进行维修更换作业，对发动机进行性能测试，检查和评估修复质量。

知识准备

1. ECU 的功能

电子控制单元（electronic control unit，ECU）是以单片机为核心的电子控制装置，具有很强的数学运算与逻辑判断功能，是汽车电子控制系统的控制中心，功能是接收各种传感器输出的发动机工况信号，根据 ECU 内部预先编制的控制程序与存储的试验数据，通过数学计算与逻辑判定确定适应发动机工况的点火提前角、喷油时间等参数，并将这些数据转变为电信号控制各种执行元件动作，从而使发动机保持最佳运行状态。

图 3-27 所示为大众迈腾 B8 发动机电控单元，安装在发动机舱蓄电池旁边。

ECU 还具有故障自诊断功能（又称为备用功能），在对部分传感器传输的信号进行监测与鉴别时，当发现某个传感器传输的信号异常时，将判定该传感器或相关电路发生故障，并将故障信息编成代码存储在存储器中，以便维修时调用。

图 3-27 大众迈腾发动机电控单元及安装位置

例如：当冷却液温度传感器电路断路时，ECU 就认为冷却液温度始终是 19.5℃，并将此信号作为冷却液温度传感器信号对发动机实施控制，使发动机进入故障应急状态运行，以便将汽车行驶到汽车修理厂进行修理。

ECU 的控制内容见表 3-41。

表 3-41　ECU 的控制内容

	控制内容
ECU 的功用	ECU 内部预先编制控制程序与存储的试验数据用以控制发动机运转
	通过数学计算与逻辑判定，确定适应发动机工况的点火提前角
	通过数学计算与逻辑判定，确定适应发动机工况的喷油时间和喷油量
	具有故障自诊断功能，又称为备用功能

2. ECU 的组成

ECU 由输入接口、计算机和输出接口等组成。每一部分又有其他组成部件，见表 3-42。输入回路与输出回路一般都与单片机一起制作在一个金属盒内，固定在车内不易受到碰撞的部位。

表 3-42　ECU 组成部件及其功能

组成部分	组成	作用
输入回路	A-D 转换器	将模拟信号转换为数字信号
	缓冲器	对部分微机不能接收的数字信号进行预处理，以便微机能够接收这些数字信号
单片机	中央处理器（CPU）	用于实现数学运算与逻辑运算
	存储器（Memory） （1）随机存储器（RAM） （2）只读存储器（ROM）	CPU 根据 RAM 的地址将数据随机地写入或读出。电源切断后，所存数据全部丢失 ROM 将程序及数据固化在芯片中，数据只能读出不能写入，电源关闭数据也不会丢失
	输入/输出（I/O）接口	传感器与执行器之间进行数据交换与下达控制指令的通道
	总线（BUS）	微机内部传递信息的电路连线，在单片机内部 CPU、ROM、RAM 与 I/O 接口之间的信息交换都是通过总线来实现的
输出回路		根据微机发出的指令，控制执行器动作

3. ECU 的工作过程

ECU 的工作流程图如图 3-28 所示。发动机起动时，ECU 进入工作状态，运行程序或操作指令从 ROM 中调入 CPU，各指令按照预先编制的程序有条不紊地进行循环，所需要的发动机工况信息由各种传感器提供。

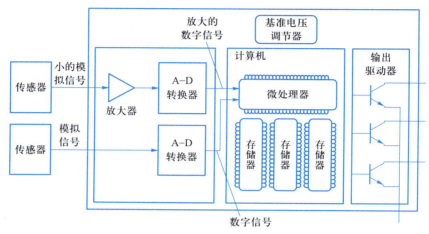

图 3-28　ECU 的工作流程图

当曲轴位置传感器检测脉冲信号、进气压力传感器检测的模拟信号和冷却液温度传感器检测的模拟信号等输入 ECU 后，首先进入输入回路进行信号处理。如果是数字信号，经缓冲器与 I/O 接口电路直接进入 CPU。如果是模拟信号，则首先经过 A-D 转换器转换成数字信号，以便数字式单片机处理，然后才能经 I/O 接口电路输入 CPU。大多数信息暂时存储在 RAM 中，根据指令再从 RAM 传送到 CPU。

下一步是将预先存储在 ROM 中的最佳试验数据引入 CPU，将传感器输入的信息与其进行比较。CPU 将来自传感器的各种信息依次取样，与最佳试验数据进行逻辑运算，通过比较，做出判定结果并发出指令信号，经 I/O 接口电路、输出回路控制执行器动作。发动机工作时，微机运行速度相当快，如点火正时控制，每秒钟可以修正上百次，因此控制精度很高，点火时刻十分准确。

4. ECU 电源电路

图 3-29 所示为迈腾 B8 发动机电控单元 J623 的电源电路原理图，发动机电控单元 J623 有两个针脚插头，一个为 105 针，另一个为 91 针。

电控单元电源电路包括记忆电源电路、开关电源电路、工作电源电路、内部电路几个部分，用于向发动机电控单元 J623 本身、各传感器与执行器提供工作电源。该电路出现故障，发动机不能正常运转。例如：当 ECU 的电源电路和搭铁电路出现断路故障时，发动机将无法起动。

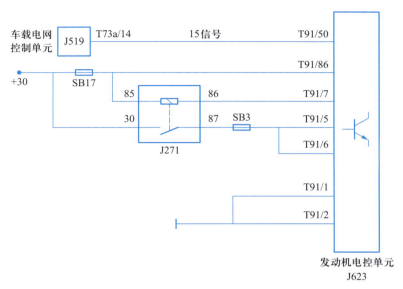

图 3-29 迈腾 B8 发动机电控单元 J623 的电源电路原理图

1）记忆电源

迈腾 B8 发动机电控单元记忆电源电路如图 3-29 所示，由蓄电池直接提供电源，经 SB17 熔断器从 T91/86 端子送至发动机电控单元 J623。由于记忆电源由蓄电池直接提供，即使点火开关置于"OFF"，蓄电池仍为其供电，发动机电控单元 J623 的存储数据得以保存，如 DTC 记录、定格数据和燃油修正值等。如果该电路出现故障，将导致发动机电控单元内部 RAM 的信息丢失，如 DTC、节气门参数等，同时还会导致起动机不能运转、发动机无法起动等故障。

2）开关电源（点火开关+15 号或 ON 挡电）

迈腾 B8 发动机电控单元点火开关电源电路如图 3-29 所示，车载电网控制单元 J519 接收到启动按钮 E378 的钥匙开关信号后，将 15 信号电通过 T91/50 端子输入发动机电控单元 J623，并通过 T91/1 端子、T91/2 端子构成回路，提供 15 信号电压，用于激活发动机电控单元。

3）工作电源

发动机电控单元 J623 通过 T91/50 接收 15 信号后被激活，并唤醒动力总线。此时发动机电控单元 J623 通过 T91/7 将 J271 继电器线圈搭铁，J271 继电器触点闭合，电源经继电器 J271 活动触点、熔断丝 SB3，经 T91/5、T91/6 端子送至电控单元，并与 T91/1、T91/2 端子构成回路，为发动机电控单元 J623 提供工作电源。

4）内部电路

来自继电器 J271 的电源经发动机电控单元 J623 内部的 5V 恒定电压电路转换为 5V 电压后，再经输出电路提供给各传感器。恒定电压电路可以在蓄电池电压波动的情况下确保各传感器的工作电压稳定不变，从而确保各传感器的信号不受蓄电池电压波动影响。

5. 发动机电控单元电源电路检修

微课

检修 ECU 电源电路

以迈腾 B8 轿车发动机电控单元 J623 的电源电路为例，对相关电路进行分析和检测。发动机电控单元电源电路常见的故障见表 3-43。

表 3-43　发动机电控单元电源电路常见的故障

序号	故障
1	熔丝 SB3 故障
2	熔丝 SB3 供电故障
3	发动机电控单元 J623 的 T91/5 端子对应的供电电路断路
4	发动机电控单元 J623 的 T91/5 端子对应的供电电路虚接
5	发动机电控单元 J623 的 T91/6 端子对应的供电电路断路
6	发动机电控单元 J623 的 T91/6 端子对应的供电电路虚接
7	发动机电控单元 J623 故障（局部）

结合以上信息，发动机电控单元电源电路常见故障的检测和诊断流程如下。

第一步：测量发动机电控单元 J623 的 T91/5、T91/6 端子对搭铁电压，见表 3-44。

表 3-44　测量发动机电控单元 J623 的 T91/5、T91/6 端子对搭铁电压

可能性	实测结果		状态	操作
	T91/5	T91/6		
1	+B	+B	正常	测试结束
2	0	0	异常	转"第二步"的第 1、2、3 种可能
3	0.1V ~ +B	0.1V ~ +B	异常	转"第二步"的第 1、4、5 种可能
4	+B	0	异常	转"第三步"
5	0	+B		
6	+B	0	异常	
7	0.1V ~ +B	0.1V ~ +B		

第二步：测量熔丝 SB3 两个端子对搭铁电压，见表 3-45。

表 3-45　测量熔丝 SB3 两个端子对搭铁电压

测量标准：点火开关打开，测量值应为蓄电池电压（+B）					
可能性	实测结果		状态	可能原因	操作
1	+B	+B	正常	SB3 至 T96/5 端子和 T96/6 端子间电路断路或虚接	转"第三步"
2	0	0	异常	主继电器 J271 无输出或电路故障	检查 J271 及电路
3	0	+B	异常	熔丝 SB3 损坏	转"第四步"
4	0.1V ~ +B	0.1V ~ +B	异常	主继电器 J271 内部及供电电路虚接	检查 J271 及电路
5	+B	0.1V ~ +B	异常	熔丝 SB3 虚接	更换熔丝

第三步：测量熔丝 SB3 与发动机电控单元 J623 的 T91/5、T91/6 端子间电路导通性，见表 3-46。

表 3-46　测量熔丝 SB3 与发动机电控单元 J623 的 T91/5、T91/6 端子间电路导通性

测量标准：点火开关关闭，拔下发动机电控单元 J623 的 T91 插接器，该导线端对端电阻应小于 1Ω				
可能性	实测结果	状态	可能原因	操作
1	小于 1Ω	正常	线束插接器故障	更换插接器
2	无穷大	异常	SB3 输出端子到 T91/5、T91/6 端子间电路断路	检修电路
3	大于 5Ω	异常	SB3 输出端子到 T91/5、T91/6 端子间电路虚接	

第四步：测量发动机电控单元 J623 的 T91/5、T91/6 端子对搭铁电阻（检测电路是否搭铁短路），见表 3-47。

表 3-47　测量发动机电控单元 J623 的 T91/5 、T91/6 端子对搭铁电阻

测量标准：点火开关关闭，拔下 T91 插接器及熔丝 SB3，测量电阻应为无穷大				
可能性	实测结果	状态	可能原因	操作
1	无穷大	正常	发动机电控单元 J623 内部短路	转 "第五步"
2	小于 1Ω	异常	电路对搭铁短路	检修电路

第五步：测量发动机电控单元 J623 的 T91/5、T91/6 端子对搭铁电阻（检测元件是否搭铁短路），见表 3-48。

表 3-48　测量发动机电控单元 J623 的 T91/5、T91/6 端子对搭铁电阻

测量标准：点火开关关闭，测量电阻应为无穷大				
可能性	实测结果	状态	可能原因	操作
1	无穷大	正常	瞬间过载损坏熔丝	更换熔丝
2	小于 1Ω	异常	发动机电控单元 J623 内部对搭铁短路	更换发动机电控单元 J623

任务实施

本任务以迈腾 B8 轿车发动机为例，在发动机上预设电控单元电源电路故障，要求学生利用所学知识排除相关故障。任务工作单和评分细则见表 3-49 和表 3-50。

表 3-49　检修 ECU 电源电路任务工作单

任务五　检修 ECU 电源电路			小组人员：	
班级：		学号：		指导老师签字：
日期：				
一、作业要求 　　1. 能正确检修 ECU 电源电路 　　2. 学会观察分析问题的能力 　　3. 养成良好的 7S 工作习惯				

续表

二、工具、量具准备

三、辅助材料与耗材

四、制订检修计划及组员分工

五、检修流程

第一步：测量发动机电控单元 J623 的 T91/5、T91/6 端子对搭铁电压

检测结果	检测结果分析
测量结果：＿＿＿＿＿＿ V ＿＿＿＿＿＿ V	正常□ 异常□　　转至第＿＿＿＿＿＿步

第二步：测量熔丝 SB3 两个端子对搭铁电压

检测结果	检测结果分析
测量结果：＿＿＿＿＿＿ V ＿＿＿＿＿＿ V	正常□ 异常□　　转至第＿＿＿＿＿＿步

第三步：测量熔丝 SB3 与发动机电控单元 J623 的 T91/5、T91/6 端子间电路导通性

检测结果	检测结果分析
测量结果：＿＿＿＿＿＿ Ω ＿＿＿＿＿＿ Ω	正常□ 异常□　　转至第＿＿＿＿＿＿步

第四步：测量发动机电控单元 J623 的 T91/5 、T91/6 端子对搭铁电阻

检测结果	检测结果分析
测量结果：＿＿＿＿＿＿ Ω ＿＿＿＿＿＿ Ω	正常□ 异常□　　转至第＿＿＿＿＿＿步

第五步：测量发动机电控单元 J623 的 T91/5、T91/6 端子对搭铁电阻

检测结果	检测结果分析
测量结果：＿＿＿＿＿＿ Ω ＿＿＿＿＿＿ Ω	正常□ 异常□

检修结论：

维修建议：

表 3-50　检修 ECU 电源电路评分细则

任务五　检修 ECU 电源电路				实训日期：			
姓名：		班级：		学号：		指导老师签字：	
自评：□熟练　□不熟练		互评：□熟练　□不熟练		师评：□熟练　□不熟练			
日期：		日期：		日期：			

序号	评分项	得分条件	分值	评分要求	自评	互评	师评
1	安全/7S/态度	□1. 能进行工位 7S 操作 □2. 能进行设备和工具安全检查 □3. 能进行车辆安全防护操作 □4. 能进行工具清洁校准存放操作 □5. 能进行三不落地操作	15	未完成 1 项扣 3 分，扣分不得超过 15 分	□熟练 □不熟练	□熟练 □不熟练	□合格 □不合格
2	专业技能能力	□1. 能正确查询电源电路图 □2. 能正确查询电源电路各相关元器件插头端视图 □3. 能就车找到 ECU 各相关元器件 □4. 能正确检测记忆电源电路 □5. 能正确检测工作电源电路 □6. 能正确检测开关电源电路 □7. 能正确检测 ECU 搭铁电路 □8. 能进行相关元器件更换作业	40	未完成 1 项扣 5 分，扣分不得超过 40 分	□熟练 □不熟练	□熟练 □不熟练	□合格 □不合格
3	工具及设备的使用能力	□1. 能正确使用示波器 □2. 能正确使用万用表 □3. 能正确使用车辆或实训台架 □4. 能正确使用诊断仪	20	未完成 1 项扣 5 分，扣分不得超过 20 分	□熟练 □不熟练	□熟练 □不熟练	□合格 □不合格
4	资料、信息查询能力	□1. 能正确使用维修手册查询资料 □2. 能在规定时间内查询所需资料 □3. 能正确记录所需维修信息	10	未完成 1 项扣 5 分，扣分不得超过 10 分	□熟练 □不熟练	□熟练 □不熟练	□合格 □不合格
5	数据判断和分析能力	□1. 能判断 ECU 电源电路故障范围 □2. 能根据检测结果做出故障点判断	10	未完成 1 项扣 5 分，扣分不得超过 10 分	□熟练 □不熟练	□熟练 □不熟练	□合格 □不合格
6	表单填写与报告的撰写能力	□1. 字迹清晰 □2. 语句通顺 □3. 无错别字 □4. 无涂改 □5. 无抄袭	5	未完成 1 项扣 1 分，扣分不得超过 5 分	□熟练 □不熟练	□熟练 □不熟练	□合格 □不合格
总分							

任务回顾

在任务描述中，迈腾 B8 发动机无法起动，仪表正常点亮，起动机正常运转，发动机无法起动。经过本次课的学习和项目实训，可判定该故障车辆是由于发动机电控单元 J623 电源电路故障所导致的，其原因为：当发动机电控单元 J623 供电电路故障时，导致 ECU 缺电（除常电之外）；同时，也导致输出端没有电源输出，传感器与执行机构缺电等，所以，发动机无法起动。

练习与思考

一、选择题

1. ECU 一般有（　　）搭铁线，以确保其可靠搭铁。

A. 1 条 　　　　　　　　　　　　　　　B. 2 条

C. 3 条 　　　　　　　　　　　　　　　D. 4 条

2. ECU 一般有（　　）工作电源线，以确保其供电可靠。

A. 1 条 　　　　　　　　　　　　　　　B. 2 条

C. 3 条 　　　　　　　　　　　　　　　D. 4 条

3. 在讨论 ECU 的电源电路时，技师甲说，记忆电源是常电源，不受点火开关控制；技师乙说，工作电源也是常电源，不受点火开关控制，请问谁的说法正确。（　　）

A. 甲正确 　　　　　　　　　　　　　　B. 乙正确

C. 甲、乙都正确 　　　　　　　　　　　D. 甲、乙都不正确

4. 以下不是迈腾 B8 电控单元电源电路中 J271 继电器活动触点不闭合原因的是（　　）。

A. J271 本身故障 　　　　　　　　　　 B. J271 搭铁线断路

C. 熔丝 SB3 损坏 　　　　　　　　　　 D. 发动机电控单元 J623 内部搭铁故障

5. 发动机电控单元是根据（　　）的信号，经过计算按照程序控制发动机运行。

A. 执行元件 　　　　　　　　　　　　　B. CPU

C. 传感器 　　　　　　　　　　　　　　D. A–D 转换器

二、判断题

（　　）1. 当 ECU 出现故障时，系统会自动启动备用系统，并保证发动机正常运行性能。

（　　）2. ECU 内部电源电路给微处理器和传感器提供电源。

（　　）3. 迈腾 B8 电控单元电源电路原理图中熔丝 SB3 损坏将导致供电电源异常。

（　　）4. 迈腾 B8 发动机电控单元 J623 有两个插接器，共 190 个针脚。

（　　）5. ECU 设置两个搭铁端是为了工作可靠，其实一根搭铁线也是可以工作的。

模块四

检修燃油系统故障

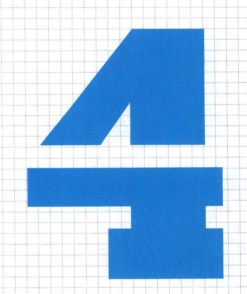

【模块导读】•-------------→

　　本模块融合了汽车运用与维修职业技能等级标准中汽车动力与驱动系统综合分析技术（中级）内容，主要介绍该工作领域动力系统检测与维修模块的燃油系统及相关元器件检测维修模块的相关知识与职业技能，包括车辆信息获取、安全注意事项与作业准备、汽车维修资料使用、诊断设备使用、传感器工作原理与故障机理及检修流程等。

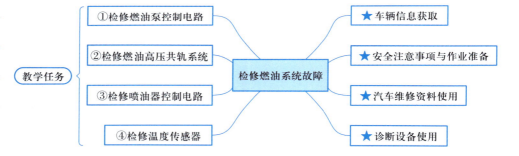

>>> 任务一　检修燃油泵控制电路

任务描述

　　一辆大众迈腾 B8 轿车，配备 CUGA 发动机。据车主反映，该车发动机无法起动。维修人员对发动机进行初步检查，接通点火开关，使用故障诊断仪检测无故障码，读取数据流，显示燃油压力接近 50kPa，执行燃油泵驱动测试，燃油泵未工作。请参考相关维修资料，恢复发动机系统功能。

任务解析

　　根据检查过程，初步分析为低压油路故障导致发动机缺油而无法起动。要排除此类故障，首先要了解燃油系统的组成、工作原理，燃油泵的控制过程；其次要能就车找到燃油系统相关器件，观察判断其物理状况；最后，要会查阅维修技术资料，制订正确的检修方案，对系统各器件及电路进行检修和更换作业。

任务目标

　　1. 能通过与客户交流，获取车辆信息并正确确认故障现象。

　　2. 能阐述燃油泵的各种类型、控制电路工作过程和各标准参数。

　　3. 能就车找到燃油泵、燃油泵控制单元及相关器件，并对类别进行判断，能看懂原理图与电路图。

　　4. 能查阅维修资料，会制订正确的维修计划，能正确使用诊断工具仪器，进行参数（故障码、电压、电阻、波形）的检测，正确记录、分析各种检测结果并做出故障判断。

　　5. 能对燃油泵进行维修更换作业，并能对发动机进行性能测试，检查和评估修复质量。

知识准备

　　1. 燃油供给系统

　　电控发动机燃油供给系统的任务是存储、输送和清洁燃油，并根据发动机各种不同工况，将适量的燃油与空气混合，以供给气缸一定浓度和数量的可燃

微课

燃油供给系统
工作原理

混合气。图 4-1 所示为迈腾 B8 轿车发动机燃油供给系统，其由低压和高压两部分组成。

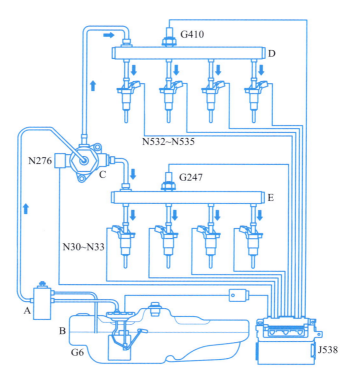

图 4-1　迈腾 B8 发动机燃油供给系统

G6—燃油系统增压泵　G247—高压燃油压力传感器　G410—低压燃油压力传感器
J538—燃油泵控制单元　N276—燃油压力调节阀　N30 ~ N33—喷油器　N532 ~ N535—喷油器
A—燃油滤清器　B—燃油箱　C—高压燃油泵　D—低压燃油油轨　E—高压燃油油轨

1）低压系统

低压系统主要由燃油箱、燃油系统增压泵、燃油泵控制单元、低压燃油压力传感器、燃油滤清器、低压燃油油轨和喷油器构成。燃油泵控制单元根据来自门锁开关、点火开关和发动机电控单元的指令，控制电动燃油泵的运行。电动燃油泵给高压泵提供压力为 50 ~ 650kPa 的燃油，在冷、热起动时低压系统的油压可达 650kPa。

2）高压系统

高压系统主要由高压燃油泵、燃油压力调节阀、高压燃油油轨、高压燃油压力传感器和喷油器组成。高压燃油泵由发动机凸轮轴上的方形凸轮驱动，在高压油轨内产生 3 ~ 20MPa 的油压，发动机电控单元根据实际工况参数，通过控制高压燃油压力调节器和燃油压力调节阀，调整燃油压力，并通过控制喷油器开启时间，调节高压喷油器的喷油量。

 课堂讨论

迈腾 B8 轿车发动机的 FSI 燃油系统的主要优点有哪些？

2. 电动燃油泵

电动燃油泵由小型直流电动机驱动，从油箱中吸入燃油，将油压提高到规定值，通过油管、滤清器把燃油输送给喷油器。电动燃油泵一般为内置式，安装在油箱内，常见的电动燃油泵主要可分为叶片式和滚柱式两种类型。

1）叶片式电动燃油泵

叶片式电动燃油泵主要由电动机、叶片泵、出油阀和卸压阀等组成，如图4-2所示。油箱内的燃油进入燃油泵内的进油室前，首先经过滤网初步过滤。电动机和叶片泵连成一体，密封在同一壳体内。

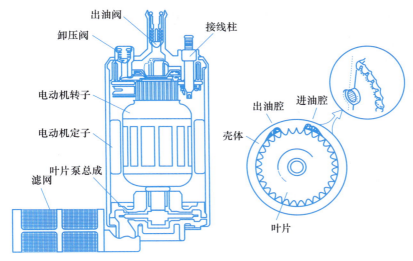

图4-2　叶片式电动燃油泵

叶片式电动燃油泵主要由叶轮、叶片、泵壳体和泵盖组成。叶轮安装在燃油泵电动机的转子轴上。电动机通电时，电动机驱动叶片式电动燃油泵叶轮旋转，由于离心力的作用，使叶轮周围小槽内的叶片贴紧泵壳，并将燃油从进油室带往出油室。由于进油室燃油不断被带走，所以形成一定的真空度，将油箱内的燃油经进油口吸入；而出油室燃油不断增多，燃油压力升高，当油压达到一定值时，则顶开出油阀经出油口输出。

> **重要提示**
>
> ① 出油阀为单向阀，在燃油泵不工作时，阻止燃油倒流回油箱，这样可保持油路中有一定的燃油压力，便于下次起动。
>
> ② 卸压阀安装在进油室和出油室之间，当燃油泵输出油压达到0.4MPa时，卸压阀开启，使油泵内的进、出油室连通，燃油在其内部循环，以防止输油压力过高。

2）迈腾B8轿车发动机的燃油泵控制系统

迈腾B8轿车发动机的燃油泵控制系统结构图如图4-3所示。通过油管、滤清器把燃油输送给高压燃油泵和低压系统。燃油泵控制单元J538用来控制低压燃油泵，给燃油泵提供电力和搭铁，调节低压供油压力。驾驶人操纵加速踏板时，发动机电控单元接收来自加速踏板的信号，通过 PWM 信号将信息传递给燃油泵控制单元 J538，通过改变低压油泵的转速来调节供油压力。

发动机　　　　加速踏板　　　　　　　　　燃油泵控制单元　　　燃油泵

图 4-3　迈腾 B8 轿车发动机的燃油泵控制系统结构图

燃油泵受燃油泵控制单元控制，初期以最高转速运转，迅速建立初压，之后转速降低。发动机电控单元在运行过程中根据转速和负荷调节燃油泵转速，使低压油路系统工作在最佳状态（50~650kPa）。

3. 燃油泵控制电路检修

以迈腾 B8 轿车发动机燃油泵控制电路为例，对燃油泵控制电路进行分析和检修。图 4-4 所示为电动燃油泵控制电路原理图。

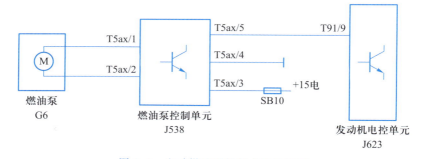

图 4-4　电动燃油泵控制电路原理图

微课

检修燃油泵
控制单元

由图 4-4 可知，当点火开关打开时，燃油泵控制单元 J538 通过电源从熔断器 SB10 经 T5ax/3 端子获得工作电源，并通过 T5ax/4 端子搭铁后构成回路。发动机电控单元 J623 通过 T91/9 端子发出 PWM 信号，燃油泵控制单元 J538 接收指令后通过 T5ax/1 端子向燃油泵提供 PWM 信号，再通过 T5ax/2 端子控制燃油泵搭铁，使燃油泵运转，并根据发动机电控单元 J623 的 PWM 信号，控制燃油泵的转速，改变燃油泵输出压力。

1）燃油泵控制单元 J538 电源检测

燃油泵控制单元 J538 的电源异常常见故障见表 4-1。

表 4-1　燃油泵控制单元 J538 的电源异常常见故障

序号	故障
1	燃油泵控制单元 J538 的 T5ax/3 端子对应供电电源电路断路
2	燃油泵控制单元 J538 的 T5ax/3 端子对应供电电源电路虚接
3	燃油泵控制单元 J538 的 T5ax/4 端子对应的供电搭铁电路断路
4	燃油泵控制单元 J538 的 T5ax/4 端子对应的供电搭铁电路虚接
5	熔丝 SB10 断路或虚接
6	熔丝 SB10 供电故障

结合以上信息，燃油泵控制单元 J538 电源异常故障的检测和诊断流程如下。

① 检测前确保插接件、紧固件连接可靠、无锈蚀、无破损。

② 电源的检查应包括正极电源和负极电源。

第一步：测量燃油泵控制单元 J538 的 T5ax/3 端子对搭铁电压，见表 4-2。

表 4-2　测量燃油泵控制单元 J538 的 T5ax/3 端子对搭铁电压

可能性	实测结果	状态	操作
测量标准：点火开关接通，测量燃油泵控制单元 J538 的 T5ax/3 端子对搭铁电压应为蓄电池电压（+B）			
1	+B	正常	转 "第五步"
2	0	异常	转 "第二步" 的 1、2、3 种可能
3	0.1V ~ +B		转 "第二步" 的 1、4、5 种可能

第二步：测量熔丝 SB10（15A）两端对搭铁电压，见表 4-3。

表 4-3　测量熔丝 SB10（15A）两端对搭铁电压

可能性	实测结果		状态	可能原因	操作
测量标准：任何情况下测量值都应为蓄电池电压（+B）					
1	+B	+B	正常	熔丝 SB10 至 T5ax/3 端子间电路断路或虚接	转 "第三步"
2	0	0	异常	熔丝 SB10 供电电路断路	检修供电电路
3	0	+B	异常	熔丝损坏	转 "第四步"
4	0.1V ~ +B	0.1V ~ +B	异常	熔丝 SB10 供电电路虚接	检修供电电路
5	+B	0.1V ~ +B	异常	熔丝虚接	更换熔丝

第三步：测量熔丝 SB10 与燃油泵控制单元 J538 的 T5ax/3 端子间电路的导通性，见表 4-4。

表 4-4　测量熔丝 SB10 与燃油泵控制单元 J538 的 T5ax/3 端子间电路的导通性

可能性	实测结果	状态	可能原因	操作
测量标准：点火开关关闭，测量熔丝 SB10（15A）与燃油泵控制单元 J538 的 T5ax/3 端子间电路电阻应小于 2Ω				
1	小于 2Ω	正常	线束插接器故障	转 "第五步"
2	无穷大	异常	熔丝 SB10 与 T5ax/3 端子间电路断路	检修电路
3	大于 5Ω	异常	熔丝 SB10 与 T5ax/3 端子间电路虚接	

第四步：更换熔丝 SB10，然后测量燃油泵控制单元 J538 的 T5ax/3 端子对搭铁电阻以及其是否对搭铁短路。

① 拆卸熔丝 SB10，目测熔丝有没有变形、熔断，并测量熔丝两端插脚电阻是否小于 2Ω，如果测试结果不符合要求，需更换。

② 测量燃油泵控制单元 J538 的 T5ax/3 端子对搭铁电阻，见表 4-5。

表 4-5　测量燃油泵控制单元 J538 的 T5ax/3 端子对搭铁电阻

测量标准：点火开关关闭，拔掉燃油泵控制单元 J538 的 T5ax 插接件及熔丝 SB10（15A），测量电阻应为无穷大				
可能性	实测结果	状态	可能原因	操作
1	无穷大	正常	控制单元或元器件断路	转"（3）"
2	小于 2Ω	异常	电路短路	检修电路

③ 测量燃油泵控制单元 J538 是否对搭铁短路，见表 4-6。

表 4-6　测量燃油泵控制单元 J538 是否对搭铁短路

测量标准：点火开关关闭，测量燃油泵控制单元 J538 的 T5ax/3 端子对搭铁电阻，测量电阻应为无穷大					
可能性	测试部位	实测结果	状态	可能原因	操作
1	连接燃油泵控制单元 J538 的 T5ax 插接件，测量燃油泵控制单元 J538 的 Tax/3 端子对搭铁电阻	无穷大	正常	—	维修线束
		小于 2Ω	异常	燃油泵控制单元 J538 内部对搭铁短路	更换燃油泵控制单元 J538

第五步：对燃油泵控制单元 J538 电源负极进行检查时，使用万用表测量燃油泵控制单元 J538 的 T5ax/4 端子对搭铁电压，见表 4-7。

表 4-7　测量燃油泵控制单元 J538 的 T5ax/4 端子对搭铁电压

测量标准：起动发动机，发动机电控单元 J632 的 T105/77 端子对搭铁电压应小于 0.1V				
可能性	实测结果	状态	可能原因	操作
1	0	正常	插接件故障	维修插接件
2	0.1V ~ +B	异常	搭铁电路断路	检修电路、搭铁点
			搭铁电路虚接	

2）燃油泵控制单元信号检测

燃油泵控制单元的控制信号异常常见故障见表 4-8。

表 4-8　燃油泵控制单元的控制信号异常常见故障

序号	故障
1	燃油泵控制单元 J538 的 T5ax/5 端子对应的控制信号电路断路
2	燃油泵控制单元 J538 的 T5ax/5 端子对应的控制信号电路虚接
3	燃油泵控制单元 J538 的 T5ax/5 端子对应的控制信号电路对搭铁短路
4	燃油泵控制单元 J538 自身损坏（局部）
5	发动机电控单元 J623 自身损坏（局部）

结合以上信息，燃油泵控制单元的控制信号异常故障的检测和诊断流程如下。

① 检测前确保插接件、紧固件连接可靠、无锈蚀、无破损。

② 数据总线信号传输应采用示波器进行测量分析。

第一步：测量燃油泵控制单元 J538 的 T5ax/5 端子对搭铁波形，见表 4-9。

表 4-9　测量燃油泵控制单元 J538 的 T5ax/5 端子对搭铁波形

测量标准：发动机处于怠速状态，测量燃油泵控制单元 J538 的 T5ax/5 端子对搭铁波形				
可能性	实测结果	状态	说明	操作
1	燃油泵模块信号	正常	—	进行其他检查
2	燃油泵模块信号　发动机电控单元J623	异常	油泵控制单元端无信号，发动机电控单元 J623 端有信号可能原因：发动机电控单元 J623 与燃油泵控制单元 J538 之间信号线断路	转"第二步"
3	发动机电控单元J623端　燃油泵控制模块端	异常	从波形上可以明显看出燃油泵控制单元 J538 端信号比发动机电控单元 J623 端信号波形要低，说明该电路存在虚接，造成信号电压降低	转"第四步"

第二步：测量燃油泵控制单元 J538 的 T5ax/5 端子和发动机电控单元 J623 的 T91/9 端子之间的导通性，见表 4-10。

表 4-10　测量燃油泵控制单元 J538 的 T5ax/5 端子和发动机电控单元 J623 的 T91/9 端子之间的导通性

测量标准：点火开关关闭，拔掉发动机电控单元 J623 的 T91 插接件和燃油泵控制单元 J538 的 T5ax 插接件，测量电阻应小于 2Ω				
可能性	实测结果	状态	可能原因	操作
1	小于 2Ω	正常	线束插接器故障	检修插接器
2	无穷大	异常	电路断路	检修电路
3	大于 5Ω	异常	电路虚接	

第三步：测量燃油泵控制单元 J538 的 T5ax/5 端子对搭铁电阻，见表 4-11。

表 4-11   测量燃油泵控制单元 J538 的 T5ax/5 端子对搭铁电阻

测量标准：点火开关关闭，拔下发动机电控单元 J623 的 T105 插接器和 G28 的 T3m 插接器，该导线端对端电阻应为无穷大					
可能性	测试部分	实测结果	状态	可能原因	操作
1	测量燃油泵控制单元 J538 的 T5ax/5 端子对搭铁电阻	无穷大	正常	控制单元故障	转本表的 2
		小于 2Ω	异常	电路短路	检修电路
2	连接发动机电控单元 J623 插接件 T91，测量燃油泵控制单元 J538 的 T5ax/5 端子对搭铁电阻	无穷大	正常	燃油泵控制单元 J538 内部故障	转本表的 3
		小于 2Ω	异常	发动机电控单元 J623 内部故障	更换发动机电控单元 J623
3	连接燃油泵控制单元 J538 插接件 T5ax，测量燃油泵控制单元 J538 的 T5ax/5 端子对搭铁电阻	无穷大	正常	燃油泵控制单元 J538 及其内部电源故障	检查燃油泵控制单元 J538 及其电源
		小于 2Ω	异常	燃油泵控制单元 J538 内部故障	更换燃油泵控制单元 J538

任务实施

本任务以迈腾 B8 轿车发动机为例，在发动机上预设燃油泵控制电路故障，要求学生利用所学知识排除相关故障。任务工作单和评分细则见表 4-12 和表 4-13。

表 4-12   检修燃油泵控制电路任务工作单

任务一 检修燃油泵控制电路		小组人员：	
班级：	学号：		指导老师签字：
日期：			
一、作业要求 　1. 能正确检测燃油泵控制单元电路 　2. 学会观察分析问题的能力 　3. 养成良好的 7S 工作习惯			
二、工具、量具准备			
三、辅助材料与耗材			
四、制订检修计划及组员分工			
五、检修流程			
作业一：燃油泵控制单元电源检测			
第一步：测量燃油泵控制单元 J538 的 T5ax/3 端子对搭铁电压			
检测结果		检测结果分析	
测量结果：＿＿＿＿＿ V		正常□ 异常□　　转至第＿＿＿＿步	

续表

第二步：测量熔丝 SB10（15A）两端对搭铁电压	
检测结果	检测结果分析
测量结果：_____ V	正常□ 异常□ 转至第_____步
第三步：测量熔丝 SB10 与燃油泵控制单元 J538 的 T5ax/3 端子间电路的导通性	
检测结果	检测结果分析
测量结果：_____ Ω	正常□ 异常□ 转至第_____步
第四步第一项：更换熔丝 SB10，然后测量燃油泵控制单元 J538 的 T5ax/3 端子对搭铁电阻	
检测结果	检测结果分析
测量结果：_____ Ω	正常□ 异常□ 转至第_____步
第四步第二项：更换熔丝 SB10，然后测量燃油泵控制单元 J538 是否对搭铁短路	
检测结果	检测结果分析
测量结果：_____ Ω	正常□ 异常□ 转至第_____步
第五步：测量燃油泵控制单元 J538 的 T5ax/4 端子对搭铁电压	
检测结果	检测结果分析
测量结果：_____ V	正常□ 异常□ 转至第_____步
作业二：油泵控制单元信号线检测	
第一步：测量燃油泵控制单元 J538 的 T5ax/5 端子对搭铁波形	
画出测量的波形图	检测结果分析
	正常□ 异常□ 转至第_____步
第二步：测量燃油泵控制单元 J538 的 T5ax/5 端子和发动机电控单元 J623 的 T91/9 端子之间的导通性	
检测结果	检测结果分析
测量结果：_____ Ω	正常□ 异常□ 转至第_____步
第三步：测量燃油泵控制单元 J538 的 T5ax/5 端子对搭铁电阻	
检测结果	检测结果分析
测量结果：_____ Ω	正常□ 异常□
检修结论： 维修建议：	

表 4-13　检修燃油泵控制电路评分细则

任务一　检修燃油泵控制电路		实训日期：	
姓名：	班级：	学号：	指导老师签字：
自评：□熟练　□不熟练	互评：□熟练　□不熟练	师评：□熟练　□不熟练	
日期：	日期：	日期：	

序号	评分项	得分条件	分值	评分要求	自评	互评	师评
1	安全/7S/态度	□1. 能进行工位 7S 操作 □2. 能进行设备和工具安全检查 □3. 能进行车辆安全防护操作 □4. 能进行工具清洁校准存放操作 □5. 能进行三不落地操作	15	未完成 1 项扣 3 分，扣分不得超过 15 分	□熟练 □不熟练	□熟练 □不熟练	□合格 □不合格
2	专业技能能力	□1. 能正确查询燃油泵控制电路图 □2. 能正确查询燃油泵控制电路元件端视图 □3. 能正确检测燃油泵控制电路的波形 □4. 能正确检测燃油泵控制电路	40	未完成 1 项扣 5 分，扣分不得超过 40 分	□熟练 □不熟练	□熟练 □不熟练	□合格 □不合格
3	工具及设备的使用能力	□1. 能正确使用示波器 □2. 能正确使用万用表 □3. 能正确使用车辆或实训台架 □4. 能正确使用诊断仪	20	未完成 1 项扣 5 分，扣分不得超过 20 分	□熟练 □不熟练	□熟练 □不熟练	□合格 □不合格
4	资料、信息查询能力	□1. 能正确使用维修手册查询资料 □2. 能在规定时间内查询所需资料 □3. 能正确记录所需维修信息	10	未完成 1 项扣 5 分，扣分不得超过 10 分	□熟练 □不熟练	□熟练 □不熟练	□合格 □不合格
5	数据判断和分析能力	□1. 能判断燃油泵控制电路是否正常 □2. 能判断燃油泵控制电路故障范围	10	未完成 1 项扣 5 分，扣分不得超过 10 分	□熟练 □不熟练	□熟练 □不熟练	□合格 □不合格
6	表单填写与报告的撰写能力	□1. 字迹清晰 □2. 语句通顺 □3. 无错别字 □4. 无涂改 □5. 无抄袭	5	未完成 1 项扣 1 分，扣分不得超过 5 分	□熟练 □不熟练	□熟练 □不熟练	□合格 □不合格
总分							

 任务回顾

　　迈腾 B8 轿车发动机电控系统由低压燃油控制系统和高压燃油控制系统两个部分组成。低压燃油控制系统与传统发动机控制系统类似，为了提高燃油泵工作效率，在低压燃油控制系统中设计燃油泵控制单元 J538，以精确控制燃油泵的输出量，并且当打开车门和接通点火开关时，燃油泵控制单元 J538 将控制燃油泵运转，提供燃油预供给，以保证发动机顺利起动，燃油泵工作持续时间 1 s 左右。

　　在诊断此类故障时，应先通过诊断仪的数据流（燃油压力值）判断低压燃油控制系统还是高压燃油控制系统异常；如果是低压燃油控制系统，则可以进一步通过燃油泵驱动进行测试，判断低压燃油控制系统及燃油泵自身是否存在故障。

练习与思考

一、选择题

1. 下列（　　　）不会导致燃油泵不工作。

A. 燃油泵熔丝故障　　　　　　　　B. 燃油泵继电器故障

C. ECU 故障　　　　　　　　　　　D. 油位传感器故障

2. 目前，大多数汽车都采用（　　　）的汽油泵。

A. 外装式　　　　　　　　　　　　B. 内外安装式

C. 内装式　　　　　　　　　　　　D. 以上都不正确

3. 电控燃油喷射（EFI）主要包括喷油量、喷射正时、燃油停供和（　　　）的控制。

A. 燃油泵　　　　　　　　　　　　B. 点火时刻

C. 怠速　　　　　　　　　　　　　D. 废气再循环

4. 电控发动机运转时，（　　　）将燃油由油箱进入油管。

A. 油泵　　　　　　B. 滤清器　　　　　　C. 喷油器　　　　　　D. 缓冲器

5. 在讨论熔丝时，甲说燃油泵熔丝损坏会导致油泵不工作，乙说燃油泵控制单元 J538 损坏也会导致油泵不工作，请问下列说法正确的是（　　　）。

A. 甲正确　　　　　　　　　　　　B. 乙正确

C. 甲、乙都正确　　　　　　　　　D. 甲、乙都不正确

二、判断题

（　　　）1. 在用蓄电池直接给燃油泵通电时，应注意通电时间不能过长。

（　　　）2. 内装式燃油泵与外装式燃油泵比较，不易产生气阻和燃油泄漏，且噪声小。

（　　　）3. 将燃油泵测量端子跨接到电源上，点火开关置"ON"位置，若听不到油泵工作声音，则应检查或更换油泵。

（　　　）4. 电动油泵中的单向阀能起到一种保护作用，当油压过高时能自动减压。

（　　　）5. 油泵的运转由燃油泵控制单元 J538 直接控制，燃油泵控制单元 J538 由发动机电控单元 J623 控制。

>>> 任务二　检修高压电控燃油喷射系统

任务描述

一辆大众迈腾 B8L2.0T 轿车，配备 CUGA 发动机。据车主反映，起动发动

机，可以正常起动，但 EPC 灯点亮，转速不能超过 3000r/min。维修人员对发动机进行初步检查，接通点火开关，使用故障诊断仪检测，故障码为 P229400，对应燃油压力调节阀断路故障。请参考相关维修资料，恢复发动机系统功能。

任务解析

根据故障现象及故障码分析为高压电控燃油喷射系统相关故障。要排除此故障，首先要了解高压电控燃油喷射系统的组成和基本工作原理，能就车找到高压共轨系统各组成部件，并观察判断其物理状况；其次要会查阅维修技术资料，制订检修方案，选用正确的仪器设备对高压燃油压力调节器进行检修作业，并评估故障修复情况。

任务目标

1. 能通过与客户交流，获取车辆信息并正确确认故障现象。

2. 能阐述高压电控燃油喷射系统的组成、原理和各标准参数。

3. 能就车找到高压电控燃油喷射系统的各组成元件的安装位置，并对类别进行判断，能看懂原理图与电路图。

4. 能查阅维修资料，会制订正确的维修计划，能正确使用诊断工具仪器，能进行参数（故障码、电压、电阻、波形）的检测，能正确记录、分析各种检测结果并做出故障判断。

5. 能对高压燃油压力传感器进行维修更换作业，并能对发动机进行性能测试，检查和评估修复质量。

知识准备

缸内直喷将燃油由喷油器直接喷入气缸内，又称为 FSI（Fuel Stratified Injection），即燃料分层喷射技术。FSI 技术采用了均质燃烧模式和分层燃烧模式两种不同的燃烧模式，可以进一步提高汽油机热效率与降低汽油机排放。

均质燃烧模式是指在进气行程后期向燃烧室内喷入燃油，在进气行程与压缩行程中完成与空气的充分混合，并在点火时刻使缸内形成较为均匀的可燃混合气，确保稳定点火。

分层燃烧模式是指在压缩行程喷入燃油，随着压缩行程的进行，燃油与空气混合，直至点火时刻，从火花塞处至气缸壁，燃油浓度由浓到稀，保证有效点火和火焰传播，从而提高燃油经济性。

1. 高压电控燃油喷射系统

高压电控燃油喷射系统主要由高压泵、高压油管、燃油压力传感器、燃油压力调节阀和喷油器等组成，图 4-5 所示为大众迈腾高压电控燃油喷射系统。发动机电控单元通过燃油压力调节阀将高压系统燃油压力调节至合适水平，再根据发动机的运行状态，计算精确的喷油时间，通过高压喷油器将燃油直接喷入气缸。

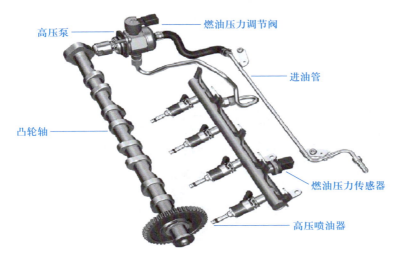

高压泵　　　　　　　　　　燃油压力调节阀

　　　　　　　　　　　　　进油管

凸轮轴

　　　　　　　　　　　　　燃油压力传感器

　　　　　　　　　　　　　高压喷油器

图 4-5　大众迈腾高压电控燃油喷射系统

1）高压泵

高压泵采用单活塞泵，它由发动机凸轮轴上的方形凸轮机构以机械方式驱动。电动燃油泵给高压泵预供油，预供油压力约为 600kPa。在发动机运行过程中，高压泵在燃油轨内产生喷油器所需的压力（3 ~ 20MPa）。高压泵上有一个压力缓冲器，它可以吸收高压系统内部的压力波动，使系统压力保持恒定。高压泵结构图如图 4-6 所示。

高压泵的工作过程分为进油、回油和泵油三个阶段，如图 4-7 所示。在发动机运转过程中，三个阶段循环往复，持续将低压泵的燃油输送给高压燃油系统，并通过燃油压力调节阀精确控制高压系统的燃油压力。燃油压力调节阀集成在高压泵内或安装在油轨上，大约在 14MPa 时打开，使高压燃油泄回到低压管路。压力过高一般发生在发动机超速或高温状态。

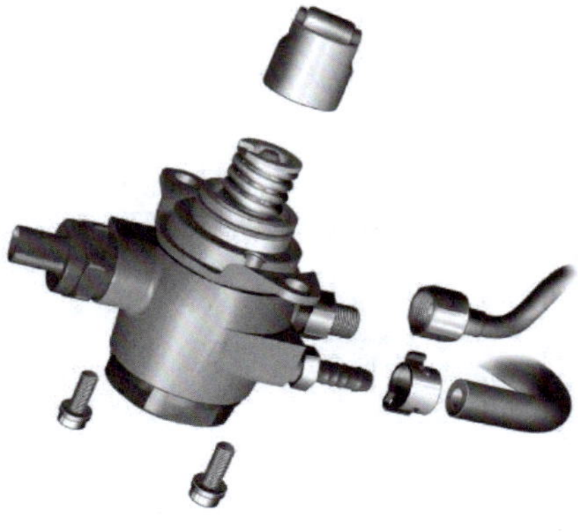

图 4-6　高压泵结构图

（1）进油阶段

进油阶段，燃油压力调节阀通电打开，在高压泵活塞回位弹簧的作用向下运动，泵腔的容积不断增大，泵腔内的燃油压力近似于低压系统内压力，燃油流入泵腔，如图 4-7a 所示。

（2）回油阶段

回油阶段，高压泵活塞上行，活塞上方压力增大。在高压泵活塞上行初期，燃油压力调节阀仍然打开，多余的燃油被挤压回低压端，系统通过控制此阶段内燃油压力调节阀的通电时间来精确控制系统压力，如图4-7b所示。

（3）供油阶段

高压泵活塞上行的中后期，燃油压力调节阀断电，进油阀关闭，泵腔内建立起油压。当泵腔内的油压高于油轨内的油压时，出油阀开启，燃油被泵入油轨内，如图4-7c所示。

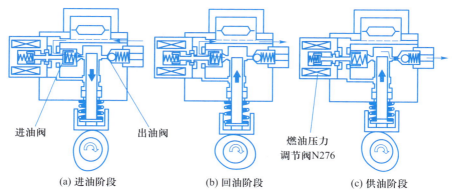

图4-7　高压泵的工作过程

2）油轨

油轨将供油泵提供的高压燃油分配到各喷油器中，起蓄压器的作用。油轨应有足够的燃油流量，减小燃油流动时的压降，使高压管路系统中的压力波动较小，能承受高压燃油的冲击，且起动时共轨中的压力能很快建立。油轨容积应削减高压泵的供油压力波动和每个喷油器由喷油过程引起的压力振荡，使高压油轨中的压力波动控制在5MPa以内。

3）喷油器

喷油器是高压电控燃油喷射系统中最关键和最复杂的部件，它的作用是根据ECU发出的控制信号，通过控制电磁阀的开启和关闭，将高压油轨中的燃油以最佳的喷油定时、喷油量和喷油率喷入发动机的燃烧室。

4）燃油压力调节阀

燃油压力调节阀安装在高压泵上，用于控制高压泵内的燃油流量，进而调节高压系统的压力，该电磁阀是一个常闭电磁阀，通电时阀门打开，使部分燃油回到低压系统。发动机运转过程中，凸轮轴带动高压泵柱塞往复运动，建立高压。发动机电控单元通过PWM信号控制燃油压力调节阀的打开和关闭，将压力调至3~20MPa，压力的大小取决于负荷和转速。同时发动机电控单元通过燃油压力传感器监测高压系统油压，以此形成控制闭环。

迈腾B8L轿车发动机燃油压力调节阀发生故障，高压泵的进油阀在回位弹簧的弹力下保持关闭，无法建立高压燃油。这种情况下起动发动机有三种可能情况。

① 高压系统内有残余压力，发动机可以起动，发动机运转至45℃时，低压

燃油喷射系统将取代高压燃油喷射系统，从而保证发动机正常运行。

② 高压系统没有残余压力，发动机将无法起动。

③ 发动机依靠残余压力运行无法使冷却液温度达到45℃，低压燃油喷射系统将不会参与工作，发动机会在高压燃油喷射系统燃油耗尽时熄火。

5）燃油压力传感器

燃油压力传感器的作用就是监测系统中燃油压力的变化，并转化为电信号传递给发动机电控单元，发动机电控单元根据此信号发送控制指令给燃油压力调节阀，根据发动机实际工况，及时调整高压燃油喷射系统油压。图4-8所示为燃油压力传感器结构图。

燃油压力传感器的核心是钢膜，在钢膜上有应变电阻，要测的压力经压力接口作用到钢膜的一侧，使钢膜弯曲，引起应变电阻的阻值发生变化。电路将电阻转变成电压，处理放大后传递给发动机电控单元。

图4-9所示为迈腾B8L轿车燃油压力传感器与发动机电控单元之间的连接电路，发动机电控单元给传感器 T3n/3 端子提供 5V电源，T3n/1 端子提供搭铁，传感器通过T3n/2 端子向发动机电控单元提供压力变化的电压信号。

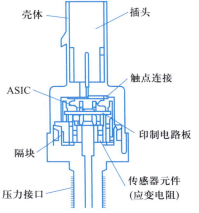

图4-8　燃油压力传感器结构图

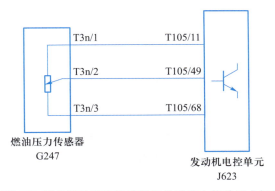

燃油压力传感器
G247

发动机电控单元
J623

图4-9　迈腾B8L轿车燃油压力传感器与发动机电控单元之间的连接电路

2. 高压电控燃油喷射系统传感器检修

以迈腾B8L轿车发动机燃油压力调节阀 N276 控制电路为例，对传感器进行分析和检测，电路原理图如图4-10所示。

由电路原理图可知，发动机电控单元 J623 的 T105/92 端子与燃油压力调节阀 N276 的 T2f/2 端子相连，为燃油压力调节阀提供脉冲电源，由发动机电控单元 J623 的 T105/93 端子与燃油压力调节阀 N276 的 T2f/1 端子相连，为燃油压力调节阀控制信号提供搭铁，发动机电控单元 J623 通过 PWM 信号控制燃油压力调节阀的运行。

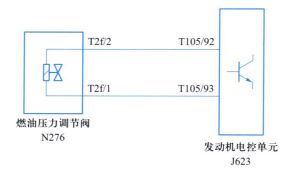

图 4-10 迈腾 B8L 轿车燃油压力调节阀控制电路原理图

燃油压力调节阀 N276 常见的故障见表 4-14。

表 4-14 燃油压力调节阀 N276 常见的故障

序号	故障
1	燃油压力调节阀 N276 的 T2f/1 端子对应的控制信号线断路
2	燃油压力调节阀 N276 的 T2f/1 端子对应的控制信号线虚接
3	燃油压力调节阀 N276 的 T2f/2 端子对应的电源线断路
4	燃油压力调节阀 N276 的 T2f/2 端子对应的电源线虚接
5	燃油压力调节阀 N276 的 T2f/2 端子对应的电源电路对搭铁短路
6	燃油压力调节阀 N276 自身故障
7	发动机电控单元 J623 自身损坏（局部）

微课

检修燃油压力
调节阀

结合以上信息，燃油压力调节阀 N276 及其电路异常故障的检测和诊断流程如下。
① 检测前确保插接件、紧固件连接可靠、无锈蚀、无破损。
② 数据信号传输应采用示波器进行测量分析。
第一步：测量燃油压力调节阀 N276 的端子对搭铁波形，见表 4-15。

表 4-15 测量燃油压力调节阀 N276 的端子对搭铁波形

测量标准：发动机处于怠速状态				
可能性	测试部位	实测结果	状态	操作
1	T2f/2 T2f/1	燃油压力调节阀 N276	正常	考虑更换燃油压力调节阀元件

续表

可能性	测试部位	实测结果	状态	操作
2	T2f/2 T2f/1		异常	转"第二步"
3	T2f/2 T2f/1		异常	转"第三步"

第二步：测量发动机电控单元 J623 的 T105/93 端子对搭铁波形，见表 4-16。

表 4-16 测量发动机电控单元 J623 的 T105/93 端子对搭铁波形

测量标准：发动机处于怠速状态				
可能性	实测结果	状态	说明	操作
1		异常	发动机电控单元 J623 未发出搭铁 控制信号	考虑更换发动机 电控单元 J623
2			燃油压力调节阀 N276 的 T2f/1 端子 和发动机电控单元 J623 的 T105/93 端 子之间电路断路	转"第五步" 第二项测量

第三步：测量燃油压力调节阀 N276 的 T2f/2 端子对搭铁波形，见表 4-17。

表 4-17 测量燃油压力调节阀 N276 的 T2f/2 端子对搭铁波形

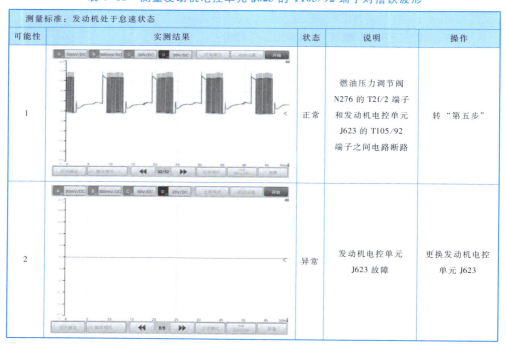

测量标准：发动机处于怠速状态				
可能性	实测结果	状态	说明	操作
1		正常	燃油压力调节阀 N276 损坏	考虑更换燃油压力调节阀 N276
2		异常	燃油压力调节阀 N276 供电电路故障	转"第四步"

第四步：测量发动机电控单元 J623 的 T105/92 端子对搭铁波形，见表 4-18。

表 4-18 测量发动机电控单元 J623 的 T105/92 端子对搭铁波形

测量标准：发动机处于怠速状态				
可能性	实测结果	状态	说明	操作
1		正常	燃油压力调节阀 N276 的 T2f/2 端子和发动机电控单元 J623 的 T105/92 端子之间电路断路	转"第五步"
2		异常	发动机电控单元 J623 故障	更换发动机电控单元 J623

第五步：电路导通性测试。

测量燃油压力调节阀 N276 的 T2f/2 端子和发动机电控单元 J623 的 T105/92 端子之间电路的导通性，见表 4-19。

表 4-19 测量燃油压力调节阀 N276 的 T2f/2 端子和发动机电控单元 J623 的 T105/92 端子之间电路的导通性

测量标准：点火开关关闭，拔掉发动机电控单元 J623 的 T105 插接件和燃油压力调节阀 N276 的 T2f 插接件，测量电阻应小于 2Ω				
可能性	实测结果	状态	可能原因	操作
1	小于 2Ω	正常	线束插接器故障	检修插接件
2	无穷大	异常	电路断路	检修电路
3	大于 5Ω	异常	电路虚接	

测量燃油压力调节阀 N276 的 T2f/1 端子和发动机电控单元 J623 的 T105/93 端子之间电路的导通性，见表 4-20。

表 4-20 测量燃油压力调节阀 N276 的 T2f/1 端子和发动机电控单元 J623 的 T105/93 端子之间电路的导通性

测量标准：点火开关关闭，拔掉发动机电控单元 J623 的 T105 插接件和燃油压力调节阀 N276 的 T2f 插接件，测量电阻应小于 2Ω				
可能性	实测结果	状态	可能原因	操作
1	小于 2Ω	正常	线束插接器故障	检修插接件
2	无穷大	异常	电路断路	检修电路
3	大于 5Ω	异常	电路虚接	

任务实施

本任务以迈腾 B8 发动机为例，在发动机上预设燃油压力调节阀 N276 电路故障，要求学生利用所学知识排除相关故障。任务工作单和评分细则见表 4-21 和表 4-22。

表 4-21 检修燃油压力调节阀控制电路任务工作单

任务二　检修燃油压力调节阀控制电路		小组人员：	
班级：	学号：		指导老师签字：
日期：			
一、作业要求 　1. 能正确检测燃油压力调节阀控制电路 　2. 学会观察分析问题的能力 　3. 养成良好的 7S 工作习惯			
二、工具、量具准备			

续表

三、辅助材料与耗材

四、制订检修计划及组员分工

五、检修流程

第一步：测量燃油压力调节阀 N276 的端子对搭铁波形

画出测量的波形图	检测结果分析
	正常□ 异常□　　转至第＿＿＿＿步

第二步：测量发动机电控单元 J623 的 T105/93 端子对搭铁波形

画出测量的波形图	检测结果分析
	正常□ 异常□　　转至第＿＿＿＿步

续表

第三步：测量燃油压力调节阀 N276 的 T2f/2 端子对搭铁波形	
画出测量的波形图	检测结果分析
	正常□ 异常□　　转至第＿＿＿步

第四步：测量发动机电控单元 J623 的 T105/92 端子对搭铁波形	
画出测量的波形图	检测结果分析
	正常□ 异常□　　转至第＿＿＿步

第五步第一项：测量燃油压力调节阀 N276 的 T2f/2 端子和发动机电控单元 J623 的 T105/92 端子之间电路的导通性	
检测结果	检测结果分析
测量结果：＿＿＿＿＿＿ Ω	正常□ 异常□　　转至第＿＿＿步
第五步第二项：测量燃油压力调节阀 N276 的 T2f/1 端子和发动机电控单元 J623 的 T105/93 端子之间电路的导通性	
检测结果	检测结果分析
测量结果：＿＿＿＿＿＿ Ω	正常□ 异常□　　转至第＿＿＿步
检修结论： 维修建议：	

表 4-22　检修燃油压力调节阀控制电路评分细则

任务二　检修燃油压力调节阀控制电路					实训日期：			
姓名：			班级：		学号：		指导老师签字：	
自评：□熟练　□不熟练			互评：□熟练　□不熟练		师评：□熟练　□不熟练			
日期：			日期：		日期：			
序号	评分项	得分条件			分值	评分要求	自评	互评	师评
1	安全/7S/态度	□1. 能进行工位 7S 操作 □2. 能进行设备和工具安全检查 □3. 能进行车辆安全防护操作 □4. 能进行工具清洁校准存放操作 □5. 能进行三不落地操作			15	未完成 1 项扣 3 分，扣分不得超过 15 分	□熟练 □不熟练	□熟练 □不熟练	□合格 □不合格
2	专业技能能力	□1. 能正确查询燃油压力调节阀控制电路图 □2. 能正确查询燃油压力调节阀控制电路元件端视图 □3. 能正确检测燃油压力调节阀控制的波形 □4. 能正确检测燃油压力调节阀控制电路图			40	未完成 1 项扣 5 分，扣分不得超过 40 分	□熟练 □不熟练	□熟练 □不熟练	□合格 □不合格
3	工具及设备的使用能力	□1. 能正确使用示波器 □2. 能正确使用万用表 □3. 能正确使用车辆或实训台架 □4. 能正确使用诊断仪			20	未完成 1 项扣 5 分，扣分不得超过 20 分	□熟练 □不熟练	□熟练 □不熟练	□合格 □不合格
4	资料、信息查询能力	□1. 能正确使用维修手册查询资料 □2. 能在规定时间内查询所需资料 □3. 能正确记录所需维修信息			10	未完成 1 项扣 5 分，扣分不得超过 10 分	□熟练 □不熟练	□熟练 □不熟练	□合格 □不合格
5	数据判断和分析能力	□1. 能判断燃油压力调节阀控制电路是否正常 □2. 能判断燃油压力调节阀控制电路故障范围			10	未完成 1 项扣 5 分，扣分不得超过 10 分	□熟练 □不熟练	□熟练 □不熟练	□合格 □不合格
6	表单填写与报告的撰写能力	□1. 字迹清晰 □2. 语句通顺 □3. 无错别字 □4. 无涂改 □5. 无抄袭			5	未完成 1 项扣 1 分，扣分不得超过 5 分	□熟练 □不熟练	□熟练 □不熟练	□合格 □不合格
总分								

🕐 **任务回顾**

　　迈腾 B8L 轿车发动机燃油压力调节阀 N276 用于调节高压燃油喷射系统压力。如果该部件出现故障，高压燃油喷射系统将无法建立正常压力。起动时只要高压燃油喷射系统内有残余压力，就可以让发动机直接起动，待起动后，如果高压燃油耗尽，低压燃油喷射系统将替补作为喷油装置，保证发动机正常运行。但是发动机的性能将受到限制，转速不能超过 3000r/min，同时点亮故障警告灯。

练习与思考

一、选择题

1. 下列不属于高压电控燃油喷射系统的组成部件是（　　）。

A. 高压泵　　　　　　　　　　　B. 高压油管

C. 燃油压力调节阀　　　　　　　D. 燃油泵

2. 下列不属于高压泵工作过程的是（　　）。

A. 进油阶段　　　　　　　　　　B. 回油阶段

C. 供油阶段　　　　　　　　　　D. 放油阶段

3. 关于燃油压力调节阀 N276 的工作原理，甲技师说，N276 是在通电的时候打开；乙技师说，N276 是在通电的时候关闭，请问谁的说法正确。（　　）

A. 甲正确　　　　　　　　　　　B. 乙正确

C. 甲、乙都正确　　　　　　　　D. 甲、乙都不正确

4. 燃油压力调节阀的打开压力大约是（　　）。

A. 10MPa　　　　　　　　　　　B. 14MPa

C. 18MPa　　　　　　　　　　　D. 20MPa

5. 不属于 FSI 发动机具有的燃烧模式的是（　　）。

A. 分层充气模式　　　　　　　　B. 均质稀混合器模式

C. 均质混合器模式　　　　　　　D. 均质浓混合器模式

二、判断题

（　　）1. 迈腾 B8L 轿车发动机高压系统采用的是电动高压泵。

（　　）2. 迈腾 B8L 轿车发动机燃油压力电磁阀线圈的电阻约为 10Ω 左右。

（　　）3. 迈腾 B8L 轿车发动机电控单元 J623 通过 PWM 信号控制燃油压力调节阀运行。

（　　）4. 燃油压力调节阀的作用是将高压系统压力调节至 3～20MPa。

（　　）5. 燃油压力传感器发生故障时，发动机电控单元将关闭燃油压力调节阀，以保护高压系统。

>>> 任务三　检修喷油器控制电路

任务描述

一辆大众迈腾 B8 轿车，配备 CUGA 发动机。据车主反映，该车发动机运转

正常，但 EPC 灯点亮。维修人员对发动机进行初步检查，起动发动机，使用故障诊断仪查询故障码为 P020100，对应气缸 1 喷射阀的电路电气故障。请参考相关维修资料，恢复发动机系统功能。

任务解析

从初步检查结果来看，应该是喷油器控制电路故障所致。要修复此故障，首先要了解喷油器的工作原理和控制过程，就车找到喷油器，并观察判断其物理状况；其次要会查阅维修技术资料，制订检修方案，选用正确的仪器设备对喷油器及电路进行检修作业。

任务目标

1. 能通过与客户交流，获取车辆信息并正确确认故障现象。

2. 能阐述喷油器控制原理和各标准参数。

3. 能就车找到喷油器，并对类别进行判断，能看懂原理图与电路图。

4. 能查阅维修资料，会制订正确的维修计划，能正确使用诊断工具仪器，进行参数（故障码、电压、电阻、波形）的检测，正确记录、分析各种检测结果并做出故障判断。

5. 能对喷油器进行维修更换作业，并能对发动机进行性能测试，检查和评估修复质量。

知识准备

1. 喷油器的结构与原理

喷油器的作用是根据发动机电控单元发出的喷油脉冲信号，将计量精确的燃油适时、适量地喷入进气门附近的进气歧管内或气缸内，喷油器及其安装位置如图 4-11 所示。

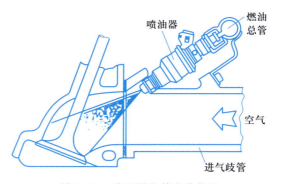

图 4-11　喷油器及其安装位置

目前大多使用轴针式电磁喷油器。按电磁线圈电阻的大小，喷油器可分为低阻式（2～5Ω）和高阻式（12～17Ω），按驱动方式不同，喷油器可分为电流驱动式和电压驱动式。

喷油器主要由隔热环、O形环、电磁线圈、柱塞、衔铁和针阀等组成，如图4-12所示。针阀与衔铁制成一体，针阀下部有轴针。

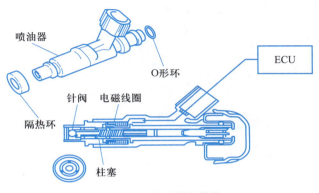

图4-12　喷油器的结构

喷油器工作时，电磁线圈通电，产生电磁吸力，将衔铁吸起并带动针阀离开阀座，同时回位弹簧被压缩，燃油经过针阀并由轴针与喷口的环隙或喷孔中喷出。喷油器不工作时，电磁线圈断电，电磁吸力消失，回位弹簧迅速使针阀关闭，喷油器停止喷油。在喷油器的结构和喷油压力一定时，喷油器的喷油量取决于针阀的开启时间，即电磁线圈的通电时间。其工作由ECU控制，对应的就是喷油脉宽。

对于此类普通低压喷油器，可通过诊断仪执行器测试功能判断其是否工作，也可以测量喷油器两端电阻，如果电阻超限，则应更换喷油器。

2. 迈腾B8轿车发动机喷油器

迈腾B8轿车喷油系统结构图如图4-13所示，其主要由高压泵、燃油压力调节阀、高低压喷油器、高压燃油油轨和低压燃油油轨等组成。

1）喷射模式

迈腾B8轿车发动机具有双喷射系统，两种油气混合方法。第一种是TSI高压喷射系统在气缸内进行直接喷射。第二种是进气歧管燃油喷射系统（SRE）。在实际运行过程中，SRE+TSI双喷射系统有SRE单喷射、高压单喷射、高压双喷射和高压三重喷射四种运行模式。

① 起动。当发动机处于冷态且冷却液温度低于45℃时，低压喷油器此时不工作。高压喷油器三重喷射，随发动机转速的增大，喷油周期和喷油时间间隔都减少。

② 暖机。当发动机已经起动，但冷却液温度尚未达到45℃时，高压喷油器由三重喷射变为双重喷射，分别在进气行程和压缩行程喷入。此时低压喷油器依

动画

双喷射系统

然不工作。

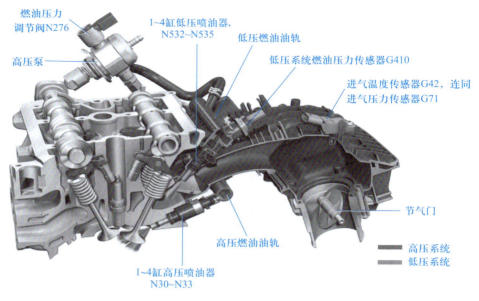

图 4-13　迈腾 B8 轿车喷油系统结构图

③ 部分负荷范围下运行。当发动机冷却液温度超过 45℃并且发动机在部分负荷情况下，高压喷油器不工作。此时低压喷油器开启，发动机采用 SRE 单喷射模式，目的是降低油耗。

④ 低转速全负荷下运行。低转速全负荷时低压喷油器不工作。高压喷油器出现单次喷射，基于高性能需求，系统切换到高压单喷模式。

⑤ 高转速全负荷下运行。高转速全负荷时低压喷油器不工作。高压喷油器出现双重喷射，分别喷入进气和压缩行程。

迈腾 B8 轿车的双喷射系统与传统的电控燃油喷射系统相比有哪些优点？

2）高压喷油器的工作原理

高压喷油器采用的是双源控制，即发动机电控单元通过一个端子控制喷油器的高压电源，通过另一个端子提供搭铁控制，两个信号同时决定了喷油器的喷油时刻和喷油量。图 4-14 所示为高压喷油器的结构工作示意图。

为了提高喷油器的响应速度，必须使喷油器针阀快速升起达到最大行程，因此发动机电控单元中设计了专用升压电路，产生 50～90V 的控制电压，当喷油器工作时，电控单元给喷油器施加约为 65V 的驱动电压，瞬时电流可达 12A，使针阀瞬间打开到最大位置。针阀打开后则只需要较小的电流就能保持最大开度，平均电流约为 2.6A，迈腾 B8 轿车发动机电控单元采用 PWM 信号实施控制，以满足保持最大开度的需求。

喷油器驱动电流分为以下三个阶段。

① 上升阶段，需要一个高电压直接作用在喷油器电磁线圈上，加快驱动电流速度，缩短喷油器开启时间。

② 拾波阶段，仍需要提供较大的保持电流，以防止电流突变导致喷油针阀意外关闭。

③ 保持阶段，驱动电流下降到一个较小的值，保证喷油器处于打开状态且功耗降低。

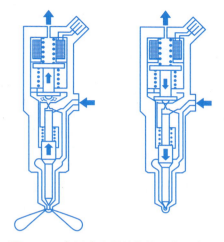

图 4-14　高压喷油器的结构工作示意图

3. 喷油器控制电路检修

以迈腾 B8 轿车高压喷油器 N30 控制电路为例，对喷油器控制电路进行分析和检测，其他喷油器控制电路类似，检修方法是一致的。

由图 4-15 可知，每个喷油器插头有两个端子，分别为信号端子和搭铁端子。喷油器 N30 的 T2aq/1 端子直接与发动机电控单元 J623 的 T105/64 端子相连，并通过喷油器 N30 的 T2aq/2 回到发动机电控单元 J623 的 T105/85 端子构成回路。喷油器为低阻型（2Ω 左右），控制信号采用 PWM 信号进行控制，发动机电控单元 J623 内部升压模块将初始驱动电压迅速升至 60～90V，使喷油器迅速开启，再使用小电流进行保持，直到喷油结束。

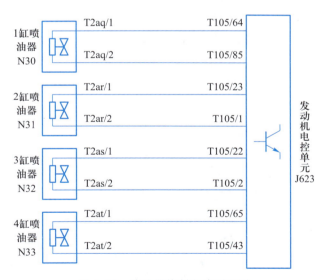

图 4-15　喷油器控制电路原理图

微课

检修喷油器

喷油器 N30 控制信号常见的故障见表 4-23。

表 4-23　喷油器 N30 控制信号常见的故障

序号	故障
1	喷油器 N30 的 T2aq/1 端子对应的控制信号（-）电路断路
2	喷油器 N30 的 T2aq/1 端子对应的控制信号（-）电路虚接
3	喷油器 N30 的 T2aq/1 端子对应的控制信号（-）电路对搭铁短路
4	喷油器 N30 的 T2aq/2 端子对应的控制信号（+）电路断路
5	喷油器 N30 的 T2aq/1 端子对应的控制信号（+）电路虚接
6	喷油器 N30 自身故障
7	发动机电控单元 J623 自身损坏（局部）

结合以上信息，喷油器 N30 控制信号异常故障的检测和诊断流程如下。

第一步：测量喷油器端子对搭铁波形，见表 4-24。

表 4-24　测量喷油器端子对搭铁波形

测量标准：发动机处于怠速状态，用双通道示波器同时测量喷油器两端对搭铁波形				
可能性	实测结果	状态	说明	操作
1	高压喷油器信号	正常	表示在测喷油器喷油时，两个端子对搭铁信号波形	在控制信号正常而喷油器无法正常工作的情况下，可以考虑更换喷油器
2	N30-1# N30-2#	正常	表示共用升压控制器的另外一个喷油器喷油时，该喷油器两个端子的信号波形	
3	N30-1# N30-2#	异常	在发动机运行过程中，在喷油器测两个端子的波形信号时始终相同，说明搭铁控制电路存在故障	转"第二步"中第 1、3 种可能

续表

可能性	实测结果	状态	说明	操作
4		异常	在发动机运行过程中，测喷油器两个端子对搭铁信号波形时始终相同，说明喷油器供电电路存在故障	转"第二步"中第 2、3 种可能

第二步：测量发动机电控单元 J623 的 T105/64 端子、T105/85 端子对搭铁波形，见表 4-25。

表 4-25　测量发动机电控单元 J623 的 T105/64 端子、T105/85 端子对搭铁波形

测量标准：发动机处于怠速状态，测量发动机电控单元 J623 的 T105/64 端子和 T105/85 端子对搭铁波形				
可能性	实测结果	状态	说明	操作
1		异常	发动机电控单元 J623 故障	更换发动机电控单元 J623
2		异常	喷油器 N30 的 T2aq/2 端子和发动机电控单元 J623 的 T105/85 端子之间电路断路，发动机电控单元 J623 故障	转"第三步"的第 2 种可能
3		异常	喷油器 N30 的 T2aq/1 端子和发动机电控单元 J623 的 T105/64 端子之间电路断路或对搭铁短路（来自第一步的第 2 种可能） 喷油器 N30 的 T2aq/2 端子和发动机电控单元 J623 的 T105/85 端子之间电路断路	转"第三步"的"1)"

第三步：电路导通性测量。

① 测量喷油器 N30 的 T2aq/1 端子和发动机电控单元 J623 的 T105/64 端子之间电路的导通性，见表4-26。

表4-26　测量喷油器 N30 的 T2aq/1 端子和发动机电控单元 J623 的
T105/64 端子之间电路的导通性

可能性	实测结果	状态	可能原因	操作
测量标准：点火开关关闭，拔掉发动机电控单元 J623 的 T105 插接件和喷油器 N30 的 T2aq 插接件，测量电阻应小于 2Ω				
1	小于 2Ω	正常	线束插接器故障	转"第四步"
2	无穷大	异常	电路断路	检修电路
3	大于 5Ω	异常	电路虚接	

② 测量喷油器 N30 的 T2aq/2 端子和发动机电控单元 J623 的 T105/85 端子之间电路的导通性，见表4-27。

表4-27　测量喷油器 N30 的 T2aq/2 端子和发动机电控单元 J623 的
T105/85 端子之间电路的导通性

可能性	实测结果	状态	可能原因	操作
测量标准：点火开关关闭，拔掉发动机电控单元 J623 的 T105 插接件和喷油器 N30 的 T2aq 插接件，测量电阻应小于 2Ω				
1	小于 2Ω	正常	线束插接器故障	更换喷油器
2	无穷大	异常	电路断路	检修电路
3	大于 5Ω	异常	电路虚接	

第四步：测量喷油器 N30 的 T2aq/1 端子对搭铁电阻，见表4-28。

表4-28　测量喷油器 N30 的 T2aq/1 端子对搭铁电阻

可能性	测试部位	实测结果	状态	可能原因	操作
测量标准：点火开关关闭，拔掉发动机电控单元 J623 的 T105 插接件和喷油器 N30 的 T2aq 插接件，该导线端对端电阻应为无穷大					
1	测量喷油器 N30 的 T2aq/1 端子对搭铁电阻	无穷大	正常	—	转本表的 2
		小于 2Ω	异常	电路短路	检修电路
2	连接发动机电控单元 J623 插接件 T105，测量喷油器 N30 的 T2aq/1 端子对搭铁电阻	无穷大	正常	喷油器 N30 自身故障	转本表的 3
		小于 2Ω	异常	发动机电控单元 J623 内部故障	更换发动机电控单元 J623
3	连接喷油器 N30 的 T2aq 插接件，测量喷油器 N30 的 T2aq/1 端子对搭铁电阻	无穷大	正常	—	测试结束
		小于 2Ω	异常	喷油器 N30 自身故障	更换喷油器 N30

 **任务实施**

本任务以迈腾 B8 轿车发动机为例，在发动机上预设喷油器控制电路故障，要求学生利用所学知识排除相关故障。任务工作单和评分细则见表 4-29 和表 4-30。

表 4-29 检修喷油器控制电路任务工作单

任务三 检修喷油器控制电路		小组人员：	
班级：	学号：		指导老师签字：
日期：			
一、作业要求 　1. 能正确检测喷油器控制电路 　2. 学会观察分析问题的能力 　3. 养成良好的 7S 工作习惯			
二、工具、量具准备			
三、辅助材料与耗材			
四、制订检修计划及组员分工			
五、检修流程			
第一步：测量喷油器端子对搭铁波形			
画出测量的波形图		检测结果分析	
		正常□ 异常□　　转至第_____步	

续表

第二步：测量发动机电控单元 J623 的 T105/64 端子、T105/85 端子对搭铁波形

画出测量的波形图	检测结果分析
	正常□ 异常□　　转至第＿＿＿步

第三步第一项：测量喷油器 N30 的 T2aq/1 端子和发动机电控单元 J623 的 T105/64 端子之间电路的导通性

检测结果	检测结果分析
测量结果：＿＿＿＿＿＿ Ω	正常□ 异常□　　转至第＿＿＿步

第三步第二项：测量喷油器 N30 的 T2aq/2 端子和发动机电控单元 J623 的 T105/85 端子之间电路的导通性

检测结果	检测结果分析
测量结果：＿＿＿＿＿＿ Ω	正常□ 异常□　　转至第＿＿＿步

第四步：测量喷油器 N30 的 T2aq/1 端子对搭铁电阻

检测结果	检测结果分析
测量结果：＿＿＿＿＿＿ Ω	正常□ 异常□

检修结论：

维修建议：

表 4-30　检修喷油器控制电路评分细则

任务三　检修喷油器控制电路			实训日期：		指导老师签字：	
姓名：		班级：	学号：			
自评：□熟练　□不熟练		互评：□熟练　□不熟练	师评：□熟练　□不熟练			
日期：		日期：	日期：			
序号	评分项	得分条件	分值	评分要求	自评	互评	师评
---	---	---	---	---	---	---	---
1	安全/7S/态度	□1. 能进行工位 7S 操作 □2. 能进行设备和工具安全检查 □3. 能进行车辆安全防护操作 □4. 能进行工具清洁校准存放操作 □5. 能进行三不落地操作	15	未完成 1 项扣 3 分，扣分不得超过 15 分	□熟练 □不熟练	□熟练 □不熟练	□合格 □不合格
2	专业技能能力	□1. 能正确查询喷油器控制电路图 □2. 能正确查询喷油器控制电路元件端视图 □3. 能正确检测喷油器控制的波形 □4. 能正确检测喷油器控制电路图	40	未完成 1 项扣 5 分，扣分不得超过 40 分	□熟练 □不熟练	□熟练 □不熟练	□合格 □不合格
3	工具及设备的使用能力	□1. 能正确使用示波器 □2. 能正确使用万用表 □3. 能正确使用车辆或实训台架 □4. 能正确使用诊断仪	20	未完成 1 项扣 5 分，扣分不得超过 20 分	□熟练 □不熟练	□熟练 □不熟练	□合格 □不合格
4	资料、信息查询能力	□1. 能正确使用维修手册查询资料 □2. 能在规定时间内查询所需资料 □3. 能正确记录所需维修信息	10	未完成 1 项扣 5 分，扣分不得超过 10 分	□熟练 □不熟练	□熟练 □不熟练	□合格 □不合格
5	数据判断和分析能力	□1. 能判断喷油器控制电路是否正常 □2. 能判断喷油器控制电路故障范围	10	未完成 1 项扣 5 分，扣分不得超过 10 分	□熟练 □不熟练	□熟练 □不熟练	□合格 □不合格
6	表单填写与报告的撰写能力	□1. 字迹清晰 □2. 语句通顺 □3. 无错别字 □4. 无涂改 □5. 无抄袭	5	未完成 1 项扣 1 分，扣分不得超过 5 分	□熟练 □不熟练	□熟练 □不熟练	□合格 □不合格
总分						

任务回顾

迈腾 B8 轿车发动机采用双喷射系统，即每一个气缸分别安装一个高、低压喷油器，在不同的工况下，不同的喷油器工作。当某个喷油器出现故障时，另外一个喷油器工作，不会出现两个喷油器同时工作的情况，以保证发动机正常运行，同时点亮发动机故障警告灯。诊断流程中使用示波器分别测量喷油器 1、2 号端子搭铁的信号波形，是为了体现高压喷油器的控制逻辑，因此，如果想要测量的驱动信号波形能正确反映喷油器工作状态，最好是将示波器的负极探针连接到喷油器负极上，正极探针连接到喷油器正极上进行测试。

练习与思考

一、选择题

1. 检测喷油器电路时，拔掉喷油器插头，打开点火开关测量线束，技师甲说，电源线应该有 12V 电压，技师乙说，另一根线应该搭铁，请问谁的说法正确。（　　）

A. 甲正确　　　　　　　　　　　　　B. 乙正确

C. 甲、乙都正确　　　　　　　　　　D. 甲、乙都不正确

2. 当结构确定后，喷油器的喷油量主要取决于（　　）。

A. 点火提前角　　　　　　　　　　　B. 喷油时间

C. 工作温度　　　　　　　　　　　　D. 基本喷油量

3. 电控发动机运转时，（　　）将燃油喷入进气歧管。

A. 喷油器　　　　　　　　　　　　　B. 燃油泵

C. 滤清器　　　　　　　　　　　　　D. 缓冲器

4. 当怀疑发动机单缸不工作导致怠速不稳时，甲技师说，可用断缸法判断不工作缸；乙技师说，断缸试验时应断开喷油器插头。请问谁的说法正确。（　　）

A. 甲正确　　　　　　　　　　　　　B. 乙正确

C. 甲、乙都正确　　　　　　　　　　D. 甲、乙都不正确

5. 发动机中出现有故障的喷油器，不可能会出现（　　）。

A. 怠速时发动机熄火　　　　　　　　B. 发动机加速缓慢

C. 发动机喘振　　　　　　　　　　　D. 燃油压力上升

二、判断题

（　　）1. 汽车在高速行驶时，突然松开加速踏板，ECU 不会控制喷油器中断燃油喷射。

（　　）2. 喷油器按线圈的电阻值可分为电阻值 $11\sim16\Omega$ 的高阻式和阻值为 $2\sim3\Omega$ 的低阻式。

（　　）3. 当发动机电控燃油喷射系统中的喷油器堵塞会导致混合气过浓。

（　　）4. 顺序喷射方式中，发动机每一个工作循环中，各喷油器均喷射一次。

（　　）5. 蓄电池电压的高低，对喷油器的喷油没有影响。

>> 任务四　检修温度传感器

任务描述

一辆大众迈腾 B8 轿车，配备 CUGA 发动机。据车主反映，该轿车发动机

冷车起动困难，热车起动正常。维修人员对发动机进行初步检查，发动机故障警告灯点亮，打开点火开关，使用故障诊断仪查询的故障码为 P01800，对应发动机冷却液温度传感器信号过大故障。请参考相关维修资料，恢复发动机系统功能。

任务解析

根据故障现象及代码初步分析为冷却液温度传感器故障所致。要排除此故障，就要了解温度传感器的工作原理和控制过程，就车找到温度传感器并观察判断其物理状况；其次要会查阅维修技术资料，制订检修方案，选用正确的仪器设备对冷却液温度传感器进行检修和更换作业，并评估故障修复情况。

任务目标

1. 能通过与客户交流，获取车辆信息并正确确认故障现象。
2. 能阐述温度传感器的工作原理和各标准参数。
3. 能就车找到温度传感器的安装位置，并对温度传感器类别进行判断，能看懂原理图与电路图。
4. 能查阅维修资料，会制订正确的维修计划，能正确使用诊断工具仪器，能进行参数（故障码、电压、电阻、波形）的检测，能正确记录、分析各种检测结果并做出故障判断。
5. 能对温度传感器进行维修更换作业，并能对发动机进行性能测试，能检查和评估修复质量。

知识准备

温度是反映发动机热负荷状态的重要参数，为了保证电控单元能够精确地控制发动机正常运行，必须随时、连续、准确地检测发动机冷却液的温度，以便修正控制参数，准确计算喷油脉宽和点火正时等，使发动机处于最佳运行状态。

现代汽车应用较多的是冷却液温度传感器、进气温度传感器等，属于负温度系数（NTC）型热敏电阻式温度传感器，利用陶瓷半导体材料的电阻随温度变化而变化的特性制成。

微课
冷却液温度传感器

1. 冷却液温度传感器

冷却液温度传感器又称为水温传感器，安装在发动机气缸体、气缸盖水套或节温器内，并伸入气缸盖水套中，冷却液温度传感器的结构如图 4-16 所示，其主要由热敏电阻、金属引线、接线插座和壳体等组成。其作用是检测发动机冷却液的温度，并将温度信号转换为电信号传送给发动机电控单元。

负温度系数型热敏电阻式温度传感器在冷却液温度低时，电阻值大；冷却液温度高时，电阻值小。发动机冷机时供给较浓的可燃混合气，热机时供给较稀薄的可燃混合气，从而使发动机稳定而良好的工作。冷却液温度传感器的特性如图4-17所示。

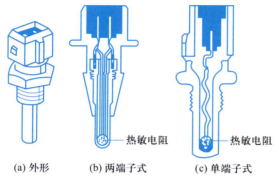

| (a) 外形 | (b) 两端子式 | (c) 单端子式 |

图 4-16　冷却液温度传感器的结构　　　图 4-17　冷却液温度传感器的特性

课堂讨论

发动机运行过程中既不能缺水也不能缺机油。请讨论一下，当冷却液温度传感器故障导致实际冷却液温度过高时，对发动机将带来什么样的危害。

重要提示

如果冷却液温度信号超出范围（如发生断路、短路等故障），ECU 将不采纳此信号，启动失效保护程序，采用固定值80℃左右作为替代信号而工作。此时可能会引起发动机起动困难、怠速不稳、油耗增加和污染增大等故障现象。

2. 进气温度传感器

进气温度传感器通常安装在空气滤清器之后的进气软管上或与空气流量传感器集成在一起，进气温度传感器的结构如图4-18所示，其主要由绝缘套、塑料外壳、防水插座、铜垫圈和热敏电阻等组成，发动机电控单元根据进气温度对喷油量进行修正，以获得最佳的空燃比。

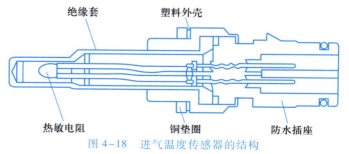

图 4-18　进气温度传感器的结构

当进气温度低时，热敏电阻的阻值大，传感器输入发动机电控单元的信号电压高，电控单元控制发动机增加喷油量；当进气温度高时，热敏电阻的阻值小，传感器输入电控单元的信号电压低，电控单元控制发动机减少喷油量。当进气温度传感器出现故障时，会使混合气过浓或过稀，使燃烧不正常而出现发动机工作不稳定的情况。进气温度传感器的工作特性如图 4-19 所示。

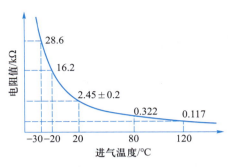

图 4-19　进气温度传感器的工作特性

课堂讨论

冷却液温度传感器和进气温度传感器均可对燃油供给量和点火时刻进行修正，请讨论一下，这两个传感器哪一个对发动机工作性能的影响更大。

3. 温度传感器及电路检修

冷却液温度传感器和进气温度传感器的工作原理与检修内容基本一致，现以冷却液温度传感器及电路故障为例，对其进行检修。

1）开路检测

检查冷却液温度传感器的电阻时，可拔下其插接器或将传感器从发动机上拆下。因其电阻随温度的变化而变化，因此，需测定不同温度下冷却液温度传感器的电阻，如图 4-20 所示。冷却液温度传感器的正常电阻值应在图 4-21 所示的两条标准值公差曲线之间。如果其电阻值在两条曲线以外，则需更换发动机冷却液温度传感器。

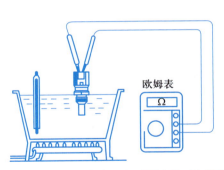

图 4-20　冷却液温度传感器在不同温度下电阻的测量

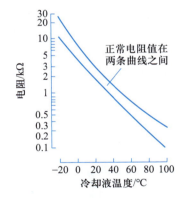

图 4-21　电阻测试范围曲线

2）在线检测

以迈腾 B8 轿车冷却液温度传感器控制电路为例，对冷却液温度传感器控制电路进行分析和检测。

发动机电控单元 J623 提供的 5 V 信号电压经发动机电控单元 J623 内部的电

阻 R 施加在冷却液温度传感器 G62 上，电阻 R 与通过发动机电控单元 J623 的 T105/49 端子，至传感器的 T2ao/1 端子并由 T2ao/2 端子至 T105/40 端子，由发动机电控单元 J623 提供搭铁形成回路。电阻 R 的阻值固定不变，当冷却液温度传感器 G62 阻值发生变化时，端子 T2ao/1 上的电压发生相应变化，即冷却液温度信号发生变化，发动机电控单元 J623 根据此信号执行相应控制策略，如图 4-22 所示。

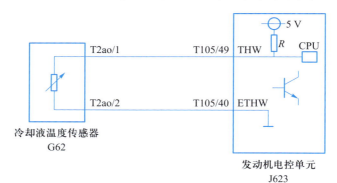

图 4-22   迈腾 B8 轿车冷却液温度传感器控制电路原理图

冷却液温度传感器 G62 常见的故障见表 4-31。

微课

检修冷却液
温度传感器

表 4-31   冷却液温度传感器 G62 常见的故障

序号	故障
1	冷却液温度传感器 G62 信号对搭铁短路
2	冷却液温度传感器 G62 信号断路
3	冷却液温度传感器 G62 信号虚接
4	冷却液温度传感器 G62 的 T2ao/1 端子搭铁断路
5	冷却液温度传感器 G62 的 T2ao/1 端子搭铁虚接
6	冷却液温度传感器 G62 故障
7	发动机电控单元 J623 故障（局部）

第一步：测量冷却液温度传感器 G62 的 T2ao/1 端子对搭铁电压，见表 4-32。

① 检测前确保插接件、紧固件连接可靠、无锈蚀、无破损。
② 电源的检查应包括正极电源和负极电源。

表 4-32   测量冷却液温度传感器 G62 的 T2ao/1 端子对搭铁电压

测量标准：点火开关打开，或发动机处于怠速，测试值应随温度的变换而变化				
可能性	实测结果/V	状态	可能原因	操作
1	0.5 ~ 4.2	正常	如果数据流异常，则要检查信号电路及发动机电控单元 J623	转"第二步"
2	5	异常	说明测量点到冷却液温度传感器 G62 搭铁之间存在断路或信号线对 5V 电源短路	转"第二步"
3	0	异常	说明测试点至发动机电控单元 J623 电路断路，或冷却液温度传感器 G62 信号线搭铁短路	转"第二步"

第二步：测量冷却液温度传感器 G62 的 T2ao/2 端子与发动机电控单元 J623 的 T105/40 端子间电路导通性，见表 4-33。

表 4-33　测量冷却液温度传感器 G62 的 T2ao/2 端子与发动机电控单元 J623 的
T105/40 端子间电路导通性

测量标准：点火开关关闭，拔下发动机电控单元 J623 的 T105 插接器和冷却液温度传感器 G62 的 T2ao 插接器，该导线端对端电阻应小于 1Ω				
可能性	实测结果	状态	可能原因	操作
1	小于 1Ω	正常	发动机电控单元 J623 故障	检修发动机电控单元 J623
2	无穷大	异常	T2ao/2 端子到 T105/40 端子间电路断路	检修电路
3	大于 5Ω	异常	T2ao/2 端子到 T105/40 端子间电路虚接	

第三步：测量冷却液温度传感器 G62 的 T2ao/2 端子对搭铁电阻，见表 4-34。

表 4-34　测量冷却液温度传感器 G62 的 T2ao/2 端子对搭铁电阻

测量标准：点火开关关闭，拔下发动机电控单元 J623 的 T105 与冷却液温度传感器 G62 的 T2ao 插接器，该导线端对端电阻应大于 10kΩ				
可能性	实测结果	状态	可能原因	操作
1	无穷大	正常	发动机电控单元 J623 故障	检修发动机电控单元 J623
2	小于 1Ω	异常	T2ao/2 端子对搭铁间电路短路	检修电路
3	大于 5Ω	异常	T2ao/2 端子对搭铁间电路虚接	

第四步：测量冷却液温度传感器 G62 的 T2ao/1 与发动机电控单元 J623 的 T105/47 端子间电路导通性，见表 4-35。

表 4-35　测量冷却液温度传感器 G62 的 T2ao/1 与发动机电控单元 J623 的
T105/47 端子间电路导通性

测量标准：点火开关关闭，拔下发动机电控单元 J623 的 T105 与冷却液温度传感器 G62 的 T2ao 插接器，该导线端对端电阻应小于 1Ω				
可能性	实测结果	状态	可能原因	操作
1	小于 1Ω	正常	发动机电控单元 J623 故障	检修发动机电控单元 J623
2	无穷大	异常	T2ao/1 端子到 T105/47 端子间电路断路	检修电路
3	大于 5Ω	异常	T2ao/1 端子到 T105/47 端子间电路虚接	

任务实施

本任务以迈腾 B8 轿车发动机为例，在发动机上预设冷却液温度传感器电路故障，要求学生利用所学知识排除相关故障。任务工作单和评分细则见表 4-36 和表 4-37。

表 4-36　检修冷却液温度传感器控制电路任务工作单

任务四　检修冷却液温度传感器控制电路		小组人员：	
班级：	学号：		指导老师签字：
日期：			

一、作业要求

　　1. 能正确检测冷却液温度传感器控制电路

　　2. 学会观察分析问题的能力

　　3. 养成良好的 7S 工作习惯

二、工具、量具准备

三、辅助材料与耗材

四、制订检修计划及组员分工

五、检修流程

第一步：测量冷却液温度传感器 G62 的 T2ao/1 端子对搭铁电压

检测结果	检测结果分析
测量结果：_____ V	正常□ 异常□　转至第_____步

第二步：测量冷却液温度传感器 G62 的 T2ao/2 端子与发动机电控单元 J623 的 T105/40 端子间电路导通性

检测结果	检测结果分析
测量结果：_____ Ω	正常□ 异常□　转至第_____步

第三步：测量冷却液温度传感器 G62 的 T2ao/2 端子对搭铁电阻

检测结果	检测结果分析
测量结果：_____ Ω	正常□ 异常□　转至第_____步

第四步：测量冷却液温度传感器 G62 的 T2ao/1 端子与发动机电控单元 J623 的 T105/47 端子间电路导通性

检测结果	检测结果分析
测量结果：_____ Ω	正常□ 异常□　转至第_____步

检修结论：

维修建议：

表 4-37 检修冷却液温度传感器控制电路评分细则

任务四 检修冷却液温度传感器控制电路			实训日期：			
姓名：		班级：	学号：		指导老师签字：	
自评：□熟练 □不熟练		互评：□熟练 □不熟练	师评：□熟练 □不熟练			
日期：		日期：	日期：			

序号	评分项	得分条件	分值	评分要求	自评	互评	师评
1	安全/7S/态度	□1. 能进行工位 7S 操作 □2. 能进行设备和工具安全检查 □3. 能进行车辆安全防护操作 □4. 能进行工具清洁校准存放操作 □5. 能进行三不落地操作	15	未完成 1 项扣 3 分，扣分不得超过 15 分	□熟练 □不熟练	□熟练 □不熟练	□合格 □不合格
2	专业技能能力	□1. 能正确查询冷却液温度传感器控制电路图 □2. 能正确查询冷却液温度传感器控制电路元件端视图 □3. 能正确检测冷却液温度传感器控制的波形 □4. 能正确检测冷却液温度传感器控制电路图	40	未完成 1 项扣 5 分，扣分不得超过 40 分	□熟练 □不熟练	□熟练 □不熟练	□合格 □不合格
3	工具及设备的使用能力	□1. 能正确使用示波器 □2. 能正确使用万用表 □3. 能正确使用车辆或实训台架 □4. 能正确使用诊断仪	20	未完成 1 项扣 5 分，扣分不得超过 20 分	□熟练 □不熟练	□熟练 □不熟练	□合格 □不合格
4	资料、信息查询能力	□1. 能正确使用维修手册查询资料 □2. 能在规定时间内查询所需资料 □3. 能正确记录所需维修信息	10	未完成 1 项扣 5 分，扣分不得超过 10 分	□熟练 □不熟练	□熟练 □不熟练	□合格 □不合格
5	数据判断和分析能力	□1. 能判断冷却液温度传感器控制电路是否正常 □2. 能判断冷却液温度传感器控制电路故障范围	10	未完成 1 项扣 5 分，扣分不得超过 10 分	□熟练 □不熟练	□熟练 □不熟练	□合格 □不合格
6	表单填写与报告的撰写能力	□1. 字迹清晰 □2. 语句通顺 □3. 无错别字 □4. 无涂改 □5. 无抄袭	5	未完成 1 项扣 1 分，扣分不得超过 5 分	□熟练 □不熟练	□熟练 □不熟练	□合格 □不合格
		总分					

任务回顾

冷却液温度传感器是电控发动机控制系统一个重要的修正参数，如果冷却液温度传感器故障，发动机电控单元进入失效保护模式，默认发动机冷却液温度为80℃，以保证发动机能应急运转。此时，如果发动机冷车起动，发动机电控单元还是执行80℃的热起动程序，导致喷油量较少、混合气较稀，引起冷车起动困难，并且无冷车怠速，同时还伴随散热器散热风扇运转，以防止发动机过热。诊断此类故障时，应先根据故障码含义判断故障的性质（短路、断路），并结合数据流分析故障原因，为准确排除故障提供理论依据。

练习与思考

一、选择题

1. 冷却液温度传感器断路时，从诊断仪读取到的冷却液温度数据流是（　　）℃。

A. -40　　　　　　　　　　　　　　B. 40

C. 80　　　　　　　　　　　　　　D. 140

2. 甲技师说，发动机冷却液温度传感器采用的是负温度系数传感器，乙技师说，发动机冷却液温度传感器采用的是正温度系数传感器。请问哪位技师说的正确。（　　）

A. 甲技师　　　　　　　　　　　　B. 乙技师

C. 都正确　　　　　　　　　　　　D. 都不正确

3. 在暖机过程中，发动机电控单元主要根据（　　）控制暖机怠速。

A. 进气温度传感器　　　　　　　　B. 节气门位置传感器

C. 冷却液温度传感器　　　　　　　D. 曲轴位置传感器

4. 甲技师说，发动机冷却液温度传感器信号电压随着温度上升而上升，乙技师说，发动机冷却液温度传感器信号电压随着温度上升而下降。请问哪位技师说的正确。（　　）

A. 甲技师　　　　　　　　　　　　B. 乙技师

C. 都正确　　　　　　　　　　　　D. 都不正确

5. 若发动机电控单元检测到发动机冷却液温度传感器故障，发动机电控单元将默认冷却液温度为（　　）℃。

A. 60　　　　　　　　　　　　　　B. 70

C. 80　　　　　　　　　　　　　　D. 90

二、判断题

（　　）1. 冷却液温度传感器随着冷却液的温度升高，其阻值也随之增大。

（　　）2. 冷却液温度传感器是负温度系数传感器。

（　　）3. 当进气温度高时，热敏电阻的阻值大，传感器输入发动机电控单元的信号电压高，发动机电控单元将减少喷油量。

（　　）4. 冷却液温度传感器发生故障，可能导致发动机冷起动困难。

（　　）5. 当进气温度传感器发生故障时，发动机电控单元默认进气温度20℃作为修正依据。

模块五

检修排放控制系统故障

【模块导读】

　　本模块融合了汽车运用与维修职业技能等级标准中汽车动力与驱动系统综合分析技术（中级）内容，主要介绍该工作领域动力系统检测与维修模块的排气系统检测维修、三元催化转化器（TWC）检测维修、燃油蒸气排放控制（EVAP）系统检测维修、排气系统检测维修相关知识与职业技能，还包括车辆信息获取、安全注意事项与作业准备、汽车维修资料使用、诊断工具设备使用、传感器工作原理与故障机理及检修流程等。

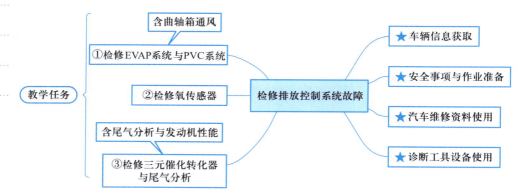

>>> 任务一 检修 EVAP 系统与 PVC 系统

任务描述

一辆大众迈腾 B8 轿车，配备 CUGA 发动机。据车主反映，该车发动机运行时怠速忽高忽低且加速无力。维修人员进行初步检查，打开点火开关，仪表正常，使用故障诊断仪查询无故障码，读取数据流，显示进气量信号异常，初步怀疑为 EVAP 系统或曲轴箱通风（PVC）系统漏气引起的故障。请参考相关维修资料，恢复发动机系统功能。

任务解析

首先要学习 EVAP 系统与曲轴箱通风（PVC）系统的工作原理和控制过程，能就车找到 EVAP 系统与 PVC 系统的位置及相关电路，并观察判断其物理状况；其次要会查阅维修技术资料，制订检修方案，选用正确的仪器设备对传感器进行检修和器件更换作业，并评估故障修复情况。

任务目标

1. 能通过与客户交流，获取车辆信息并正确确认故障现象。
2. 能阐述 EVAP 系统的类型、工作原理和各标准参数。
3. 能就车找到炭罐电磁阀，并对类别进行判断，能看懂原理图与电路图。
4. 能对炭罐电磁阀电路进行检测，并正确记录、分析各种检测结果，做出故障判断。
5. 能对 EVAP 系统与 PVC 系统元件进行维修更换作业，并能对发动机进行性能测试，能检查和评估修复质量。

知识准备

1. EVAP 系统

EVAP 系统收集燃油箱内蒸发的燃油蒸气，将燃油蒸气导入气缸燃烧，防止燃油蒸气直接排出大气而造成污染。同时，根据发动机工况，控制导入气缸参加燃烧的燃油蒸气量。

1）EVAP 系统的组成与工作原理

在装有 EVAP 系统的汽车上，燃油箱盖上只有空气阀，而不设蒸气放出阀。EVAP 系统主要由单向阀、炭罐电磁阀、炭罐排气阀和炭罐等组成，如图 5-1 所示。

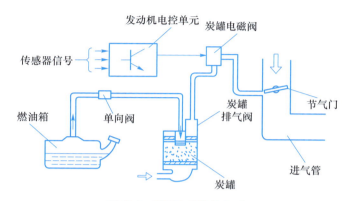

图 5-1　EVAP 系统的组成

当环境温度升高时，燃油箱内的燃油蒸气通过管路进入炭罐，炭罐中的活性炭颗粒吸附燃油蒸气，当发动机在适当的工况时，控制炭罐电磁阀打开，在进气真空度的作用下，将新鲜空气从通气孔吸入炭罐，冲刷吸附到活性炭颗粒上的燃油蒸气，吸入气缸中燃烧。

2）炭罐电磁阀的工作过程

以大众迈腾 B8 轿车发动机为例，介绍炭罐电磁阀的工作原理。发动机电控单元根据相关传感器的信号判断发动机的工况与状态，并通过 PWM 信号控制炭罐电磁阀的开度，使流经炭罐进入进气管的空气流量适应发动机工况、状态变化的需要。大众迈腾 B8 轿车炭罐电磁阀的安装位置如图 5-2 所示。

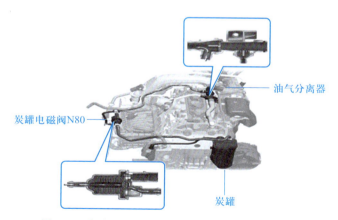

图 5-2　大众迈腾 B8 轿车炭罐电磁阀的安装位置

3）炭罐电磁阀的检修

EVAP 系统电子控制部分主要是对炭罐电磁阀的检修，现以迈腾 B8 轿车为例，对炭罐电磁阀 N80 进行分析和检测，其电路原理图如图 5-3 所示。

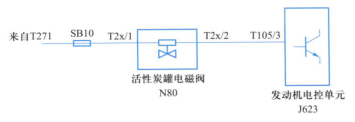

图 5-3　炭罐电磁阀 N80 电路原理图

由 T271 通过 SB10 熔丝向炭罐电磁阀 N80 的 T2x/1 端子提供 +B 工作电压，再经 T2x/2 至发动机电控单元 J623 的 T105/3 端子到发动机电控单元搭铁，发动机电控单元 J623 控制炭罐电磁阀 N80 的搭铁，电磁阀未达到开启条件时，炭罐电磁阀 N80 搭铁保持断开，炭罐电磁阀 N80 保持关闭，炭罐无空气流动。当发动机运行时，发动机电控单元 J623 通过 T105/3 端子输出 PWM 信号，控制炭罐电磁 N80 阀搭铁形成工作回路，炭罐电磁阀 N80 根据 PWM 信号占空比调节开度大小，使流经炭罐电磁阀 N80 的气体流量符合要求。

炭罐电磁阀 N80 占空比：0 表示电磁阀完全关闭，99% 表示电磁阀完全打开。

炭罐电磁阀控制逻辑如下。

（1）发动机转速变化时的炭罐通气量控制

发动机在高转速时，发动机电控单元输出控制脉冲使炭罐电磁阀开度加大，以增加炭罐通气量，使炭罐中的燃油蒸气能及时净化掉。

（2）发动机负荷变化时的炭罐通气量控制

发动机负荷大时，炭罐电磁阀开度加大，用较大的通气量将炭罐中的燃油蒸气及时净化掉。怠速工况时，炭罐通气量减少，以免造成混合气过稀而使发动机怠速不稳。

（3）发动机温度低时的炭罐通气量控制

发动机温度低于 60℃ 时，炭罐通气阀完全关闭，使炭罐无空气流通，以避免影响发动机的工作。

（4）空燃比反馈炭罐通气量控制

氧传感器输出混合气过浓或过稀的电信号时，发动机电控单元输出控制脉冲，及时调整炭罐电磁阀的开度，以避免混合气过浓或过稀。

课堂讨论

很多车主到加油站加油时直接加满，也有的时候为了金额凑整，即使跳枪了还要再加一点。请讨论一下，这种加油方式是否合理？如果不合理，又有什么危害？

炭罐电磁阀 N80 常见的故障见表 5-1。

微课

检修炭罐电磁阀

表 5-1　炭罐电磁阀 N80 常见的故障

序号	故障
1	炭罐电磁阀 N80 电源电路（T2x/1）对搭铁短路
2	炭罐电磁阀 N80 电源电路（T2x/1）断路
3	炭罐电磁阀 N80 电源电路（T2x/1）虚接
4	炭罐电磁阀 N80 控制信号（T2x/2）断路
5	炭罐电磁阀 N80 控制信号（T2x/2）短路
6	炭罐电磁阀 N80 控制信号（T2x/2）虚接
7	炭罐电磁阀 N80 故障
8	发动机电控单元 J623 故障（局部）

结合以上信息，炭罐电磁阀 N80 的检测和诊断流程如下。

第一步：检查炭罐电磁阀的功能，断开炭罐电磁阀软管（靠油箱侧），起动发动机怠速运转，电磁阀入口应无吸力；用诊断仪对炭罐电磁阀做驱动，电磁阀入口应有吸力。

如果异常，转第二步。

第二步：测量炭罐电磁阀 N80 电阻，见表 5-2。

表 5-2　测量炭罐电磁阀 N80 电阻

可能性	实测结果	状态	可能原因	操作
测量标准：关闭点火开关，拔下炭罐电磁阀 N80 的 T2x 插接器，20℃ 时电阻应为 25Ω 左右				
1	25Ω 左右	正常	—	转"第三步"
2	不在标准值内	异常	炭罐电磁阀 N80 故障	更换炭罐电磁阀

第三步：测量炭罐电磁阀 N80 的 T2x/1 端子对搭铁电压，见表 5-3。

表 5-3　测量炭罐电磁阀 N80 的 T2x/1 端子对搭铁电压

可能性	实测结果	状态	可能原因	操作
测量标准：点火开关打开				
1	+B	正常	炭罐电磁阀 N80 搭铁电路或发动机电控单元 J623 故障	转"第五步"
2	0.5V ~ +B	异常	说明电源线虚接	转"第四步"
3	0	异常	说明炭罐电磁阀 N80 电源线搭铁短路或断路	转"第四步"

第四步：测量炭罐电磁阀 N80 的 T2x/1 端子与熔丝 SB10 输出端子间电路导通性，见表 5-4。

表 5-4　测量炭罐电磁阀 N80 的 T2x/1 端子与熔丝 SB10 输出端子间电路导通性

可能性	实测结果	状态	可能原因	操作
测量标准：点火开关关闭，拔下炭罐电磁阀 N80 的 T2x 插接器与 SB10 熔丝，该导线端对端电阻应小于 1Ω				
1	小于 1Ω	正常	—	检查 SB10 上游电路
2	无穷大	异常	炭罐电磁阀 N80 的 T2x/1 端子与熔丝 SB10 输出端子间电路断路	检修电路
3	大于 5Ω	异常	炭罐电磁阀 N80 的 T2x/1 端子与熔丝 SB10 输出端子间电路虚接	

第五步：测量炭罐电磁阀 N80 的 T2x/2 端子与发动机电控单元 J623 的 T105/3 端子间电路导通性，见表 5-5。

表 5-5　测量炭罐电磁阀 N80 的 T2x/2 端子与发动机电控单元 J623 的 T105/3 端子间电路导通性

测量标准：点火开关关闭，拔下发动机电控单元 J623 的 T105 插接器与炭罐电磁阀 N80 的 T2x 插接器，该导线端对端电阻应小于 1Ω

可能性	实测结果	状态	可能原因	操作
1	小于 1Ω	正常	—	转 "第六步"
2	无穷大	异常	T2x/2 到 T105/3 端子间电路断路	检修电路
3	大于 5Ω	异常	T2x/2 到 T105/3 端子间电路虚接	

第六步：测量炭罐电磁阀 N80 的 T2x/2 端子对搭铁电阻，见表 5-6。

表 5-6　测量炭罐电磁阀 N80 的 T2x/2 端子对搭铁电阻

测量标准：点火开关关闭，拔下发动机电控单元 J623 的 T105 与炭罐电磁阀 N80 的 T2x 插接器，该导线端对搭铁电阻应大于 10kΩ

可能性	实测结果	状态	可能原因	操作
1	无穷大	正常	—	更换发动机电控单元 J623
2	小于 1Ω	异常	T2x/2 对搭铁间电路短路	检修电路
3	大于 5Ω	异常	T2x/2 对搭铁间电路虚接	

2. PCV 系统

在发动机工作过程中，未燃的燃油蒸气、水蒸汽和废气等会通过活塞组与气缸之间的间隙窜入曲轴箱，稀释机油，降低机油的使用性能；水蒸汽凝结在机油中，形成油泥阻塞油路；酸性气体混入润滑系统，导致发动机零件的腐蚀和加速磨损；窜气还会使曲轴箱的压力过高而破坏曲轴箱的密封，使机油渗漏流失，因此必须实行曲轴箱通风。

1）PCV 系统的工作原理

以迈腾 B8 轿车 PCV 系统为例，分析工作原理。曲轴箱气体首先通过气缸体下部吸入到机油粗分离器，经机油粗分离器处理后，曲轴箱气体的机油被分离出来，回流到油底壳，而分离后的气体通过气缸体设计好的专用通道输送到气门室盖上的机油细分离模块，以进行第二阶段的油气分离，PCV 系统工作原理图如图 5-4 所示。

在机油细分离模块内，蒸气通过旋风式油气分离机构的处理，会凝结出机油液滴，然后通过气缸盖上的专用通道流回油底壳，再次被分离的蒸气到达机油细分离模块内的压力调节阀，如图 5-5 所示。压力调节阀用于调节进入燃烧室内的蒸气流量，在发动机工作时，它使曲轴箱内保持一定的真空度，并确保良好的曲轴箱通风。调压阀由两个腔室构成，两者之间以膜片分隔。一个腔室通往大气，另一个腔室通往进气歧管和油气分离器。当进气歧管内的真空度增加时，曲轴箱内的真空度也增加，为了防止这种情况，由压力调节阀对气体通路的大小进行调节，从而将通过压力调节阀的气体流量控制在适当的范围内。

被调压后的蒸气再经过机油细分离模块内的止回阀的调控（模块内共有两个

止回阀，用于控制蒸气向进气歧管或涡轮增压器的入口流动），最终进入燃烧室，如图 5-6 所示。

图 5-4　PCV 系统工作原理图

图 5-5　机油细分离模块内部结构图

图 5-6　止回阀控制原理图

该发动机没有专门的曲轴箱强制通风系统管路，只是在机油细分离模块内设置了一个压力调节阀，用以控制曲轴箱内的压力。当曲轴箱内的压力过高时，安全阀打开，使未经任何处理的蒸气直接通往涡轮增压器的入口，从而防止曲轴箱内压力过高损坏发动机油封。

2）PCV 系统的常见故障及原因

（1）PCV 系统堵塞

长期或长时间使发动机大负荷高温运行、活塞与气缸磨损间隙过大、使用劣质机油，都将导致曲轴箱混合气体生成速度超出 PCV 阀对应的匹配流量，使 PCV 系统不堪重负，极大地加快 PCV 系统堵塞的程度和进程。

（2）PCV 阀的响应特性变差

机油使 PCV 阀弹簧和阀芯黏连，导致 PCV 阀芯随动于发动机负荷变化的响应特性变差，破坏了发动机过渡工况应有的协调和平衡。

（3）PCV 阀的阀芯卡滞

当阀芯被卡滞于计量孔开度较小的位置时，导致曲轴箱压力升高；当阀芯被卡滞于计量孔开度较大的位置时，导致曲轴箱真空度增大，容易导致发动机怠速抖动等故障。

任务实施

本任务以迈腾 B8 轿车发动机为例，在发动机上预设炭罐电磁阀 N80 故障，要求学生利用所学知识排除相关故障。任务工作单和评分细则见表 5-7 和表 5-8。

表 5-7　检修炭罐电磁阀任务工作单

任务一　检修炭罐电磁阀故障		小组人员：	
班级：	学号：		指导老师签字：
日期：			
一、作业要求 　1. 能正确检测炭罐电磁阀及电路 　2. 学会观察分析问题的能力 　3. 养成良好的 7S 工作习惯			
二、工具、量具准备			
三、辅助材料与耗材			

续表

四、制订检修计划及组员分工

五、检修流程

第一步：检查炭罐电磁阀的功能

动作测试结果	检测结果分析
	正常□ 异常□　　转至第_____步

第二步：测量炭罐电磁阀 N80 电阻

检测结果	检测结果分析
测量结果：_____ Ω	正常□ 异常□　　转至第_____步

第三步：测量炭罐电磁阀 N80 的 T2x/1 端子对搭铁电压

检测结果	检测结果分析
测量结果：_____ V	正常□ 异常□　　转至第_____步

第四步：测量炭罐电磁阀 N80 的 T2x/1 端子与熔丝 SB10 输出端子间电路导通性

检测结果	检测结果分析
测量结果：_____ Ω	正常□ 异常□　　转至第_____步

第五步：测量炭罐电磁阀 N80 的 T2x/2 端子与发动机电控单元 J623 的 T105/3 端子间电路导通性

检测结果	检测结果分析
测量结果：_____ Ω	正常□ 异常□　　转至第_____步

第六步：测量炭罐电磁阀 N80 的 T2x/2 端子对搭铁电阻

检测结果	检测结果分析
测量结果：_____ Ω	正常□ 异常□　　转至第_____步

检修结论：	
维修建议：	

表 5-8　检修炭罐电磁阀评分细则

任务一　检修炭罐电磁阀故障			实训日期：				
姓名：		班级：		学号：		指导老师签字：	
自评：□熟练　□不熟练		互评：□熟练　□不熟练		师评：□熟练　□不熟练			
日期：		日期：		日期：			
序号	评分项	得分条件	分值	评分要求	自评	互评	师评
1	安全/7S/态度	□1. 能进行工位 7S 操作 □2. 能进行设备和工具安全检查 □3. 能进行车辆安全防护操作 □4. 能进行工具清洁校准存放操作 □5. 能进行三不落地操作	15	未完成 1 项扣 3 分，扣分不得超过 15 分	□熟练 □不熟练	□熟练 □不熟练	□合格 □不合格
2	专业技能能力	□1. 能正确查询炭罐电磁阀电路图 □2. 能正确查询炭罐电磁阀元件端视图 □3. 能正确检测炭罐电磁阀的波形 □4. 能正确检测炭罐电磁阀作业	40	未完成 1 项扣 5 分，扣分不得超过 40 分	□熟练 □不熟练	□熟练 □不熟练	**□合格** **□不合格**
3	工具及设备的使用能力	□1. 能正确使用示波器 □2. 能正确使用万用表 □3. 能正确使用车辆或实训台架 □4. 能正确使用诊断仪	20	未完成 1 项扣 5 分，扣分不得超过 20 分	□熟练 □不熟练	**□熟练** **□不熟练**	□合格 □不合格
4	资料、信息查询能力	□1. 能正确使用维修手册查询资料 □2. 能在规定时间内查询所需资料 □3. 能正确记录所需维修信息	10	未完成 1 项扣 5 分，扣分不得超过 10 分	□熟练 □不熟练	**□熟练** **□不熟练**	□合格 □不合格
5	数据判断和分析能力	□1. 能判断炭罐电磁阀是否正常 □2. 能判断炭罐电磁阀故障范围	10	未完成 1 项扣 5 分，扣分不得超过 10 分	□熟练 □不熟练	**□熟练** **□不熟练**	□合格 □不合格
6	表单填写与报告的撰写能力	□1. 字迹清晰 □2. 语句通顺 □3. 无错别字 □4. 无涂改 □5. 无抄袭	5	未完成 1 项扣 1 分，扣分不得超过 5 分	□熟练 □不熟练	□熟练 □不熟练	□合格 □不合格
		总分					

🕐 任务回顾

　　EVAP 系统用于收集燃油箱内的燃油蒸气，当此系统控制电磁阀故障或系统管路漏气时，会导致蒸气回收量异常，从而引起发动机运转异常，例如发动机怠速抖动，甚至故障灯点亮。同时，也要仔细检查 PVC 系统，该系统漏气也会导致发动机怠速抖动，可以通过在发动机运转时打开机油加注口盖，观察发动机转速变化情况，进行初步的判断，还应该结合数据流分析，通过对进气量信号等进行故障综合分析，准确判断故障部位。

一、选择题

1. 燃油蒸发控制系统的英文缩写是（　　）系统。

A. EVAP B. VVT

C. MAP D. EGR

2. EVAP 系统是为了降低（　　）的排放污染。

A. CO_2 B. CH

C. NO_x D. CO

3. 对于炭罐电磁阀 N80 的状态，技师甲说 N80 不工作时是常闭状态，技师乙说 N80 是由发动机电控单元通过 PWM 信号控制其打开开度的大小。正确的说法是（　　）。

A. 甲正确 B. 乙正确

C. 甲和乙均正确 D. 甲和乙均不正确

4. 迈腾 B8 轿车发动机 PVC 系统中的机油细分离模块内有（　　）个止回阀。

A. 1 B. 2

C. 3 D. 4

5. 不是 PVC 系统常见故障的是（　　）。

A. PCV 系统堵塞 B. PCV 阀的响应特性变差

C. PCV 阀的阀芯卡滞 D. 炭罐电磁阀 N80 关闭不严

二、判断题

（　　）1. 迈腾 B8 轿车炭罐电磁阀 N80 的电源是由发动机电控单元 J623 提供的。

（　　）2. 迈腾 B8 轿车炭罐电磁阀 N80 的搭铁是由发动机电控单元 J623 通过 PWM 信号控制的。

（　　）3. EVAP 系统是为了降低 NO_x 的排放。

（　　）4. 迈腾 B8 轿车炭罐电磁阀 N80 常开将会导致发动机怠速不稳。

（　　）5. 迈腾 B8 轿车发动机 PVC 系统中的机油细分离模块损坏会导致发动机进气异响及发动机怠速不稳。

≫ 任务二　检修氧传感器

一辆大众迈腾 B8 轿车，配备 CUGA 发动机。车主反映发动机故障警告灯点亮，发动机运行未见明显异常情况。维修人员进行初步检查，并使用故障诊断仪查询的故障码为 P003600，对应氧传感器 2 加热电路断路故障。请参考相关维修资料，恢复发动机系统功能。

 任务解析

初步分析为氧传感器及电路故障。要排除此故障，首先要了解氧传感器的工作原理和控制过程，能就车找到氧传感器位置及相关电路，并观察判断其物理状况；其次，要会查阅维修技术资料，制订检修方案，选用正确的仪器设备对传感器进行检修和器件更换作业，并评估故障修复情况。

任务目标

1. 能通过与客户交流，获取车辆信息并正确确认故障现象。
2. 能阐述氧传感器的类型、工作原理和各标准参数。
3. 能就车找到氧传感器，并对氧传感器类别进行判断，能看懂原理图与电路图。
4. 能对氧传感器电路进行检测，并正确记录、分析各种检测结果，并做出故障判断。
5. 能对氧传感器进行维修更换作业，并能对发动机进行性能测试，检查和评估修复质量。

知识准备

氧传感器安装在排气管上，其功能是检测排气管中氧离子的含量，并将该信号转变为电信号输入发动机电控单元，氧传感器与三元催化转化器如图 5-7 所示。

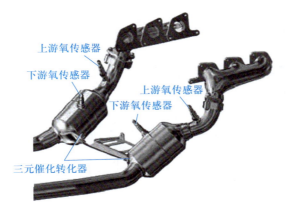

图 5-7　氧传感器与三元催化转化器

如果尾气中的氧含量高，氧传感器输出电压就低，反之输出电压就高。ECU根据氧传感器信号，对喷油时间进行修正，调整空燃比在理论值14.7左右，实现燃油闭环控制，从而使三元催化效果最佳，达到最佳的排放性能。

电控系统一般安装有两个氧传感器，三元催化转化器前、后各一个。前氧传感器检测发动机不同工况的空燃比，ECU根据该信号调整喷油量和计算点火时间，后氧传感器检测三元催化转化器的工作是否正常，即三元催化转化器的转化率，通过与前氧传感器的数据做比较来检测三元催化转化器是否正常工作。

1. 传统氧传感器

按结构原理的不同，氧传感器可分为氧化锆式和氧化钛式两种类型。

1）氧化锆式氧传感器结构原理

氧化锆式氧传感器主要由铂电极、固体电解质（二氧化锆元件）、加热棒、保护套等组成，如图5-8a所示。二氧化锆（ZrO_2）制成的锆管，内侧通大气，为正极。外侧通废气，为负极，检测空燃比。

微课
氧传感器工作原理

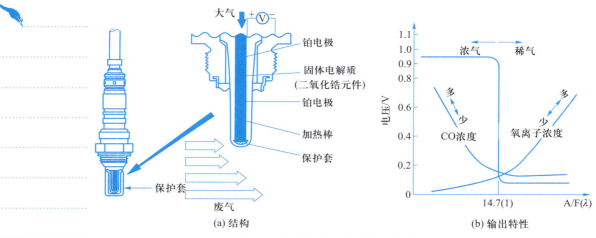

图 5-8 氧化锆式氧传感器及其输出特性

当温度在300℃以上时，若锆管内、外表面接触气体氧的含量不同时，则在两个铂电极间将会产生电动势。发动机工作时，锆管内表面接触大气，氧含量是固定的，锆管外表面接触废气，氧含量是变化的，所以两个电极间产生电动势，并输送给ECU，ECU进而对空燃比反馈控制。

氧化锆式氧传感器输出特性如图5-8b所示，当混合气过稀时，则排气中氧含量高，传感器内、外侧氧浓度差小，两电极间产生的电压低（约为0.1V），此时ECU将增加喷油量，使实际空燃比减小；反之，混合气过浓时，则排气中氧含量低，传感器内、外侧氧浓度差大，两电极间产生的电压高（约为0.9V），此时ECU将减少喷油量，使实际空燃比增大。如此反复，将实际空燃比控制在理论空燃比附近，此外氧传感器输出的电压信号有一突变。

由于氧化锆式氧传感器在300℃以上的环境中才能输出稳定的信号电压，因此，加热的目的是保证低温（排气温度在150~200℃）时，氧传感器就能投入工作。

2）氧化钛式氧传感器结构原理

氧化钛式氧传感器主要由二氧化钛传感元件、壳体、加热元件和电极等组成，如图5-9a所示。二氧化钛传感元件的阻值随氧离子含量的变化而变化，因此，也称为阻值变化型氧传感器，信号源相当于一个可变电阻，其电阻值与过量空气系数的关系如图5-9b所示。

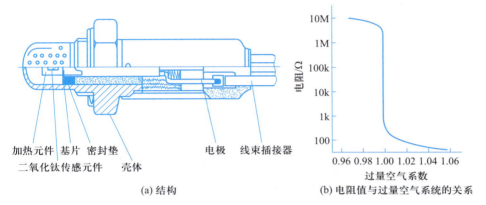

（a）结构　　　　　　　　　　（b）电阻值与过量空气系统的关系

图5-9　氧化锆式氧传感器及其输出特性

当发动机混合气稀，排气中氧含量较多时，传感元件周围的氧离子含量较大，则阻值低，输出低电压；当发动机的混合气浓，排气中氧含量较少时，传感元件周围的氧离子很少，则阻值高，输出高电压。电路对电阻变量进行处理，即可转换成电压信号输送给发动机电控单元，用来确定实际的空燃比。氧化钛式氧传感器的电阻将在混合气的过量空气系数大约为1（空燃比A/F约为14.7）时产生突变。

2. 宽频氧传感器

现代汽车趋向于稀薄燃烧，空燃比能够达到10~20，传统氧传感器只能在比较狭窄的范围内（0.1~0.9V）工作，当尾气过浓或过稀时无法检测。宽频氧传感器属于线性、电流型氧传感器，检测范围大（$0.7 < \lambda < 4$），在闭环控制过程中，喷油脉宽修正更精确。

宽频氧传感器由1个普通范围浓度差电压型氧传感器（能斯特元件）、氧气泵单元、加热电阻、测量室及放氧通道、外界空气通道等构成，如图5-10所示。

宽频氧传感器原理图如图5-11所示。传感器由两部分组成，一部分是普通氧化锆氧传感器，当传感器极板两侧氧含量保持一致时，传感器两侧产生0.45V电动势；另一部分是氧气泵单元，氧气泵单元一边是废气，另一边与测量室相连。当废气中的氧含量发生变化时，传感器极板之间的电压平衡被打破（大于或小于0.45V），发动机电控单元接收传感器极板两侧电压变化信号后，通过改变施加在氧化锆组件（氧气泵单元）上的电流，形成氧离子的移动，将废气中的氧泵入或泵出测量室中，使极板两侧氧含量保持一致，让电压值维持在 0.45V。发动机电控单元监测氧化锆组件（氧气泵单元）上电流的大小，判断混合气浓度。

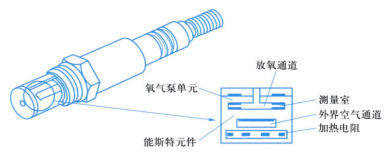

图 5-10　宽频氧传感器的结构

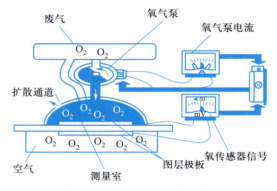

图 5-11　宽频氧传感器原理图

当混合气较浓时，废气中氧含量下降，此时测量室氧气含量下降，传感器极板的电压升高（大于 0.45V）。为了使传感器极板两侧氧含量保持一致，发动机电控单元通过改变泵电流的大小，使氧气泵单元向测量室泵氧，使测量室的氧含量增加，使传感器极板的电压恢复到 0.45V；相反，混合气太稀，则排气中的氧含量增加，此时测量室氧含量升高，传感器极板的电压降低（小于 0.45V），氧气泵单元向外排出氧，减少测量室中的氧含量，使传感器极板的电压维持在 0.45V。加在氧气泵单元上的电压可以保证当测量室内的氧含量高时，排出测量室内的氧，这时发动机电控单元的控制电流是正电流；当测量室内的氧含量低时，进行供氧，此时发动机电控单元的控制电流是负电流。发动机电控单元将氧气泵单元的电流换算成电压信号计算出排气管中实际的氧含量，作为判断混合气含量的依据。宽频氧传感器工作过程示意图如图 5-12 所示。

 课堂讨论

　　请结合所学知识，讨论一下前、后氧传感器发生故障时，其故障现象是否一样。如果不一样，又有何区别？

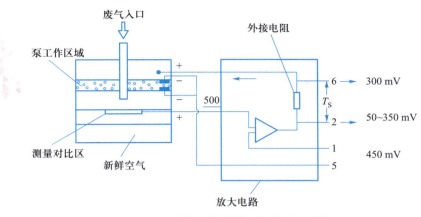

图 5-12 宽频氧传感器工作过程示意图

3. 氧传感器的检修

以迈腾 B8 轿车后氧传感器 GX7 电路为例,对传感器进行分析和检测,电路原理图如图 5-13 所示。

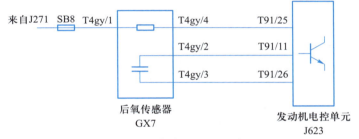

图 5-13 后氧传感器 GX7 电路原理图

氧传感器 GX7 的加热电阻由熔丝 SB10 向 T4gy/1 端子提供 +B 工作电压,并由发动机电控单元 J623 的 T91/25 端子到发动机电控单元 J623 搭铁,发动机起动后发动机电控单元 J623 控制 T91/25 端子搭铁,加热电阻工作一直持续到氧传感器达到正常工作温度,让氧传感器快速进入工作状态。氧传感器工作时 T4gy/2 端子向发动机电控单元 J623 提供一个电压为 0.1 ~ 1V,以 0.45V 为中心上下波动次数 10s 内不少于 8 次的信号(建议用示波器测量);氧传感器 GX7 不工作时,T4gy/2 端子电压为 0.45 ~ 0.5V,T4gy/3 端子为氧传感器 GX7 搭铁形成回路。

氧传感器 GX7 电路常见的故障见表 5-9。

表 5-9 氧传感器 GX7 电路常见的故障

序号	故障
1	氧传感器 GX7 加热电阻供电电路异常
2	氧传感器 GX7 加热电阻搭铁电路异常
3	氧传感器 GX7 信号电路(T4gy/2 端子)断路、短路、虚接
4	氧传感器 GX7 搭铁电路(T4gy/3 端子)断路、短路、虚接
5	氧传感器 GX7 故障
6	发动机电控单元 J623 故障(局部)

微课

检修前氧传感器

结合以上信息，氧传感器 GX7 的检测和诊断流程如下。

第一步：测量氧传感器 GX7 加热电阻，见表 5-10。

表 5-10　测量氧传感器 GX7 加热电阻

测量标准：点火开关关闭，拔下氧传感器 GX70 的 T4gy 插接器，20℃时电阻应为 5～10Ω				
可能性	实测结果	状态	可能原因	操作
1	5～10Ω	正常	—	转"第三步"
2	不在标准值内	异常	氧传感器 GX7 加热电阻故障	更换氧传感器 GX7

第二步：测量氧传感器 GX7 的 T4gy/1 端子对搭铁电压，见表 5-11。

表 5-11　测量氧传感器 GX7 的 T4gy/1 端子对搭铁电压

测量标准：点火开关打开				
可能性	实测结果	状态	可能原因	操作
1	+B	正常	—	转"第三步"
2	0.5V～+B	异常	说明电源线虚接	检修电路
3	0	异常	说明电源线搭铁短路或断路	检修电路

第三步：测量氧传感器 GX7 的 T4gy/4 端子与发动机电控单元 J623 的 T91/25 端子间电路导通性，见表 5-12。

表 5-12　测量氧传感器 GX7 的 T4gy/4 端子与发动机电控单元 J623 的 T91/25 端子间电路导通性

测量标准：点火开关关闭，拔下发动机电控单元 J623 的 T91 插接器与氧传感器 GX7 的 T4gy 插接器，该导线端对端电阻应小于 1Ω				
可能性	实测结果	状态	可能原因	操作
1	小于 1Ω	正常	—	转"第四步"
2	无穷大	异常	T4gy/4 到 T91/25 端子间电路断路	检修电路
3	大于 5Ω	异常	T4gy/4 到 T91/25 端子间电路虚接	

第四步：测量氧传感器 GX7 的 T4gy/2 端子与发动机电控单元 J623 的 T91/11 端子间电路导通性，见表 5-13。

表 5-13　测量氧传感器 GX7 的 T4gy/2 端子与发动机电控单元 J623 的 T91/11 端子间电路导通性

测量标准：点火开关关闭，拔下发动机电控单元 J623 的 T91 插接器与氧传感器 GX7 的 T4gy 插接器，该导线端对端电阻应小于 1Ω				
可能性	实测结果	状态	可能原因	操作
1	小于 1Ω	正常	—	转"第五步"
2	无穷大	异常	T4gy/2 到 T91/11 端子间电路断路	检修电路
3	大于 5Ω	异常	T4gy/2 到 T91/11 端子间电路虚接	

第五步：测量氧传感器 GX7 的 T4gy/2 端子对搭铁电阻，见表 5-14。

表 5-14　测量氧传感器 GX7 的 T4gy/2 端子对搭铁电阻

测量标准：点火开关关闭，拔下发动机电控单元 J623 的 T91 插接器与氧传感器 GX7 的 T4gy 插接器，该导线端对搭铁电阻应大于 10kΩ				
可能性	实测结果	状态	可能原因	操作
1	无穷大	正常	—	转"第六步"
2	小于 1Ω	异常	T4gy/2 对搭铁间电路短路	检修电路
3	大于 5Ω	异常	T4gy/2 对搭铁间电路虚接	

第六步：测量氧传感器 GX7 的 T4gy/3 端子与发动机电控单元 J623 的 T91/26 端子间电路导通性，见表 5-15。

表 5-15　测量氧传感器 GX7 的 T4gy/3 端子与发动机电控单元
J623 的 T91/26 端子间电路导通性

测量标准：点火开关关闭，拔下发动机电控单元 J623 的 T91 插接器与氧传感器 GX7 的 T4gy 插接器，该导线端对端电阻应小于 1Ω				
可能性	实测结果	状态	可能原因	操作
1	小于 1Ω	正常	—	更换氧传感器
2	无穷大	异常	T4gy/3 到 T91/26 端子间电路断路	检修电路
3	大于 5Ω	异常	T4gy/3 到 T91/26 端子间电路虚接	

迈腾 B8 轿车宽频氧传感器电路图如图 5-14 所示。氧传感器 GX10 的加热电阻由 J271 向 T5bt/4 端子提供 +B 工作电压，并由发动机电控单元 J623 的 T91/74 端子到发动机电控单元 J623 搭铁形成回路，发动机起动后发动机电控单元 J623 控制 T91/74 端子搭铁，加热电阻工作一直持续到氧传感器达到正常工作温度，让氧传感器快速进入工作状态。

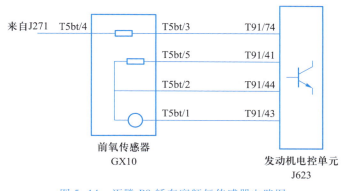

图 5-14　迈腾 B8 轿车宽频氧传感器电路图

氧传感器工作时发动机电控单元 J623 通过 T5bt/1 端子向氧气泵单元提供泵电流，以使传感器电压值控制在 0.45V 附近，T5bt/5 端子将泵电流转换成电压信号传递给发动机电控单元 J623，T5bt/2 端子为传感器搭铁形成回路。发动机电控单元 J623 将宽频氧传感器的电流信号转化为电压值显示出来，其标准电压值为 1.0~2.0V。电压值大于 1.5V 时，表示混合气过稀；电压值小于 1.5V 时，表示混合气过浓。

 任务实施

本任务以迈腾 B8 轿车发动机为例，在发动机上预设氧传感器 GX7 故障，要求学生利用所学知识排除相关故障。任务工作单和评分细则见表 5-16 和表 5-17。

表 5-16　检修氧传感器任务工作单

任务二　检修氧传感器故障		小组人员：	
班级：	学号：		指导老师签字：
日期：			

一、作业要求

  1. 能正确检测氧传感器及电路

  2. 学会观察分析问题的能力

  3. 养成良好的 7S 工作习惯

二、工具、量具准备

三、辅助材料与耗材

四、制订检修计划及组员分工

五、检修流程

第一步：测量氧传感器 GX7 加热电阻

检测结果	检测结果分析
测量结果：_____ Ω	正常□ 异常□　　转至第_____步

第二步：测量氧传感器 GX7 的 T4gy/1 端子对搭铁电压

检测结果	检测结果分析
测量结果：_____ V	正常□ 异常□　　转至第_____步

第三步：测量氧传感器 GX7 的 T4gy/4 端子对发动机电控单元 J623 的 T91/25 端子间电路导通性

检测结果	检测结果分析
测量结果：_____ Ω	正常□ 异常□　　转至第_____步

第四步：测量氧传感器 GX7 的 T4gy/2 端子与发动机电控单元 J623 的 T91/11 端子间电路导通性

检测结果	检测结果分析
测量结果：_____ Ω	正常□ 异常□　　转至第_____步

第五步：测量氧传感器 GX7 的 T4gy/2 端子对搭铁电阻

检测结果	检测结果分析
测量结果：_____ Ω	正常□ 异常□　　转至第_____步

第六步：测量氧传感器 GX7 的 T4gy/3 端子与发动机电控单元 J623 的 T91/26 端子间电路导通性

检测结果	检测结果分析
测量结果：_____ Ω	正常□ 异常□　　转至第_____步

续表

测量结果：_____Ω	正常□ 异常□ 转至第_____步
检修结论：	
维修建议：	

表5-17 检修氧传感器评分细则

任务二 检修氧传感器故障			实训日期：	
姓名：	班级：		学号：	指导老师签字：
自评：□熟练 □不熟练	互评：□熟练 □不熟练		师评：□熟练 □不熟练	
日期：	日期：		日期：	

序号	评分项	得分条件	分值	评分要求	自评	互评	师评
1	安全/7S/态度	□1. 能进行工位7S操作 □2. 能进行设备和工具安全检查 □3. 能进行车辆安全防护操作 □4. 能进行工具清洁校准存放操作 □5. 能进行三不落地操作	15	未完成1项扣3分，扣分不得超过15分	□熟练 □不熟练	□熟练 □不熟练	□合格 □不合格
2	专业技能能力	□1. 能正确查询氧传感器电路图 □2. 能正确查询氧传感器元件端视图 □3. 能正确检测氧传感器的波形 □4. 能正确检测氧传感器电路	40	未完成1项扣5分，扣分不得超过40分	□熟练 □不熟练	□熟练 □不熟练	□合格 □不合格
3	工具及设备的使用能力	□1. 能正确使用示波器 □2. 能正确使用万用表 □3. 能正确使用车辆或实训台架 □4. 能正确使用诊断仪	20	未完成1项扣5分，扣分不得超过20分	□熟练 □不熟练	□熟练 □不熟练	□合格 □不合格
4	资料、信息查询能力	□1. 能正确使用维修手册查询资料 □2. 能在规定时间内查询所需资料 □3. 能正确记录所需维修信息	10	未完成1项扣5分，扣分不得超过10分	□熟练 □不熟练	□熟练 □不熟练	□合格 □不合格
5	数据判断和分析能力	□1. 能判断氧传感器是否正常 □2. 能判断氧传感器故障范围	10	未完成1项扣5分，扣分不得超过10分	□熟练 □不熟练	□熟练 □不熟练	□合格 □不合格
6	表单填写与报告的撰写能力	□1. 字迹清晰 □2. 语句通顺 □3. 无错别字 □4. 无涂改 □5. 无抄袭	5	未完成1项扣1分，扣分不得超过5分	□熟练 □不熟练	□熟练 □不熟练	□合格 □不合格
总分							

任务回顾

发动机电控系统通常装有两个氧传感器，三元催化转化器之前是宽频氧传感器，三元催化转化器之后是传统氧传感器。当前氧传感器信号异常时，会影响燃油的长期与短期修正，导致发动机排放超标，故障灯点亮。排除此类故障时应先读取故障码，并结合数据流分析引起故障的原因是传感器本身故障还是其他系统故障引起（例如供油、点火异常），在实际维修案例中，氧传感器自身故障比例较高。

在对氧传感器外观做检查时，要从排气管上拆下氧传感器，检查外壳上的通气孔有无堵塞及有无破损，否则应更换氧传感器。通过观察氧传感器顶尖部位的颜色也可以判断故障，淡灰色顶尖是氧传感器的正常颜色；白色顶尖是硅污染造成的，此时必须更换；棕色顶尖是由铅污染造成的，严重的情况下也必须更换氧传感器；黑色顶尖是由积炭造成的。在排除发动机积炭故障后，一般可以自动清除氧传感器上的积炭。

练习与思考

一、选择题

1. 氧传感器检测发动机排气中氧的含量，向控制单元输入空燃比反馈信号，进行（   ）。

A. 开环控制   B. 闭环控制

C. 控制   D. 开环或闭环控制

2. 如果三元催化转化器工作状况良好，后氧传感器信号波动（   ）。

A. 频率高   B. 增加

C. 没有   D. 缓慢

3. 在讨论三元催化转化器前后各装一个氧传感器的目的时，技师甲说后氧传感器是为了检测三元催化转化器的转化效率，技师乙说就是为了检查排气中氧的含量，安装一个也是可以的。请问谁的说法是正确的（   ）。

A. 甲正确   B. 乙正确

C. 甲和乙均正确   D. 甲和乙均不正确

4. 氧传感器正常工作时输入电压应在 0.1 ~ 0.9V 范围内波动，并不少于（   ）。

A. 8 次/10s   B. 5 次/10s

C. 4 次/15s   D. 无要求

5. 安装在排气管上的传感器是（   ）。

A. 冷却液温度传感器   B. 氧传感器

C. 曲轴位置传感器   D. 空气流量传感器

二、判断题

（　　）1. 迈腾 B8 轿车后氧传感器 GX7 加热电阻的供电是由发动机电控单元 J623 提供的。

（　　）2. 迈腾 B8 轿车前氧传感器 GX10 采用的是宽频氧传感器。

（　　）3. 宽频氧传感器的特点是能在较宽的空燃比（10～20）范围内正常工作。

（　　）4. 氧传感器的加热电阻在发动机工作过程中一直参与工作。

（　　）5. 氧传感器顶尖部位呈棕色是由铅污染引起的。

>>> 任务三　检修三元催化转化器与尾气分析

任务描述

一辆大众迈腾 B8 轿车，配备 CUGA 发动机。在对车辆进行综合性能检测时，发现尾气排放超标，初步分析为三元催化转化器故障。请参考相关维修资料，恢复发动机系统功能。

任务解析

首先要学习三元催化转化器的工作原理和尾气分析仪的使用，能就车找到三元催化转化器安装位置，并观察判断其物理状况；其次要会查阅维修技术资料，制订检修方案，选用正确的仪器设备对尾气排放超标进行检修作业，并评估故障修复情况。

任务目标

1. 能通过与客户交流，获取车辆信息并正确确认故障现象。

2. 能阐述汽车尾气排放物各标准参数。

3. 能就车读取尾气排放物测量值，并正确记录、分析各种检测结果，做出故障判断。

4. 能对三元催化转化器元件进行维修更换作业，并能对发动机进行性能测试，检查和评估修复质量。

微课
三元催化器

知识准备

1. 三元催化转化器

三元催化转化器是安装在汽车排气系统中最重要的机外净化装置。

1）三元催化转化器的组成与工作原理

三元催化转化器安装在排气管中部，一般由载体催化剂、衬垫、外壳和催化剂涂层部分组成，如图 5–15 所示。

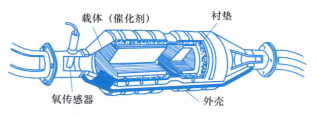

载体（催化剂）　　衬垫

氧传感器　　外壳

图 5–15　三元催化转化器的组成

大多数三元催化转化器以蜂窝状陶瓷作为承载催化剂的载体，在陶瓷载体上浸渍贵金属铂（或钯）和铑的混合物作为催化剂，将汽车尾气中有害物质 HC、CO、NO_x 经氧化反应和还原反应，转化成无害的 CO_2、H_2O 及 N_2，如图 5–16 所示。

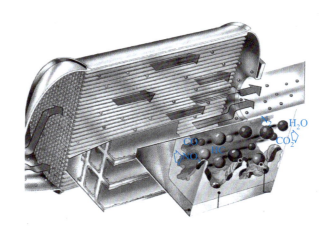

图 5–16　三元催化转化器工作原理图

三元催化转化器将有害物质转变成无害物质的效率受诸多因素的影响，其中影响最大的是混合气的含量和排气温度。另外，铅和硫等元素对三元催化转化器会造成负面的影响，因为铅和硫等会与催化物质作用形成新的结晶体结构或沉积在催化物质上面，从而破坏催化物质的表面活性，这就是所谓的催化器中毒。因此，使用三元催化转化器的前提是汽油的无铅化。硫主要对稀土类催化器的寿命有较大影响。

在发动机工作时，为了将实际空燃比精确控制在标准的理论空燃比附近，在装用三元催化转化器的汽车上，一般都装有氧传感器，检测废气中的氧含量，氧传感器信号输送给发动机电控单元后，用来对空燃比进行反馈控制，即电控燃油喷射系统的闭环控制。

三元催化转化器的转化效率与混合气含量的关系如图 5-17 所示，只有在标准的理论空燃比 14.7 附近，对废气中三种有害物质（HC、CO、NO）的转化效率均比较高。混合气过浓或过稀时，都将使三元催化转化器的转化效率降低。

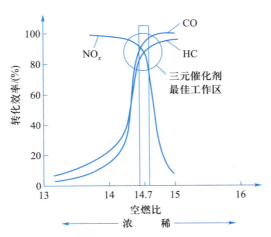

图 5-17　三元催化转化器的转化效率与混合气含量的关系

2）三元催化转化器的检查

（1）简单人工检查

通过人工检查可以从一开始就判断出三元催化转化器是否有损坏。用橡皮槌轻轻敲打三元催化转化器，听有无"咔啦"声，并伴随有散碎物体落下。如果有此异响，则说明三元催化转化器内部催化物质剥落或蜂窝状陶瓷载体破碎，那么必须更换整个三元催化转化器。

（2）红外温度计测量法

红外温度计测量法是一种比较简单的测量方法。三元催化转化器在实际使用过程中，其出口管道温度比进口管道温度至少高出 38℃，在怠速时，其温度也相差 10%。但是若出口与入口处的温度没有差别或出口温度低于入口温度，则说明三元催化转化器没有氧化反应，三元催化转化器可能已经损坏。

（3）利用双氧传感器信号电压波形分析

电控发动机上都安装有两个氧传感器，分别装在三元催化转化器的前、后两端。这种结构在装有 OBD-Ⅱ 系统的汽车上可以有效地检测三元催化转化器的性能，这是因为运行正常的三元催化转化器转化 CO 和 HC 时要消耗氧气。当三元催化转化器损坏时，其转换效率基本丧失，使前、后端的氧气值接近，此时氧传感器信号的电压波形和波动范围均趋于一致，需要更换三元催化转化器。

 课堂讨论

在日常生活中，尤其是环境温度较低的冷车阶段时，人们会发现汽车排气管中会有大量的液态水排出。有一种说法认为水是由于三元催化转化器的作用而产生的，随尾气排出。请讨论一下，此种说法是否科学，为什么？

2. 汽车尾气分析

汽车尾气是城市大气污染的主要原因，因此，控制发动机排放污染物是当前的主要研究发展方向之一。

1）汽车排放的来源

汽车发动机排放的有害物质种类主要是 CO、HC、NO_x 和微粒（PM），绝大多数污染物出现在废气中，少量 HC 来自曲轴箱和燃料系统泄漏的燃料及机油蒸发物，包括气缸窜入曲轴箱的燃气，如图 5-18 所示。汽车排放污染物来源：发动机排出的废气（占 65% 以上）、曲轴箱窜气（约占 20%）、燃料供给系统中蒸发的燃油蒸气（占 10% ~20%）。

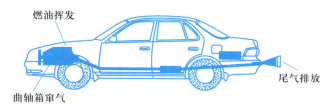

图 5-18 汽车排放污染来源

微课

尾气分析仪的
使用方法

2）汽车尾气分析仪的使用与维护

汽车简易尾气分析仪如图 5-19 所示，包括取样探头、取样管、前置过滤器、仪器本体及微型打印机等。

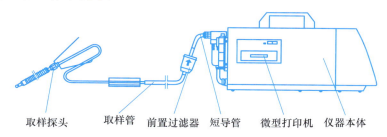

取样探头　取样管　前置过滤器　短导管　微型打印机　仪器本体

图 5-19 汽车简易尾气分析仪

（1）仪器安装

首先将取样管一端与取样探头的末端连接，另一端与附件中前置过滤器的入口相连。然后将短导管一端与前置过滤器的出口相连，另一端与仪器本体的样气入口连接。检查各连接处，确认连接牢靠，无泄漏。确认前置过滤器、分水过滤器、粉尘过滤器及二次过滤器里已分别装入洁净的滤芯和滤纸。将电源线、油温测量探头和转速测量钳分别连接到仪器的电源插座、油温信号插座和转速信号插座上。

（2）仪器预热

将电源线插到 220V 交流电源的插座上，接通仪器的电源开关，预热仪器。仪器液晶显示屏下部将出现提示："正在预热，请等待×××秒"。其中，"×××秒"是以倒计时方式显示剩下的预热时间，环境温度不低于 20℃时，预热时间总共为600s。

（3）泄漏检查

仪器预热完成后会自动进入"泄漏检查"子菜单，检查气路系统是否有泄漏，这时液晶显示屏下部将出现提示："用密封套堵住探头，然后按K键"。用户应按此提示操作，按一下K键。之后，会出现提示："正在检漏，……××秒"，其中"××秒"表示剩下的检漏时间（倒计时，总共18s）。

（4）自动调零

仪器进入自动调零时，显示屏下部将出现提示："正在调零，请等待……"。如果调零完成，显示屏右下角会显示"OK"。几秒钟后，下部的提示消失，显示屏进入主菜单。如果调零不正常，显示屏下部将显示："调零错误"。几秒钟后，显示屏也将进入主菜单。

（5）尾气分析

尾气分析不仅是检查排放污染物治理效果的唯一途径，而且还是对发动机工作状况及性能判定的重要手段。

要注意的是，如果一辆车的排气管或尾气分析仪的测量管路有泄漏，那么所检测的就是被外部空气稀释的尾气，CO和HC的测量值将降低，自然就不能反映尾气的真实浓度。

3）尾气测试值与系统故障的判断分析

HC和O_2的读数高，是由点火系统不良和过稀的混合气失火而引起的；CO、HC含量高，CO_2、O_2含量低，表明发动机工作混合气很浓。

如果燃烧室中没有足够的空气（氧气）保证正常燃烧，通常情况下，CO_2的读数和CO、O_2的读数相反；燃烧越完全，CO_2的读数就越高，其最大值在13.5%~14.8%范围内，此时CO的读数应该是或接近0，具体见表5-18。

表 5-18 尾气测试值与系统故障的判断

CO	HC	CO₂	O₂	故障原因
低	很高	低	低	间隙性失火
低	很高	低	低	缸压不正常
很高	很高/高	低	低	混合气浓
很低	很高/高	低	很高/高	混合气稀
高	低	正常	正常	点火太迟
低	高	正常	正常	点火太早
变化	变化	低	正常	EGR阀泄漏
低	低	低	高	排气管漏气

任务实施

三元催化转化器检修前已述及，本次课实训任务要求学生利用尾气分析仪对尾气进行检测与分析。任务工作单和评分细则见表5-19和表5-20。

表 5-19　尾气分析检测任务工作单

任务三　尾气分析检测		小组人员：	
班级：	学号：		指导老师签字：
日期：			

一、作业要求

　　1. 能正确使用尾气分析仪

　　2. 学会观察分析问题的能力

　　3. 养成良好的 7S 工作习惯

二、工具、量具准备

三、辅助材料与耗材

四、制订检修计划及组员分工

五、检修流程

第一步：测量尾气数据

检测结果

第二步：尾气数据分析

检测结果分析

第三步：检查供油系统

检测结果	检测结果分析
	正常□ 异常□　转至第_____步

第四步：检查点火系统

检测结果	检测结果分析
	正常□ 异常□　转至第_____步

表 5–20 尾气分析检测评分细则

任务三 尾气分析检测			实训日期：			
姓名：□		班级：□	学号：		指导老师签字：	
自评：□熟练 □不熟练		互评：□熟练 □不熟练	师评：□熟练 □不熟练			
日期：		日期：	日期：			

序号	评分项	得分条件	分值	评分要求	自评	互评	师评
1	安全/7S/态度	□1. 能进行工位 7S 操作 □2. 能进行设备和工具安全检查 □3. 能进行车辆安全防护操作 □4. 能进行工具清洁校准存放操作 □5. 能进行三不落地操作	15	未完成 1 项扣 3 分，扣分不得超过 15 分	□熟练 □不熟练	□熟练 □不熟练	□合格 □不合格
2	专业技能能力	□1. 能正确查询尾气标准数据 □2. 能正确查询尾气分析仪使用手册 □3. 能正确检测废气含量	40	未完成 1 项扣 5 分，扣分不得超过 40 分	□熟练 □不熟练	□熟练 □不熟练	□合格 □不合格
3	工具及设备的使用能力	□1. 能正确使用尾气分析仪 □2. 能正确使用万用表 □3. 能正确使用车辆或实训台架 □4. 能正确使用诊断仪	20	未完成 1 项扣 5 分，扣分不得超过 20 分	□熟练 □不熟练	□熟练 □不熟练	□合格 □不合格
4	资料、信息查询能力	□1. 能正确使用维修手册查询资料 □2. 能在规定时间内查询所需资料 □3. 能正确记录所需维修信息	10	未完成 1 项扣 5 分，扣分不得超过 10 分	□熟练 □不熟练	□熟练 □不熟练	□合格 □不合格
5	数据判断和分析能力	□1. 能判断尾气数据是否正常 □2. 能判断排放超标故障范围	10	未完成 1 项扣 5 分，扣分不得超过 10 分	□熟练 □不熟练	□熟练 □不熟练	□合格 □不合格
6	表单填写与报告的撰写能力	□1. 字迹清晰 □2. 语句通顺 □3. 无错别字 □4. 无涂改 □5. 无抄袭	5	未完成 1 项扣 1 分，扣分不得超过 5 分	□熟练 □不熟练	□熟练 □不熟练	□合格 □不合格
		总分					

 任务回顾

　　三元催化转化器损坏会导致汽车尾气排放超标，发动机电控系统特别是供油系统或点火系统出现故障也会导致三元催化转化器效率变低而引起排放超标。所以，排除尾气排放超标故障时应读取尾气数据，结合发动机数据流分析引起故障原因，准确判断故障性质（是三元催化转化器本身还是其他系统故障）。为了防止三元催化转化器损坏，当出现失火故障时，发动机电控单元将切断失火气缸的供油，防止三元催化转化器因温度过高导致失效。

练习与思考

一、选择题

1. 采用三元催化转化器必须安装 （ ）。

A. 前氧传感器

B. 后氧传感器

C. 前、后氧传感器

D. 以上都不正确

2. （ ） 不可以用尾气分析仪检测。

A. CO

B. HC

C. NO_x

D. H_2O

3. 在讨论三元催化转化器的作用时，技师甲说三元催化转化器可以将 HC 转化成 H_2O 和 CO_2，技师乙说三元催化转化器可以将 CO 转化成 CO_2。正确的说法是 （ ）。

A. 甲正确

B. 乙正确

C. 甲和乙均正确

D. 甲和乙均不正确

4. 发动机在高温、富氧的情况下容易产生 （ ）。

A. CO

B. HC

C. NO_x

D. H_2O

5. 在讨论三元催化转化器的转换效率时，技师甲说三元催化转化器在空燃比为 14.7：1 附近时，工作状态最佳，技师乙说三元催化转化器在空燃比较大（17：1）的时候，工作状态最佳。请问谁正确 （ ）。

A. 冷却液温度传感器

B. 氧传感器

C. 曲轴位置传感器

D. 空气流量传感器

二、判断题

（ ） 1. 三元催化转化器在任何工况下，都可有效降低排气中 CO、HC 和 NO_x 的含量。

（ ） 2. 当空燃比在 14.7：1 附近时，三元催化转化器工作状态最佳。

（ ） 3. 发动机怠速时，CO 的排放量最多，NO_x 最少。

（ ） 4. NO_x 是燃烧过程中形成的多种氮氧化物，是由于混合气在高温、富氧时燃烧时产生的。

（ ） 5. 三元催化转化器化学中毒主要是铅中毒、硫中毒和磷中毒。

附录 A　配分评分表

姓名：

考试开始时间：　　　　准考证号：　　　　身份证号码：

考试结束时间：　　　　总计（分）：

考核项目四：动力与驱动系统性能检测

汽车动力与驱动系统综合分析技术中级-配分评分表

一、考试情境

● 考试院校可选用整车或合架
● 选用整车请填写【1.1 车辆信息】
● 选用台架请填写【1.2 合架信息】
● 选用整车或台架具备功能需符合【应具备正常系统功能】栏

1. 车辆/台架信息

1.1　车辆信息

品牌		整车型号		生产日期	
发动机型号		发动机排量		行驶里程	
车辆识别码					
应具备正常 系统功能	1. 具备能正常起动的车子 2. 能正常接上解码器读出喷油器、前氧传感器的波形 3. 能正常接上解码器读出自动变速器的数据				

1.2　台架信息

台架型号	台架号	生产日期
应具备正常系统功能	1. 能正常接上解码器读出喷油器、前氧传感器的波形数据 2. 能正常接上解码器读出自动变速器的数据	

2. 使用资料情况（依据院校实际情况填写使用资料情况）

● 考试院校根据选用的整车或整车台架填写【使用维修手册】及【使用其他的资料】信息。

品牌：　　　　车型：　　　　车份：

资料名称	种类	类型
使用维修手册	□电子档　□纸质档	□中文版　□英文版
使用其他的资料	□电子档　□纸质档	□中文版　□英文版
	□电子档　□纸质档	□中文版　□英文版

3. 使用设施设备情况（依据院校实际情况填写【设施设备名称】及【品牌】）

● 院校依据【使用设备】填写【设施设备名称】及【品牌】

● 院校需按【数量】准备设施设备

序号	设施设备名称	品牌	数量	使用项目
1	万用表		1	喷油器检测；氧传感器检测
2	示波器		1	喷油器检测；氧传感器检测
3	真空表		1	进气管真空度检测
4	尾气分析仪		1	尾气排放检测

依据：汽车运用与维修职业技能考核【中级】培训方案准则中【汽车动力与驱动系统综合分析技术】-【强化培训设备与工具清单】任务16-20

4. 车辆故障信息（依据院校实际情况填写使用车辆故障信息）

● 依据院校实际情况填写【车辆原有故障】，车辆原有故障不应影响考核项目顺利进行

车辆原有故障	

5. 车辆设置考题

● 院校依据【车辆/台架设置考题】进行考题设置

车辆设置考题	一、车辆信息记录 二、检测喷油器的电阻、电压和波形（读取到波形后需考官确认） 三、检测前氧传感器的电阻、电压和波形（读取到波形后需考官确认） 四、进气真空度检测 五、尾气排放检测
设置考题依据	汽车运用与维修职业技能考核【中级】培训方案准则中【汽车动力与驱动系统综合分析技术】中级任务 16~20

二、考试评分细项

● 监考官依据此项对考生进行评分

评分项	得分条件	评分标准	分值	扣分
情意面 （作业安全） （职业操守）	1. 能进行工位 7S 操作（总分 3 分） □1.1 整理、整顿（0.5 分） □1.2 清理、清洁（1 分） □1.3 素养、节约（0.5 分） □1.4 安全（1 分） 2. 能进行设备和工具安全检查（总分 3 分） □2.1 检查作业所需要的工具设备是否齐备（1 分） □2.2 检查作业环境是否配备灭火器（1 分） □2.3 检查举升机举升情况是否正常（1 分）	依据得分条件进行评分，按要求完成在 □打√，未按要求完成在□打×并扣除对 应分数，扣分不得超 15 分	15	

续表

评分项	得分条件	评分标准	分值	扣分
情意面 （作业安全） （职业操守）	3. 能进行车辆安全防护操作（总分3分） □3.1 正确安装车辆翼子板布（1分） □3.2 正确安装车内四件套（1分） □3.3 正确安装车轮挡块（1分） 4. 能进行工具清洁校准存放操作（总分3分） □4.1 使用工具前对工具量具进行校准（1分） □4.2 使用工具后对工具量具进行清洁（1分） □4.3 作业完成后对工具进行复位（1分） 5. 能进行三不落地操作（总分3分） □5.1 作业过程做到油液不落地（1分） □5.2 作业过程做到水液不落地（1分） □5.3 作业过程做到工具不落地（1分）	依据得分条件进行评分，按要求完成在□打√，未按要求完成在□打×并扣除对应扣分数，扣分不得超15分	15	
技能面 （应用技能） （操作技能）	1. 能正确检测喷油器的电阻、电压和波形（9分） □1.1 能正确读取喷油器的喷油阻值（2分） □1.2 能正确检测喷油器线圈电阻（2分） □1.3 能正确读取喷油器怠速信号电压（2分） □1.4 能正确读取喷油器怠速喷油时间（2分） □1.5 能正确读取喷油器高转速喷射时间（1分） 2. 能正确检测氧传感器的电阻、电压和波形（6分） □2.1 能正确检测氧传感器加热电阻值（2分） □2.2 能正确读取氧传感器怠速信号电压（1分） □2.3 能正确读取氧传感器怠速最低电压（1分） □2.4 能正确读取氧传感器怠速最高电压（1分） □2.5 能正确读取氧传感器1分钟之内电压变化次数（2分） 3. 能正确检测进气真空度（3分） □3.1 能正确检测怠速时真空度（1分） □3.2 能正确检测高转速真空度（1分）		25	

续表

评分项	得分条件	评分标准	分值	扣分
技能面 （应用技能） （操作技能）	□3.3 能正确检测尾气加速真空度（1分） 4. 能正确检测尾气排放（7分） □4.1 能对尾气检测仪进行预热校零（1分） □4.2 能对被检测车辆进行充分预热（1分） □4.3 能检测车辆尾气中 CO_2 含量（1分） □4.4 能检测车辆尾气中 O_2 含量（1分） □4.5 能检测车辆尾气中 NO_x 含量（1分） □4.6 能检测车辆尾气中 CO 含量（1分） □4.7 能检测车辆尾气中 HC 含量（1分）	依据得分条件进行评分，按要求完成在□打√、未按要求完成在□打×并扣除对应分数，扣分不得超25分	25	
作业面 （保养作业） （拆装作业） （维修作业）	1. 检测喷油器的电阻、电压和波形（4分） □1.1 关闭车辆点火开关，取下喷油器的插接器（1分） □1.2 打开万用表、校表，测量喷油器的电阻值（1分） □1.3 打开点火开关，连接示波器（1分） □1.4 读取信号电压，怠速喷射时间、高转速喷射时间（1分） 2. 检测氧传感器的电阻、电压和波形（8分） □2.1 预热车辆到正常工作温度（1分） □2.2 断开前氧传感器插头（1分） □2.3 数字万用表校零，找到加热线的两个针脚，测量氧感器的电阻值（1分） □2.4 用解码器读取氧传感器的波形（1分） □2.5 用解码器读取氧传感器怠速信号电压（1分） □2.6 用解码器读取氧传感器怠速最低信号电压（1分） □2.7 用解码器读取氧传感器怠速最高信号电压（1分） □2.8 收取示波器（1分）		25	

续表

评分项	得分条件	评分标准	分值	扣分
作业面 （保养作业） （拆装作业） （维修作业）	3. 检测进气真空度（7分） □3.1 启动发动机（1分） □3.2 读取怠速时发动机的真空度（1分） □3.3 读取高转速时发动机的真空度（1分） □3.4 读取怠速时发动机的真空度（1分） □3.5 读取高速时发动机真空度（1分） □3.6 读取急加速时发动机真空度（1分） □3.7 收取工具，复位（1分） 4. 检测尾气排放（6分） □4.1 预热发动机，连接尾气分析仪（1分） □4.2 怠速读取发动机 CO_2 含量（1分） □4.3 发动机怠速状态下读取车辆尾气中 O_2 含量（1分） □4.4 发动机怠速状态读取车辆 NO_x 含量（1分） □4.5 发动机怠速状态读取车辆 CO 含量（1分） □4.6 发动机怠速状态读取车辆 HC 含量（1分）	依据得分条件进行评分，按要求完成在□打√，未按要求完成在□打×并扣除对应分数，扣分不得超25分	25	
信息面 （信息录入） （资料应用） （资讯检索）	1. 能正确使用维修手册查询资料（6分） □1.1 查询车辆信息（2分） □1.2 查询喷油器电阻、电压的标准值（2分） □1.3 查询氧传感器电阻、电压标准值（2分） 2. 能在规定时间内查询所需资料（1分） 3. 能正确记录所查询资料章节页码（1分） 4. 能正确记录所需维修信息（2分）	依据得分条件进行评分，按要求完成在□打√，未按要求完成在□打×并扣除对应分数，扣分不得超10分	10	

续表

评分项	得分条件	评分标准	分值	扣分
工具及设备的使用能力（岗位所需工具设备的使用能力）（办公软件的使用能力）（查询软件的使用能力）	□1. 能正确选用维修工具（1分） □2. 正确使用维修工具拆装（1分） □3. 能正确使用尾气分析仪（2分） □4. 能正确使用示波器（2分） □5. 能正确使用万用表（2分） □6. 能正确使用真空表（2分）	依据得分条件进行评分，按要求完成在□打√，未按要求完成在□打×并扣除对应分数，扣分不得超10分	10	
分析面（诊断分析）（检测分析）（调校分析）	□1. 能判断喷油器工作是否正常（3分） □2. 能判断氧传感器工作是否正常（3分） □3. 能判断发动机真空度是否正常（2分） □4. 能判断发动机尾气是否正常（2分）	依据得分条件进行评分，按要求完成在□打√，未按要求完成在□打×并扣除对应分数，扣分不得超10分	10	
表单填写与报告的撰写能力（电子工单）（任务记录单）	□1. 语句通顺（2分） □2. 无错别字（1分） □3. 无抄袭（2分）	依据得分条件进行评分，按要求完成在□打√，未按要求完成在□打×并扣除对应分数，扣分不得超5分	5	
合计				

附录 B　维修接待

按照表 B-1 完成待修车辆的维修接待，并准确填写接车问诊表。

表 B-1　维修接待与接车问诊表

车牌号：＿＿＿＿＿＿＿　　车架号：＿＿＿＿＿＿＿　　行驶里程：＿＿＿＿＿＿＿

用户名：＿＿＿＿＿＿＿　　电　话：＿＿＿＿＿＿＿　　来厂时间：＿＿＿＿＿＿＿

厂牌车型：＿＿＿＿＿＿　　车辆颜色：＿＿＿＿＿＿　　预计交车时间：＿＿＿＿＿

用户陈述及故障发生时的状况：

故障发生状况提示：行驶速度、发动机状态、发生频率、发生时间、部位、天气、路面状况、声音描述

接车员检测确认建议：

检测确认结果及主要故障零部件：

功能确认：（正常√　不正常×）

□音响系统　　　□门锁（防盗器）　　□全车灯光

□工具　　　□后视镜　　　□天窗　　　□座椅

□点烟器　　　□玻璃升降器　　　□玻璃

物品确认：（有√　无×）

□贵重物品提示

□工具　□备胎　□灭火器

□其他（　　　　　）

旧件交还用户　　□是　□否

洗车　　□是　□否

（请在有缺陷部位做标识 X）

贵重物品：在将车辆交给我厂检查修理前，已提示将车内贵重物品自行收起并保存好，如有遗失恕不负责。

此单据中预计费用是预估费用，实际费用以结算单中的最终费用为准。

接车员：＿＿＿＿＿＿＿　　　质检确认：＿＿＿＿＿＿＿　　用户确认＿＿＿＿＿＿＿

地　址：　　　　　　　　　　　　　　　　24 小时服务电话：＿＿＿＿＿＿＿

附录 C 大众车系电路图识别

1. 中央接线盒（中央控制盒）

大众车系整车电气系统采用中央接线盒方式，即大部分继电器和熔丝都安装在中央接线盒正面，主要线束经过中央接线盒背面的插接器后通往各用电器，且中央接线盒背面标有线束和导线插接器位置的代号及接点的数字号。大众轿车主要线束的插接器代号有 A、B、C、D、E、G、H、L、K、M、N、P、R。其中 P 插座插入常相线，R、K、M 均为空位插孔。查找时只要根据电路网中导线与中央接线盒区域中下框线交点处的代号，就能了解其导线在某个线束中的第几个插头上。如 E14 表示插接器 E 上第 14 号插孔，N 表示该插接器只有 1 个插孔；同理，D23、D7、D13 分别表示插接器 D 的第 23 号、7 号、13 号插孔，而且凡是接点标有同一代号的所有导线都在车上的同一线束内，这也为实际工作中查找电路提供了方便。

2. 电气电路图中各电气元件的图形符号

根据电气元件的图形符号，可以知道电气元件的名称，并找到电气元件在车辆上的具体位置；反之，也可以根据电气元件的故障在电气电路图上找到相应的电路图和电气元件的图形符号，电气电路图中各电气元件的图形符号可以参考大众车系维修手册。

3. 电气电路图识别

图 C-1 所示为大众轿车电控燃油喷射系统的部分电路图，各图形符号的含义如下：

1——搭铁点代号。在电路图下方可查找到该代号的搭铁点在汽车上的位置。

2——线束内铰接点代号，在电路图下方可查到该铰接点位于哪个导线束内。

3——插接器"T82/6"，表示 8 针 a 插头上的第 6 针位置。

4——附加熔丝代号。图中"S123"表示在中央电路板上第 123 号熔丝，额定电流为 10A。

5——"棕/红"表示导线底色是棕色带有红色条纹，"2.5"表示导线截面面积为 2.5mm^2。

6——三角箭头，指示元件连续上一页电路图。

7——指示电路中断点，方框内数字"61"表明该导线与电路代码 61 的导线是同一条线。

8——继电器位置编号。"2"表示该继电器位于继电器板上 2 号位置继电器。

9——继电器或控制器与继电器板的连接代号，"2/30"表示继电器板上该继电器的 2 号插口，"30"表示继电器上的 30 号接柱。

10——电路代码："30"为常相线，"15"为点火开关在 ON 或 START 时的小容量相线，"X"为点火开关在 ON 或 START 时的大容量相线，"31"为搭铁线。

11——熔丝代号，"S5"表示在熔丝座上第 5 号位置，额定电流为 10A。

12——中央电路板上插头连接代号，表示多针或单针插头连接及导线位置。"D13"表示该导线在中央电路板 D 插座 13 号位置的插头上。

13——接线端子代号。"80/3"表示电器元件上接线插针数为 80，"3"为插针位置代码。

14——电器元件代码，在电路图后可查到该元件名称。

15——元件符号。（参见电路图符号说明）

16——内部连接（细实线）。该连接不用导线，而是表示元件的内部电路或线束铰接部。

17——字母表示该内部连接与下一页电路图中标有相同字母的内部连接相连。

18——电路代码。用以标志电路图中电路定位。

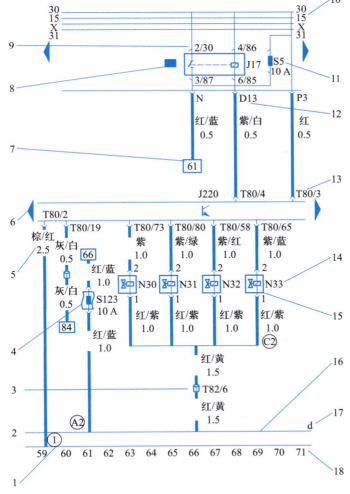

图 C-1 大众轿车电控燃油喷射系统的部分电路图

郑重声明

高等教育出版社依法对本书享有专有出版权。任何未经许可的复制、销售行为均违反《中华人民共和国著作权法》，其行为人将承担相应的民事责任和行政责任；构成犯罪的，将被依法追究刑事责任。为了维护市场秩序，保护读者的合法权益，避免读者误用盗版书造成不良后果，我社将配合行政执法部门和司法机关对违法犯罪的单位和个人进行严厉打击。社会各界人士如发现上述侵权行为，希望及时举报，本社将奖励举报有功人员。

反盗版举报电话　（010）58581999　58582371　58582488

反盗版举报传真　（010）82086060

反盗版举报邮箱　dd@hep.com.cn

通信地址　北京市西城区德外大街4号
　　　　　高等教育出版社法律事务与版权管理部

邮政编码　100120